序　文

　平成30年（2018年）5月18日，「商法及び国際海上物品運送法の一部を改正する法律」（平成30年法律第29号）が成立し，5月25日に公布された。商法のうち「運送」（第2編）および「海商」（第3編）に関する部分については，明治32年（1899年）の商法制定以来，見直しがほとんどされていなかったが，今回の改正によって，運送・海商法制の現代化が図られるとともに，商法の表記が平仮名・口語体に改められた。また，平成29年5月26日，「民法の一部を改正する法律」（平成29年法律第44号）が成立し，同年6月2日に公布され，債権法の規定が改正された。この改正では，有価証券に関する規定が新設されていることなどから，この改正民法の規定が商法の規定に関する解釈に反映されることになる。

　この度，これらの改正を機に，商法の「総則」（第1編）および「商行為」（第2編）について，本書を上梓することとした。本書は商法の規定を中心に，それぞれの規定を通説・判例に基づいて解説している。売買については，商人間の売買（商事売買）（商法第2編第2章）のほかに，商法の規定から離れて，消費者売買についても論じている。また，有価証券については，民法の規定（民法第3編第1章第7節）について論じている。

　本書の刊行にあたっては，中央経済社・露本敦氏に格別のご高配を頂戴することができた。改めて心から御礼申し上げる次第である。

平成30年9月

　　　　　　　　　　　　　　　　　　　　　　　　　　　　著　者

目　次

第1編　総　論

第1章　商法の意義等 ―――――――――――――――――― 2

第1節　商法の意義／2
第2節　商法の目的および特色／2
　　1　商法の目的／2　　2　商法の特色／3
第3節　商法と他の法律との関係／7
　　1　民法との関係／7　　2　会社法との関係／7
　　3　経済法との関係／8　　4　労働法との関係／8
第4節　商法の法源／9
　　1　商事制定法／9　　2　商事条約／9　　3　商慣習／9
　　4　商事自治法／10　　5　普通取引約款／10
　　6　商法の法源の適用順位／13
第5節　商法総則・商行為に関する規定の構成／14

第2章　商法の基本概念 ―――――――――――――――― 15

第1節　商人と営業／15
　　1　商人／15　　2　営業／21
第2節　商　行　為／26
　　1　商行為の意義・分類／26　　2　絶対的商行為／27
　　3　営業的商行為／30　　4　附属的商行為／34
　　5　会社等の行為／35　　6　一方的商行為と双方的商行為／36

第2編　商法総則

第1章　商業登記 —————————————— 38

第1節　総　　説／38
　　1　商業登記の意義・目的・機能／38
　　2　商業登記に関する規定／39　　3　商業登記の種類／39

第2節　商業登記事項／39
　　1　絶対的登記事項・相対的登記事項／39
　　2　設定的登記事項・免責的登記事項／40

第3節　商業登記手続／40
　　1　登記の申請・登記官の管轄等／40　　2　登記官の審査権／41
　　3　登記事項証明書等の交付／42

第4節　商業登記の効力／42
　　1　総説／42　　2　商業登記の一般的効力／43
　　3　不実登記の効力／45　　4　商業登記の推定力／47
　　5　商業登記の特殊効力／47

第2章　商　　号 —————————————— 49

第1節　商号の意義等／49
　　1　商号の意義・商号制度の目的／49　　2　名称／49
　　3　商人の名称／50　　4　営業上の名称／50

第2節　商号選定自由の原則・制限／51
　　1　商号選定自由の原則／51　　2　商号選定自由の制限／51

第3節　商号権の保護／52
　　1　商号権の法的性質／52　　2　他の個人商人・会社と誤認させるおそれのある名称等の使用の禁止／53
　　3　不正競争防止法による保護／54

第4節　商号の登記／55
　　1　商号登記の自由・商号登記義務／55

　　　　2　同一商号・同一住所の登記禁止／55
　　　　3　商号登記の手続／55
　第5節　商号の譲渡・廃止・変更／56
　　　　1　商号の譲渡／56　　2　商号の廃止・変更／57
　第6節　名板貸／58
　　　　1　名板貸の意義／58　　2　適用範囲／58
　　　　3　名板貸人の責任の範囲／62

第3章　営業譲渡 ——————————————— 63

　第1節　営業譲渡の意義および機能／63
　　　　1　意義／63　　2　機能／63
　第2節　営業譲渡の態様／64
　　　　1　営業譲渡の主体／64　　2　営業譲渡契約／64
　第3節　当事者間における営業譲渡の効果／64
　　　　1　譲渡人の営業譲渡義務／64　　2　譲渡人の競業禁止義務／66
　第4節　第三者に対する営業譲渡の効果／67
　　　　1　営業譲渡人の債権者の保護／67
　　　　2　詐害営業譲渡に関する譲受人に対する債務の履行の請求／72
　第5節　会社法における事業譲渡／73

第4章　商業帳簿 ——————————————— 74

　第1節　商業帳簿の意義・目的等／74
　　　　1　商業帳簿の意義／74　　2　商業帳簿作成の目的・機能／74
　第2節　商業帳簿に関する法規制（企業会計規制）／75
　　　　1　個人商人／75　　2　株式会社／75
　第3節　商業帳簿の範囲／76
　　　　1　会計帳簿／76　　2　貸借対照表／77
　第4節　商業帳簿の作成／78
　　　　1　一般に公正妥当と認められる会計の慣行／78
　　　　2　資産評価の基準／79　　3　評価の対象となる資産／79
　第5節　商業帳簿の保存義務／80

第6節　商業帳簿の提出義務／81

第5章　商業使用人 ———————————— 82

　第1節　商業使用人の意義／82
　　　1　商人の補助者／82　　2　商業使用人の意義／82
　第2節　支　配　人／83
　　　1　支配人の意義／83　　2　支配人の選任・終任／83
　　　3　支配人の代理権／85　　4　支配人の義務／86
　　　5　表見支配人／87
　第3節　その他の商業使用人／90
　　　1　ある種類または特定の事項の委任を受けた使用人／90
　　　2　物品販売店の使用人／92

第6章　代　理　商 ———————————— 93

　第1節　総　　説／93
　　　1　代理商の意義／93　　2　代理商の法的性質／93
　第2節　代理商の法律関係／95
　　　1　代理商と商人・会社との法律関係（内部関係）／95
　　　2　代理商と第三者との法律関係（外部関係）／97
　第3節　代理商関係の終了／98
　　　1　委任の一般終了原因による終了／98　　2　契約の解除／98

第3編　商行為法

第1章　商行為法通則 ———————————— 102

　第1節　序　　論／102
　第2節　商行為一般に適用される規定／102
　　　1　商行為の代理／102　　2　商行為の委任／103

　　　　3　債務の履行の場所／104
第3節　当事者の一方が商人である場合に適用される規定／104
　　　　1　契約の申込みを受けた者の諾否通知義務／104
　　　　2　契約の申込みを受けた者の物品保管義務／105
　　　　3　報酬請求権・立替金の利息請求権／106
　　　　4　受寄者の注意義務／106
第4節　債務者にとって商行為である行為にのみ適用される規定／107
　　　　1　多数当事者間の債務の連帯／107
　　　　2　契約による質物の処分の禁止の適用除外／108
第5節　当事者の双方が商人である場合に適用される規定／108
　　　　1　隔地者間における申込み／108　　2　利息請求権／109
　　　　3　商人間の留置権／109
第6節　有価証券に関する規定／111
　　　　1　総説／111　　2　指図証券／111
　　　　3　記名式所持人払証券／114　　4　その他の記名証券／115

第2章　売　　買 ─────────────────────── 116

第1節　総　　説／116
第2節　商人間の売買（商事売買）／116
　　　　1　商人間の売買の原則／116　　2　売主の権利義務／117
　　　　3　買主の権利義務／120
第3節　消費者売買／124
　　　　1　消費者契約法／124　　2　特定商取引法／127
　　　　3　割賦販売法／130　　4　クーリング・オフ制度／133

第3章　交互計算 ─────────────────────── 135

第1節　交互計算の意義等／135
　　　　1　交互計算の意義／135　　2　交互計算の機能／135
　　　　3　交互計算の要件／136
第2節　交互計算の効果／137
　　　　1　消極的効果／137　　2　積極的効果／138

第3節　交互計算の終了／139

第4章　匿名組合 ─────────────── 141

第1節　匿名組合の意義・特色／141
第2節　匿名組合契約の法律関係／142
　　1　匿名組合契約／142　　2　匿名組合員の権利義務／142
　　3　営業者の権利義務／144
第3節　匿名組合契約の終了／145
　　1　匿名組合契約の終了／145
　　2　匿名組合契約の終了に伴う出資の価額の返還／145

第5章　仲立営業・問屋営業 ─────────── 147

第1節　仲立営業／147
　　1　仲立人の意義／147　　2　仲立契約／148
　　3　仲立人の権利義務／148
第2節　問屋営業／154
　　1　問屋の意義／154
　　2　問屋の内部関係（問屋と委託者との関係）／155
　　3　問屋の対外関係／156　　4　問屋の権利義務／157
　　6　準問屋／162

第6章　運送営業 ─────────────── 163

第1節　総　説／163
　　1　総則／163　　2　運送人・運送の意義／163
第2節　物品運送／165
　　1　物品運送契約の意義等／165
　　2　運送契約当事者の権利義務等／165
　　3　荷受人の権利義務等／174
　　4　運送品の供託および競売／175
　　5　運送人の責任の消滅／175　　6　運送人の不法行為責任／177

7　運送人の被用者の不法行為責任／178
　第3節　旅客運送／178
　　　1　旅客運送契約／178　　2　乗車券の法的性質／179
　　　3　旅客運送人の責任／179

第7章　運送取扱営業 ——————————————— 183

　第1節　意　義　等／183
　　　1　運送取扱営業の意義／183
　　　2　他業に関する規定の準用／184
　第2節　運送取扱人の義務・責任等／184
　　　1　善管注意義務／184　　2　運送取扱人の責任／184
　　　3　運送取扱人の責任の消滅／186
　第3節　運送取扱人の権利／187
　　　1　報酬請求権／187　　2　費用償還請求権／187
　　　3　運送取扱人の留置権／188　　4　介入権／188
　第4節　荷送人・荷受人の権利義務／189
　　　1　荷送人の権利義務／189　　2　荷受人の権利義務／190
　第5節　相次運送取扱人の権利義務／190
　　　1　商法上の相次運送取扱い／190
　　　2　相次運送取扱人の権利義務／191

第8章　寄　　　託 ——————————————— 192

　第1節　商法典の構成／192
　第2節　受寄者の注意義務／192
　第3節　場屋営業者の責任／193
　　　1　場屋営業の意義・種類／193　　2　場屋営業者の責任／193
　　　3　高価品の特則／196
　　　4　場屋営業者の責任に係る債権の消滅時効／197

第9章　倉庫営業 ——————————————— 198

第1節　倉庫営業・倉庫営業者の意義・特色／198
　　1　倉庫営業・倉庫営業者の意義／198
　　2　倉庫営業・倉庫営業者の特色／199
第2節　倉庫寄託契約／200
第3節　倉庫寄託契約の関係者の権利義務／201
　　1　寄託物保管義務／201　　2　倉荷証券の交付義務等／201
　　3　倉荷証券発行の効果／204　　4　寄託物の返還／206
　　5　寄託物の供託および競売等／208
　　6　倉庫営業者の責任の消滅／208
　　7　倉庫営業者の責任に係る債権の消滅時効／208

事項索引――――――――――――――――――――――210
判例索引――――――――――――――――――――――212

<法令名略語>（商法〔明治32年法律第48号〕は条数のみ）
会　　　　会社法（平成17年法律第86号）
会計規　　会社計算規則（平成18年法務省令第13号）
会更　　　会社更生法（平成14年法律第154号）
会施規　　会社法施行規則（平成18年法務省令第12号）
海運　　　海上運送法（昭和24年法律第187号）
ガス　　　ガス事業法（昭和29年法律第51号）
割販　　　割賦販売法（昭和36年法律第159号）
割賦令　　割賦販売法施行令（昭和36年政令第341号）
企担　　　企業担保法（昭和33年法律第106号）
銀行　　　銀行法（昭和56年法律59号）
金取　　　金融商品取引法（昭和23年法律第25号）
オンライン化通則　　行政手続等における情報通信の技術の利用に関する法律（平成14年法律第151号）
刑　　　　刑法（明治40年法律第45号）
憲　　　　日本国憲法（昭和21年憲法）
建設労働者の雇用の改善等に関する法律（昭和51年法律33号）
鉱業　　　鉱業法（昭和25年法律第289号）
航空　　　航空法（昭和27年法律第231号）
港湾労働法（昭和63年法律第40号）
国海　　　国際海上物品運送法（昭和32年法律第172号）
小　　　　小切手法（昭和8年法律第57号）
商登　　　商業登記法（昭和38年7月9日法律第125号）
商登規　　商業登記施行規則（昭和39年法務省令第23号）
消基　　　消費者基本法（昭和43年法律第78号）
消契　　　消費者契約法（平成12年法律第61号）
商先　　　商品先物取引法（昭和25年法律第239号）
商標　　　商標法（昭和34年法律第127号）
商施規　　商法施行規則（平成14年法務省令第22号）
商施令　　商法施行令（平成17年政令第364号）
職安　　　職業安定法（昭和22年法律第141号）
食衛　　　食品衛生法（昭和22年法律第233号）
信金　　　信用金庫法（昭和26年法律第238号）
信託　　　信託法（平成18年法律第108号）
信託業　　信託業法（平成16年法律第154号）

倉庫	倉庫業法（昭和31年法律第121号）
宅建	宅地建物取引業法（昭和27年法律第176号）
立木	立木ニ関スル法律（明治42年法律第22号）
担社	担保附社債信託法（明治38年3月13日法律第52号）
地企	地方公営企業法（昭和27年法律第292号）
仲裁	仲裁法（平成15年法律第138号）
中小	中小企業等協同組合法（昭和24年法律第181号）
手	手形法（昭和7年法律第20号）
電気	電気事業法（昭和39年法律第170号）
電子登	電子通信回線による登記情報の提供に関する法律（平成11年法律第226号）
特商	特定商取引に関する法律（特定商取引法）（昭和51年法律第57号）
特商令	特定商取引に関する法律施行令（昭和51年政令第295号）
特許	特許法（昭和34年法律第121号）
独禁	私的独占の禁止及び公正取引の確保に関する法律（独禁法）（昭和22年法律54号）
農協	農業協同組合法（昭和22年法律第132号）
破	破産法（平成16年法律第75号）
非訟	非訟事件手続法（平成23年法律第51号）
風営	風俗営業等の規制及び業務の適正化等に関する法律（風営法）（昭和23年法律第122号）
不正	不正競争防止法（平成5年法律第47号）
不特	不動産特定共同事業法（平成6年平成第77号）
保険業	保険業法（平成7年法律105号）
保険	保険法（平成17年法律第56号）
民再	民事再生法（平成11年法律第225号）
民訴	民事訴訟法（平成8年法律第109号）
民調	民事調停法（昭和26年法律第222号）
民全	民事保全法（平成元年法律第91号）
民	民法（明治29年法律第89号）
有組	有限責任事業組合契約に関する法律（平成17年法律第40号）
労働者派遣法（昭和60年法律第88号）	

＜判例集の表記等＞

民録	大審院民事判決録
判全	大審院判決全集

新聞	法律新聞

*　　*

刑集	最高裁判所刑事判例集
民集	最高裁判所民事判例集
集民	最高裁判所裁判集民事
労民	労働関係民事裁判例集
裁時	裁判所時報
判時	判例時報
判タ	判例タイムズ
金商	金融・商事判例
労判	労働判例
百選	商法（総則・商行為）判例百選　　版数のないものは第5版
WLJPCA	West law Japanデータベース

＜参照文献＞

江頭憲治郎『商取引法（第6版）』弘文堂・2010年

大塚英明＝川島いづみ＝中東正文『商法総則・商行為法（第2版）』有斐閣アルマ・2015年

後藤巻則＝齋藤雅弘＝池本誠司『条解　消費者三法』弘文堂・2015年

日本弁護士連合会消費者問題対策委員会編『コンメンタール消費者契約法（第2版増補版）』商事法務・2015年

落合誠一＝大塚龍児＝山下友信『商法Ⅰ－総則・商行為（第5版）』有斐閣Ｓシリーズ・2016年

田邊光政『商法総則・商行為法（第4版）』新世社・2016年

藤田勝利＝北村雅史編『プライマリー商法総則・商行為法（第3版）』法律文化社・2016年

弥永真生『リーガルマインド商法総則・商行為法（第2版補訂版）』有斐閣・2016年

江頭憲治郎『株式会社法（第7版）』有斐閣・2017年

潮見佳男『民法（債権関係）改正法の概要』金融財政事業研究会・2017年

日本弁護士連合会編『実務解説　改正債権法』弘文堂・2017年

淺木愼一『商法学通論（補巻Ⅱ）新運送法』信山社・2018年

近藤光男『商法総則・商行為法（第7版）』有斐閣・2018年

第1編

総論

第1章 商法の意義等

第1節　商法の意義

　「商法」は，形式的意義の商法と実質的意義の商法に大別される。形式的意義の商法には，商法典が該当する。商法典は，商人に関する定義規定（4条）を置き，物的設備（商号・商業帳簿等）および人的設備（商業使用人等）について定める「第1編　総則」（1条～32条），売買や運送などの商取引（企業取引）について定める「第2編　商行為」（501条～628条），海上企業（船舶会社）の組織や活動，海上損害などについて定める「第3編　海商」（684条～851条）で構成される。本書は第1編および第2編を対象とする。

　実質的意義の商法とは，形式的意義の商法である商法典の他に，商法典以外の法律で，商法典の中に置かれていないが，同じく私法である民法とは異なり，実質的には商法に含めることのできる法律を含む概念である。会社法，手形法，小切手法，金融商品取引法，保険法などの法令がこれに該当する。実質的意義の商法を統一的に理解する場合，それは，企業という経済主体の権利義務関係を規制する私法であると解するのが一般的である（企業法説）。ここにいう「企業」とは，一定の計画に従い，継続的意図をもって，資本的計算の下に営利活動を行う独立の経済主体をいい，個人商人，会社，組合などがこれに該当する。

　このように，企業は，営利活動を行うことから営利性を有するとともに，継続的な意図を持つことから継続性を有する。その結果，企業を規制の対象とする実質的意義の商法では，企業の営利性および継続性に基づいてそれぞれの規定を定めている。

第2節　商法の目的および特色

1　商法の目的

　商法は，対象とする企業が継続的な営利活動を行う経済主体であることから，

その基本的な理念は，企業の健全な秩序ある発展に資することにあると解される。したがって，企業が営利を獲得するように規定を定めることが，商法の目的であるといえる。

ただ，企業は営利獲得という目的を遂行するにあたり，取引の相手方や債権者などの企業を取り巻く利害関係人が不利益を被るおそれもあるので，企業に対して健全な秩序ある行動をとるという制約を課すことが必要であり，これもまた商法の目的であるといえる。その限りにおいて，商法は，効率的かつ合理的な企業運営を確保するとともに，企業を取り巻く利害関係人の利益を害さない公正で適正な規定を定めることが求められる。

2 商法の特色
(1) 商法総則の特色
(ⅰ) 営 利 性

企業は，営利を獲得することを目的としてその活動を展開し，多数の取引を効率的・合理的に行おうとすることから，商法の規定は企業の営利性を図ることを前提とする。このことから，商法（総則）は，企業が多数の者との間で集団的・反復的な取引を円滑・確実かつ合理的に行えるよう，取引の円滑性・安全性を確保する規定を設けている。

すなわち，商法（総則）は，企業の営業上の利益を守るために，競業禁止義務に関する規定（16条・23条，会21条・12条）を定めるとともに，企業がその活動を行うために必要とする補助者について認めており，企業内部の補助者である商業使用人（20条，会10条），企業とは独立した補助者である代理商（27条，会16条），仲立人（543条），問屋（551条）などを定めている。

(ⅱ) 公示主義

商法（総則）は，取引の安全を確保するために，企業に対して，取引上重要な事項を公示させる公示主義をとり，取引の相手方等の企業を取り巻く利害関係人が不測の損害を被ることを防止している。これには，商業登記（8条～10条，会907条～938条）などに関する規定がある。

(ⅲ) 外観主義

商法（総則）は，一方で，企業が取引を迅速・確実に行うために，取引の関係者について，相手方の内実を調査しなくとも，その外観を信頼できるとし，他方で，取引の安全を確保するために，外観と事実とが一致しない場合に外観を信頼した者を保護するとともに，その外観を作り出した者は責任を負わせる

とする外観主義をとる。このような考え方を権利外観法理あるいは禁反言の原則（エストッペル〔estoppel〕）という。

　商法（総則）は，このような考え方に基づいて，不実登記による責任（9条2項，会908条2項），名板貸人の責任（14条，会9条），商号を続用する場合等の営業譲渡（事業譲渡）における譲受人（譲受会社）の責任（17条1項～3項・18条，会22条1項～3項・23条）および譲渡人（譲渡会社）の債務者の保護（17条4項・会22条4項），支配人等の包括的代理権（21条・25条，会11条・14条），表見支配人制度（24条，会13条），物品販売等を目的とする店舗の使用人の代理権（26条，会15条）などに関する規定を定めている。

(ⅳ) **企業の営業上の利益の保護**

　企業が第三者を用いて営業（事業）を行うにあたり，その第三者が企業の利益を侵害することに備えて，商法（総則）は，支配人および代理商に対して競業禁止義務を課している（23条・28条，会12条・17条）。さらに，営業譲渡の譲渡人（事業譲渡の譲渡会社）に対しても競業禁止義務を課しており（16条，会21条），営業（事業）を譲り受けた者の利益を保護している。

　また，民法とは異なる留置権を定めている（31条・521条・562条・574条，会20条）。

(ⅴ) **一般公衆の利益の保護**

　商法（総則）は，企業の営利活動を妨げないという方針をとりながら，一般人の利益の保護を図っている。すなわち，自己の商号の使用を他人に許諾した商人は名板貸人として責任を負うことを定めている（14条，会9条）。商業登記もこれに含まれる（8条，会907条）。

(ⅵ) **企業の維持**

　企業は，継続的に存立し，その消滅によって価値が喪失することを防止することが要求されることから，商法（総則）は，企業の維持を確保するため，企業と個人とを区別する制度を設けている。すなわち，企業に商号を付することで，取引上，企業と個人とを区別したり（11条，会6条），商業帳簿（会計帳簿）を作成することで，企業の財産が個人の財産とは独立して管理できるようにしている（19条，会431条以下・614条以下）。企業の消滅を回避するための制度として，営業譲渡人（事業譲渡会社）に対して競業禁止義務を課している（16条，会21条）。

（2）商行為法の特色
（ⅰ）営利性
　商法は営利の獲得を目的とする企業を対象とすることから，商法（商行為法）は，企業が多数の者との間で集団的・反復的な取引を効率的・合理的に行えるよう，定型性・迅速性・取引の安全性を図る規定を設けるとともに，企業金融の円滑化を図っている。さらに，商人の報酬請求権（512条，民648条1項・656条），金銭の消費貸借における貸主の法定利息請求権（513条1項。民587条以下を参照），金銭立替についての法定利息請求権（513条2項。民702条1項を参照）などの規定において営利性を強調し，民法とは異なる原則を定めている。

　また，商法（商行為法）は，企業の営利性を図るために，企業活動について自由主義をとっており，その結果，企業は自由に契約を締結することができる。これを契約自由の原則という。この前提には，企業が法律関係を自由に形成できることが，取引関係者の利益の確保に繋がり，社会・経済の発展に資するという考え方がある。

（ⅱ）迅速性・定型性
　企業において営利を獲得するためには，多数の取引を集団的・反復的・迅速に処理することが必要とされる。契約自由の原則に従えば，一般的に，取引の当事者は取引の内容や方式を自由に決めることができるので，企業は，取引全般に共通した内容や方式をあらかじめ定めておき，個々の取引に要する時間や手間を短縮するなどの方策をとっている。普通取引約款はこのような取引の定型化を図るものである。

　商法（商行為法）は，民法の規定に比べると，取引の成立・終了について迅速性に基づく規定を設けている。すなわち，申込みの効力（508条。民525条を参照）および諾否の通知義務（509条），売主による競売の要件緩和（524条。民497条を参照），定期売買の当然解除（525条），買主による目的物の検査義務・通知義務（526条），交互計算（529条～534条），問屋の買入物品の供託権・競売権（556条），問屋の取次の通知義務（557条・27条），運送人の運送品供託権・競売権（582条・583条），倉庫営業者の寄託物供託権・競売権（615条・524条1項・2項），短期消滅時効（584条・598条。民167条1項を参照）などに関する規定が定められている。

（ⅲ）取引の安全
　商行為（企業取引）において，多数の取引を集団的・反復的・迅速に処理す

るにあたっては，取引の安全が確保されなければならない。そこで，商法（商行為法）は，契約の申込みを受けた者の物品保管義務（510条），買主による目的物の保管義務・供託義務（527条・528条），仲立人の履行責任（549条），問屋の担保責任（553条）などに関する規定を定めている。

(ⅳ) 資金調達の円滑化

商法（商行為法）は，企業が資金調達を容易にする制度を設けている。多数当事者間の債務の連帯（511条），流質契約の許容（515条），匿名組合（535条～542条）などに関する規定がこれにあたる。

(ⅴ) 売主の利益の保護

取引の迅速性を確保するために，商法（商行為法）は，商人間の売買において民法の一般原則を修正し，売主の利益の保護を図っている（524条～528条）。

(ⅵ) 企業の責任の加重・軽減

民法では，過失責任主義に基づき，通常損害および当事者が予見可能であった事情によって生じた損害のすべてを賠償することを原則としているのに対して，商法（商行為法）では，企業の責任を加重し，責任の厳格化を図ったり，反対に，責任を軽減している。

企業の責任を加重する場合として，商行為による多数当事者間の債務（511条1項）や相次運送人の損害賠償責任（579条3項）を連帯責任とする規定，場屋営業者が寄託を受けた物品については不可抗力による場合を除き，損害賠償責任を負う規定（596条）などがある。

これに対して，企業の責任を軽減する場合として，運送人の悪意・重過失がない場合の責任（576条），高価品の特則（577条・597条），短期消滅時効（585条・598条）などの規定がある。

(ⅶ) 個性の喪失

商行為（企業取引）では，多数の取引を集団的・反復的・迅速に処理することが求められることから，取引の相手方の個性は重視されないこともあり，その結果，取引所で行われる有価証券や商品の取引では，給付内容が定型化されている。商法（商行為法）は，問屋の介入権（555条）などの規定を定めている。

第3節　商法と他の法律との関係

1　民法との関係

　民法が，広く私人の私的利益の調整を図ることを目的とするのに対して，商法は，企業を巡る経済主体の私的利益の調整を図ることを目的とする。このように，両法は私的利益の調整を図る私法である点において共通するが，商法が対象とする主体が企業という私人に限定される点で，民法と商法は一般法と特別法の関係にある。ただ，企業を巡る私的利益の調整についても，経済一般の規律は民法に任せ，商法は，企業を巡る私的利益の調整として特殊な規制を必要とする事象を規律する。

　特別法は一般法に優先するのが法の原則であるから，民法と商法の双方が適用可能であり，かつ，抵触する場合には，商法の規定が優先する。

（ⅰ）民法の規定に対する特則

　商法上の代理では，民法上の代理原則である顕名主義（民99条）がとられない（504条。非顕名主義）などにおいて違いがある。

（ⅱ）民法の規定の補充

　船舶の従物の推定等について定める685条の規定は，船舶について民法87条1項（主物及び従物）を補充するものである。

（ⅲ）民法上の制度を特殊化した制度

　商業使用人（20条～26条）・代理商（27条～31条）・問屋営業（551条～558条）・運送取扱営業（559条～564条）・運送営業（570条～594条）・倉庫営業（599条～617条）などに関する規定は，民法の代理（民99条～118条）あるいは契約関係（民521条～696条）の規定を特殊化したものである。

（ⅳ）民法に存在しない制度

　商業登記（8条～10条）・商号（11条～18条の2）などに関する規定がある。

2　会社法との関係

　会社法は，会社の設立，組織，運営および管理に関する法律である（会1条）。会社法は，平成17（2005）年に成立し，商法典から独立した法典となった。会社法は会社（会社および外国会社）のみをその規制対象とするのに対し（会1条を参照），商法典「第1編　総則」は会社および外国会社以外の個人商人を対象とするので（10条を参照），それぞれの規制領域は区別され，この限りにおいて，

商法典は個人商人を，会社法は会社を対象にするものであるとも解することができる。しかし，商法典「第2編　商行為」と「第3編　海商」は，会社の行為も対象としていることから，会社法と商法典は一体として企業法を形成している。

とはいうものの，会社法は商法典の特別法なので，商法典に優先して適用される（1条1項）。商号等の総則については会社法に特別規定があり，商法典「第1編　総則」の規定は会社には適用されないが（11条1項），会社（外国会社を含む）がその事業としてする行為およびその事業のためにする行為は，商行為（企業取引）とすることから（会5条），会社による商行為に対しては商事に関する一般法である商法典「第2編　商行為」の規定が適用されると解される。

3　経済法との関係

経済法は，公正競争による自由主義経済という経済秩序を実現するための法規整分野の総称であり，私的独占の禁止及び公正取引の確保に関する法律（独占禁止法）を中心として，業法（銀行法・金融商品取引法・保険業法等）や消費者保護法（消費者保護基本法・割賦販売法等）などがある。商法と経済法は，企業を対象とする点においては共通するが，次の二つの点において違いがみられる。

(ⅰ)　規制対象

商法が，企業という経済主体間の利益の調整を中心とするのに対して，経済法は，この他に国民経済全体の利益を基礎としており，企業とは関係のない個人の消費活動や企業の形態をとっていない農林水産業も対象とする点において，商法よりも規制対象が広い。

(ⅱ)　規制理念

商法が営利性を本質とし，個々の経済主体の利益を基礎にして主体間の利益の調整を行うのに対して，経済法は，私的利益の調整も行うが，公共性を前面に出し，国民経済全体の利益を基礎にして，個々の経済主体の組織および活動を規制する。

4　労働法との関係

商法と労働法は，企業に関する法律である点において共通するが，規制対象と規制理念を異にする。すなわち，企業に雇用されている自然人と企業との関係は，(ⅰ)使用人として企業を代理する代理関係と，(ⅱ)労働者として企業に従属して労務につくという賃労働関係に分かれる。商法が，企業の健全な秩序ある発展という理念に基づき，(ⅰ)を対象とするのに対して，労働法は，

労働者保護という社会政策的理念に基づいて，(ⅱ)を対象とする。

第4節　商法の法源

　法源とは，法を解釈したり適用するにあたって根拠となる法形式のことをいい，商法の法源とは，実質的意義の商法に含まれる法令等を意味する。

1　商事制定法

　制定法として，商法典と商事特別法がある。商事特別法は附属法令と特別法令に分けられる。附属法令とは，商法典の規定を施行し，または具体化するための法令であり，商業登記法がある。特別法令とは，商法典の規定を補充し，または変更するものであり，会社法，手形法，小切手法，金融商品取引法，保険法，担保附社債信託法などがある。さらに，法律を補うものとして施行令（商法施行令，会社法施行令等）や施行規則（商法施行規則，会社法施行規則等）がある。

2　商事条約

　条約は国家間の合意であり，国家を拘束することから，国内法化することなく，批准および公布されることで，国内法と同様の効力を有すると解されている（憲98条2項を参照）。「国際航空運送についてのある規則の統一に関する条約」（ワルソー条約）（昭和28年条約第17号）は自動的執行条約（self executing treaty）として商法の法源となりうる。

　これに対して，手形・小切手に関するジュネーブ統一条約（「為替手形及約束手形ニ関シ統一法ヲ制定スル条約」〔昭和8年条約第4号〕，「小切手ニ関シ統一法ヲ制定スル条約」〔同第7号〕）は，締約国に対して特定内容の法律を制定すべき義務を負わせるもので，法源とは認められず，これらの条約を国内法化した手形法・小切手法が法源となる。

3　商慣習

　商行為（企業取引）では，弾力的な解決が必要とされるとともに，効率性が求められるなど，法令とは異なる実務的な処理が生じることもあることから，成文法（制定法）以外に，商事に関する慣習法である商慣習が商法の法源として，法典を補充したり，あるいは法典を修正する基礎となっている。裁判所が認めた商慣習法として，白紙委任状付記名株式の譲渡（大判昭和19・2・29民集23巻90頁〔百選1〕），手形交換のための種々の制度（大阪地判昭和37・9・14下民集13巻9号1878頁）に関するものなどがある。

法の適用に関する通則法3条の「慣習」は，慣習法を意味するものと解されることから，商法1条2項の「商慣習」は，商慣習法を意味すると解される。

事実たる商慣習と商慣習とを比較すると，事実たる商慣習は，事実上の慣行なので，法律行為の当事者がその慣習による意思を有しているものと認められる場合にのみ考慮される（民92条）。これに対して，商慣習は，法規範たる性格を有するので，当然に適用され，その上で，それに法的確信が加わるとき，すなわち，慣習としてそれを繰り返し行うこと（慣行）によって規範として確定されたときに慣習法となる。

4　商事自治法

商事について団体が構成員に対して自主的に定める法規を商事自治法という。これには，会社の定款，金融商品取引所の業務規程，手形交換所の手形交換規則などがある。

会社の定款は，主として会社の組織および活動を定めた根本規則を意味し，会社法はその作成を要求するとともに（会26条・575条），一定の場合には，その規定が会社法の規定よりも優先する（会590条1項）。金融商品取引所の業務規程は，開設する取引所金融商品市場ごとにその業務や取引に関する細則を定めたものであり，金融商品取引所の定款の細則にあたる。金融商品取引法により作成を義務づけられており（金商117条1項），金融商品取引所においてする取引は絶対的商行為なので（501条3号），この業務規程も商法の法源となる。

5　普通取引約款
（1）約款の法源性

運送約款や保険約款のように，企業が取り扱う多数の契約の締結を迅速・確実・合理的に行うために，特定種類の取引に画一的に適用される（附合する）定型的な契約条項を普通取引約款（約款，定型約款）という。約款は，一般的に，契約上の当事者の権利義務や契約不履行の場合の制裁，契約の存続期間などの条項や，約款を作成した企業の責任を免除する免責条項などで構成される。約款は，多数の契約の締結を迅速・確実・合理的に行うために考案されたものであるが，約款が使われる背景には，企業において，約款に定められた免責条項を享受できること，公的規制を受ける企業が顧客を平等に取り扱う必要があり，それができることなどの利点がある。

約款は企業が作成するものであるが，作成者ではない取引の相手方もまたこれに従い，拘束される。それゆえに，約款は当該契約について法源性を有する

と解される。このように，約款について取引の相手方もまた拘束されることの法的理由につき，判例は，当事者双方が特に約款によらない旨の意思を表示しないで契約したときは，反証のない限り，その約款による意思をもって契約したものと推定すべきである（意思推定理論）と判示している（大判大正4・12・24民録21輯2182頁〔百選2〕）。

（2）約款規制

約款を使用する取引において，取引の相手方が非商人や小規模企業である場合，これらの者は，商人（企業）と比較して，当該取引に関する知識や情報が少なく（情報の非対称性），交渉力においても著しい格差があることから，取引にあたり非商人や小規模企業を保護するための規制を必要とする。

（i）民法上の約款規制

民法は，「第3編　債権」「第2章　契約」「第1節　総則」「第5款　定型約款」で，定型約款について三つの規定（民548条の2～548条の4）を定めている。

①定型約款の合意　定型取引（ある特定の者が不特定多数の者を相手方として行う取引であって，その内容の全部または一部が画一的であることがその双方にとって合理的なもの）を行うことの合意（定型取引合意）をした者は，ⓐ定型約款（定型取引において，契約の内容とすることを目的として特定の者により準備された条項の総体）を契約の内容とする旨の合意をしたとき，および，ⓑ定型約款を準備した者（定型約款準備者）が定型約款を契約の内容とする旨を相手方に表示していたときには，定型約款の個別の条項についても合意をしたものとみなす（民548条の2第1項）。この結果，ⓐⓑの場合には，当事者間で当該契約のすべての内容について合意したということになる。

これに対して，民法548条の2第1項の条項のうち，相手方の権利を制限し，または相手方の義務を加重する条項であって，定型取引の態様・実情および取引上の社会通念に照らして民法1条2項に規定する基本原則である信義誠実の原則に反して相手方の利益を一方的に害すると認められるものについては，合意をしなかったものとみなす（民548条の2第2項）。

②定型約款の内容の表示　定型取引を行い，または行おうとする定型約款準備者は，定型取引合意の前またはその後相当の期間内に相手方から請求があった場合には，定型約款準備者がすでに相手方に対して定型約款を記載した書面を交付し，またはこれを記録した電磁的記録を提供していたときを除き，遅滞なく，相当な方法でその定型約款の内容を示さなければならない（民548条の

3第1項)。

　そして，一時的な通信障害が発生した場合その他正当な事由がある場合を除き，定型約款準備者が定型取引合意の前において民法548条の3第1項の請求を拒んだときは，定型約款の合意を定める民法548条の2の規定は適用しない（民548条の3第2項)。

　③定型約款の変更　　定型約款の変更が，相手方の一般の利益に適合するとき，および，定型約款の変更が，契約をした目的に反せず，かつ，変更の必要性，変更後の内容の相当性，本条の規定により定型約款の変更をすることがある旨の定めの有無・内容その他の変更に係る事情に照らして合理的なものであるときには，定型約款準備者は，定型約款の変更をすることにより，変更後の定型約款の条項について合意があったものとみなし，個別に相手方と合意をすることなく契約の内容を変更することができる（民548条の4第1項)。

　定型約款準備者は，民法548条の4第1項による定型約款の変更をするときは，その効力発生時期を定め，かつ，定型約款を変更する旨および変更後の定型約款の内容並びにその効力発生時期をインターネットの利用その他の適切な方法により周知しなければならない（民548条の4第2項)。民法548条の4第1項2号による定型約款の変更は，当該項の効力発生時期が到来するまでに当該項の規定による周知をしなければ，その効力を生じない（民548条の4第3項)，民法548条の2第2項の規定は，民法548条の4第1項による定型約款の変更には，適用しない（民548条の4第4項)。

　（ⅱ）約款規制

　①行政的規制　　約款の主務官庁が，約款の内容を規制したり，開示を強制したりする場合がある。さらに，約款に内閣総理大臣や主務大臣の認可を必要とする場合や届出を要するとする場合がある（保険業4条2項3号・123条1項等)。これは，主務官庁が約款の内容の妥当性を実質的に判断したうえで，約款の使用を認可しているといえる。これを行政的規制という。

　ただし，内閣総理大臣や主務大臣の認可と約款の私法上の効力とは別個の問題であり，たとえそれらの認可を受けていない約款であっても，契約上の効力が認められることがある（最判昭和45・12・24民集24巻13号2187頁)。

　②立法的規制　　割賦販売法では，割賦販売による商品の販売等に関する契約の解除等やそれに伴う損害賠償等の額に関して制限を定めている（割賦5条・6条)。また，民法が定める定型約款の規定もまた，立法的規制である。

③司法的規制　裁判所は，約款規定が取引の相手方にとって不利であると判断するときには，民法の信義誠実の原則（民1条2項）や衡平の原則などを根拠に約款規定の効力を制限的に解したり，否定することがある（最判昭和62・2・20民集41巻1号159頁）。これを司法的規制という。

また，約款規定が取引の相手方に不利であることから不当であるとされる場合，裁判所の解釈でその不当性を除去することがある（最判平成5・3・30民集47巻4号3384頁，最判平成9・3・25民集51巻3号1565頁）。これを約款の不当条項規制という。

（3）約款解釈
（ⅰ）客観的解釈の原則
　約款の規定を解釈する場合には，約款を使用している契約の顧客圏における一般的な契約者が理解するということが必要であり，この意味において，客観的および画一的に解釈されなければならない（最判平成7・5・30民集49巻5号1406頁，最判平成7・11・10民集49巻9号2918頁）。

（ⅱ）作成者不利の原則
　約款の規定を客観的に解釈する場合，約款の文言についてその意味が明確でないなどの理由で解釈が分かれる場合には，当該約款の作成者である企業にとって不利になるように解釈する必要がある。

（ⅲ）公益による制約を考慮した解釈
　約款の規定を解釈する場合には，取引当事者の合理的な意思の探求のほか，公益という法律上の制約の趣旨を考慮した解釈が必要とされる。

6　商法の法源の適用順位

商法典によれば，商人の営業，商行為その他商事については，商事特別法が一般法である商法典に優位し（1条1項），商事に関し，商法典に定めがない事項については商慣習に従い，商慣習がない場合には，民法の定めるところによる（1条2項）。「商事に関し」とは，企業を巡る関係に関してということであり，「商慣習」とは商慣習法を指し，商慣習法は，民法に規定がある場合にも，それを変更する効力が認められる。

このことから，商事に関して法令が適用される場合の順番は，①自動的執行力のある商事条約，②商事特別法，③商法典，④商慣習，⑤民法ということになる。

第5節　商法総則・商行為に関する規定の構成

　商法典は，「第1編　総則」，「第2編　商行為」，「第3編　海商」で構成されている。「第1編　総則」は8章で構成され，第1章には，通則が定められており，商法典の規定に広く及ぶ。「第2編　商行為」は9章で構成され，第1章には，商行為編の規定に広く及ぶ総則が定められており，商取引（企業取引）について民法の規定とは異なる特徴が示されている。
　なお，商法典の規定により署名すべき場合には，記名押印をもって，署名に代えることができる（32条）。

第2章
商法の基本概念

第1節　商人と営業

1　商　人
（1）商法の適用範囲
（i）商法の適用

　商法の規定は，当事者の一方のために商行為になる一方的商行為については，当事者双方に適用され（3条1項），当事者の一方が2人以上ある場合において，その1人のために商行為となる行為については，その全員に適用される（3条2項）。また，4条から32条の規定は商人に適用され，「第2編　商行為」では，当事者の一方が商人である場合に適用される規定，および双方が商人である場合に適用される規定が定められている。

　この限りにおいて，商法は，「商人」と「商行為」という二つの基本的な概念によってその適用範囲を定めているといえる。

（ii）商人概念と商行為概念

　商人概念と商行為概念の定め方については，三つの考え方（立法形式）がある。まず，事業の種類や経営の形態から商人概念を定めた後，その商人が行う行為を商行為とする考え方がある（商人法主義）。つぎに，主体を問うことなく商行為概念を定めた後，それらの行為を行う者を商人とする考え方がある（商行為法主義）。そして，ある種類の行為は誰が行っても商行為（絶対的商行為）とするとして商行為主義をとりながら，別の種類の行為は営業として行うときに限り商行為（営業的商行為）とするとして，それらの行為を行う者を商人とするという考え方がある（折衷主義）。

　わが国の商法は，商人概念と商行為概念との関係を次のように定めている。すなわち，商法は，4条1項において，「商人」とは，「自己の名をもって商行為をすることを業とする者をいう」（固有の商人）と定義するとともに，501条・502条において，「商行為」の一部として，基本的商行為（絶対的商行為〔501条〕

および営業的商行為〔502条〕）を定義する。この基本的商行為の定義によって，4条1項の商人概念（固有の商人）が確定する。これらのことから，商法は商行為法主義をとっているといえなくもない。しかし，その一方で，商法は，商行為概念では概念づけられない擬制商人を定めるとともに（4条2項），商人がその営業のためにする行為は商行為（附属的商行為）とするとも定めている（503条1項）。503条1項の趣旨は，商人概念に基づいて附属的商行為が決まるということであり，この規定において基本的商行為概念とは異なる商行為概念が定められているといえる。このような諸規定の関係を見れば，商法は，原則として，商行為法主義をとっているが，擬制商人や附属的商行為の制度も定めているということを考えれば，折衷主義をとっているということができる。

（2）固有の商人・擬制商人

　商人とは，一般的に，法的に独立して，営業活動から生じる権利義務の主体となる者をいうと解される。商法は，商人に関するこのような理解に立ちながら，商人について，固有の商人および擬制商人という概念を定めている。

（i）固有の商人

　商法において「商人」とは，「自己の名をもって商行為をすることを業とする者をいう」（4条1項）。この者を固有の商人という。

　「自己の名をもって」するとは，法律上の行為から生じる権利義務の帰属主体となること，つまり，その営業から生じる権利義務はすべてこの者が行使し，負担することをいう。営業活動が支配人（20条）や代理商（27条）などの代理人によって行われていてもよく，この場合には，代理人が商行為を業として行ったとしても，その行為は，そこから生じる権利義務を代理人に委託した本人に帰属させるために行っているのであるから，当該取引については，本人だけが商人となる。

　「商行為をする」とは，基本的商行為（絶対的商行為〔501条〕・営業的商行為〔502条〕）をすることをいう。

　「業とする」とは，営利の目的，つまり利益を得る目的をもって，同種の行為を計画的・反復的に継続することをいう。ここでいう営利とは，収入と支出との差額を得ることをいう。ある者につき，たとえ営利の目的の他に目的が存在している場合であっても営利性は否定されず，また，営利性があれば商人性は否定されることはない。ある行為を初めて行う場合には反復性・継続性は認められないが，その際，爾後，反復的・継続的に行う予定があれば営利性は充

足される。

会社法では、会社（外国会社を含む）がその事業としてする行為、またはその事業のためにする行為は商行為としており（会5条）、通常、会社は、自己の名をもって商行為をすることを業とする者であることから、固有の商人（4条1項）であると解される。

(ⅱ) **擬制商人**

商法は、固有の商人（4条1項）の概念には該当しないが、その企業形態や経営形式から、商人として扱うことが適切な者を擬制商人として固有の商人と同様に扱うこととしている（4条2項）。

すなわち、固有の商人のように、自己の名をもって商行為をすることを業とする者だけを商人とすると、農業・林業・水産業等の原始産業を営む者は商人とは認められないことになる。というのは、商法では、物品を買った後、利益を上乗せした値段で売ろうとする投機購買とその実行行為を商行為（絶対的商行為）としていることから（501条1号）、原始産業を営む者が自分で生産または収穫した農畜産物・林産物・水産物等を店舗等で販売しても、当該物品は自分で生産または収穫したものであって他人から買ったものではないので、当該行為は商法にいう投機購買にあたらないからである。

これに対して、原始産業を営む者が他人から買った物品を店舗等で販売する場合、当該行為は投機購買にあたる。前者の行為も後者の行為も店舗等で販売する行為としては外形的には見分けがつかないので、外形上は固有の商人と区別できない原始産業を営む者を商人と認めなければ、この者と取引をする相手方が不測の損害を被るおそれがある。そこで、商法は、店舗その他これに類似する設備によって物品を販売することを業とする者は、たとえ商行為を行うことを業としない者であっても、これを商人とみなすとしている（4条2項）。これは、取引の安全を図る趣旨である。「店舗」とは、継続的取引のために社会一般の人々に対して開設されている場所的設備をいう。「その他これに類似する設備」とは、インターネット販売や通信販売などにおいては、情報処理装置や通信設備が継続的に商品の販売に用いられていることから、これらの装置や設備をいうと解されている。

さらに、鉱業も原始産業であるが、通常、大規模な資本・設備を用いて営業が行われている。このような営業を行っている者については、たとえその者の行為が商行為でないとしても、商人による営業と考えるのが自然であると考え

られることから，商法上，「鉱業を営む者」は，店舗などの設備を要件とすることなく商人とみなし，擬制商人としている（4条2項）。

このように，擬制商人は，企業形態や経営形式から商人概念を定めたものであって，固定した商行為概念だけで商人を定めることに対処したものである。

（3）小商人

商人のうち，法務省令（商法施行規則）で定めるその営業のために使用する財産の価額が法務省令で定める金額を超えないものを小商人という（7条）。その金額については，営業の用に供する財産につき貸借対照表に計上した額が50万円を超えないこととしている（施規3条）。営業規模が小さい商人である小商人にまで商法の規定のすべてを適用すると，登記の手続などについては，この者に煩雑な手間を求めることとなったり，あるいは，商業帳簿の作成などについては，この者にとって多大な負担を課すことになると考えられる。

そこで，商法上，未成年者登記（5条），後見人登記（6条），商業登記（8条～10条），商号の登記（11条2項），商号の譲渡の登記（15条2項），商号続用の営業譲受人が譲渡人の債務の弁済責任を負わない旨の登記（17条2項前段），商業帳簿（19条）および支配人の登記（22条）に関する規定は，小商人については適用しないこととしている（7条）。ただし，たとえ小商人であっても，他の商人と誤認させる名称等の使用を禁止する規定（12条）など，7条に定められた商法の規定以外の規定は小商人に適用する。

（4）商人資格の得喪

（i）商人資格の取得

自然人は権利能力に制限がないことから（民3条1項），業として商行為を行ったり（4条1項），店舗等で物品を販売したり，鉱業を営むのであれば，その者に商人資格が認められる（4条2項）。また，法人は，その存立目的によって権利能力が制限されるので，生まれながら商人である会社を除き，その目的と矛盾しない範囲において商人資格が認められる。公法人が行う商行為については，法令に別段の定めがある場合を除き，商法の規定が適用されることから（2条），公法人においても商人資格が認められる。

ある者が営業を開始すれば，この者はその開始時点で商人資格を取得するが，営業を始めるにあたり，営業資金を借り入れたり，店舗などの営業設備を取得したり，使用人を雇ったりするなどの開業準備行為を行うときには，この者に商人資格を認め，商法の規定を適用することが望ましいといえる。このことに

ついて，商法は，商人がその営業のためにする行為を附属的商行為として商行為に位置づけていることから（503条1項），ある者が開業準備行為をすることによって営利目的が明らかになれば，たとえその行為が営業開始前であっても，この者には商人資格が認められると解されている。

　開業準備段階のどの時点から商人資格が取得されるかは，ある時点の行為に多数当事者間の債務の連帯（511条）などの民法と異なる商法の規定が適用されるか否かを決定する重要な要素となる。商人資格の取得時期については次のように立場が分かれている。

　①表白行為説　　商人資格を取得するためには，開業準備行為者が営業の準備行為を行っているというだけでは十分ではなく，店舗の開設や開店広告などの表白行為によって営業意思を外部に発表しなければならないとする立場がある（大判大正14・2・10民集4巻56頁）。

　これによれば，表白行為によってその営業意思が明確になることで，取引の利害関係者が不測の損害を被ることは少なくなるが，表白行為までに時間がかかるので，その分だけ商法の規定の適用が遅れるおそれがある。

　②営業意思主観的実現説　　開業準備行為者による準備行為によって，この者の営業の意思が主観的に実現されれば，この者による表白行為がなくとも，商人資格は取得されるとする立場がある（大判昭和6・4・2民集10巻289頁）。

　これによれば，開業準備行為は附属的商行為にあたると解されるが，①との比較において，取引の利害関係者が不測の損害を被るおそれが高まる。

　③営業意思客観的認識可能説　　②のように，開業準備行為者による準備行為によって，この者の営業の意思が主観的に実現されるというだけでは十分ではなく，この者による表白行為は要しないが，この者の意思が客観的に認識可能となることが必要であるとする立場がある。

　これによれば，開業準備行為者について，その営業の意思が客観的に認識可能となる時点は表白行為よりも早まるから，この者と取引の相手方の双方の利益の均衡が図られていると評価され，有力な学説がこの立場を支持する。

　④段階説　　一つの時点で商人資格を完全に取得すると解するのは適切ではなく，この他に，誰が誰に主張するかによって分けて，段階的に考えるべきであるとする立場がある。

　これによれば，第一に，開業準備行為者の営業意思が準備行為によって主観的に実現された時点で，取引の相手方は開業準備行為者が準備行為を営業のた

めに行ったと主張することによって，開業準備行為者の準備行為についてその商人資格の取得と附属的商行為であることを主張できるが，開業準備行為者は自らの商人資格取得を主張できないとする。第二に，開業準備行為者の営業意思が特定の相手方に客観的に認識されたか，あるいは認識可能となった時点で，開業準備行為者は，取引の相手方の認識について立証しなければならないが，商人資格の取得および当該行為の商行為性を取引の相手方に対して主張できるとする。第三に，商人であると一般に認識することが可能になったときは，開業準備行為者の行為について附属的商行為の推定（503条2項）が生ずるとする。

商人資格の取得時期を考える場合，開業準備について，主観的には営業意思を実現する意思があるものとして附属的商行為となると主張する開業準備行為者の利益と，必ずしもそのような意思を認識しているとはいえないとする，取引の利害関係者の利益とを併せて考慮する必要がある。

最高裁は，自己の行為を営業の準備行為と認め，かつ，特定の営業を開始する目的で準備行為を行った者は，その行為により営業を開始する意思を実現したものであって，これにより商人資格を取得するのであるから，その準備行為もまた商人が営業のためにする行為として商行為となる旨を判示している（最判昭和33・6・19民集12巻10号1575頁〔百選3〕）。また，最高裁は，貸主が借主の借入の使途が開業準備資金であることを認識していた事案において，最高裁昭和33年判決を引用したうえで，開業準備行為は，相手方はもとより，それ以外の者にも客観的に開業準備行為であると認められうるものであることを要すると解すべきところ，たんに金銭を借り入れるごとき行為は，特段の事情のない限り，外形からはその行為がいかなる目的でなされるものであるかを知ることができず，開業準備行為者の主観的目的のみによってただちにこれを開業準備行為であるとすることはできないから，その場合においても，取引の相手方がこの事情を知悉している場合には，開業準備行為としてこれに商行為性を認めるのが相当である旨を判示している（最判昭和47・2・24民集26巻1号172頁）。これら二つの判決を見ると，最高裁は，昭和33年判決では，②営業意思主観的実現説に，昭和47年判決では，③営業意思客観的認識可能説に近い立場に立っていると解されている。

(ⅱ) **商人資格の喪失**

商人資格の喪失の時期については，営業の廃止または営業的設備の廃止の時と解するのが一般的であり，残務処理がある場合にはそれが終了した時である

（大阪高判昭和53・11・30判タ378号148頁）。

　会社は，設立登記（会49条・579条・907条）によって資格を取得し，清算結了（会476条・645条）によって喪失すると解される。会社以外の法人については，商人資格が認められる範囲において，自然人と同様に考えられる。

2　営　業
（1）営業の意義

　商人は，日常，「営業」を行っている。営業には，主観的意義の営業と客観的意義の営業がある。主観的意義の営業とは，商人の営利活動をいい，営業を活動面からとらえるものであり，23条や27条などの規定がこれに基づく。これに対して，客観的意義の営業とは，商人が営利活動を行うことを目的として組織化された一体として機能する財産をいい，営業を組織面からとらえるものであり，個々の財産をすべてまとめた以上の高い価値を有する組織的な財産の総体であり，営業の賃貸借，経営の委任等の対象となる。16条などの規定がこれに基づく。

　会社法では，会社が行うものについては，一部を除いて（営業所〔会125条1項・2項〕・営業時間〔会371条2項〕等），「事業」という用語が使われている（会21条以下）。これは，商行為をする会社には商事会社だけでなく民事会社も含まれることから（民事会社が擬制商人である旨の条文：改正前商法4条2項の廃止→会社法5条），営業という用語は適切ではないと考えられたからである。また，商人は商号1個ごとに一つの営業を営むものとされていることとの関係から，1個の商号しか持つことができない会社が行うものの総体は，営業と区別して事業と呼ぶことにしたという，用語の整理がなされたからである。

　主観的意義の営業と客観的意義の営業とは密接に関係しており，商法は営業の2つの面をとらえ，商人（企業）の人的要素と物的要素をあわせたものとして営業について規定している。

（i）主観的意義の営業

　商人の営利活動は，営業の自由によって保障されており，職業選択の自由（憲22条1項）に含まれる。しかし，営業の自由が保障されるのは公共の福祉に反しない場合に限られ，営業を行うことが制限されている。

　①**一般公益上の理由による制限**　あへん煙またはその吸食器具の輸入・製造・販売・所持（刑136条・137条），わいせつな文書・図画，電磁的記録に係る記録媒体その他の物の頒布・陳列（刑175条）など，その行為自体が禁止されて

いるもの、および密輸や賭博場の開帳といった公序良俗に反する行為（民90条）などの営業は制限される。

　②事業の公共性の観点による制限　銀行業（銀4条），信託業（信託業3条），保険業（保険業3条）などは，内閣総理大臣の免許を受けた者でなければ，これを行うことができない。

　③一般公安・保健衛生の観点による制限　風俗営業を営もうとする者は，風俗営業の種別に応じて，営業所ごとに，当該営業所の所在地を管轄する都道府県公安委員会の許可を受けなければならず（風営3条），飲食店営業などを営もうとする者は，厚生労働省令で定めるところにより，都道府県知事の許可を受けなければならない（食衛52条1項）。

　④営業の態様についての制限　不正な競争を防止する目的で，不正な手段によって営業活動が行われることを防止するための法令により制限されている。

　不正競争防止法では，不正競争によって営業上の利益を侵害され，または侵害されるおそれがある者に，その営業上の利益を侵害する者または侵害するおそれのあるものに対し，その侵害について差止請求権や損害賠償請求権を認めている（不正3条）。独占禁止法では，事業者に対して，事業者が私的独占または不当な取引制限を行うこと（独禁2条・3条），不公正な取引方法を用いること（独禁2条・19条）などを禁止している。

（ⅱ）**客観的意義の営業**

　客観的意義の営業には，積極財産と消極財産とがある。積極財産として，土地・建物・工場設備などの不動産，機械・器具・商品・現金などの動産，営業活動において取得した質権・抵当権などの物権，代金請求権などの債権，特許権・商標権といった無体財産権，営業上の知識・技能，および暖簾などがある。このうち，暖簾とは，企業の営業活動から生まれるもので，伝統や社会的信用，営業上の秘訣，仕入先関係・得意先関係，経営組織などの価値のある事実関係をいい，その侵害については不法行為の成立が認められる（大判大正14・11・28民集4巻670頁）。客観的意義の営業は暖簾を中心に組織化されることで，個々の財産をすべてまとめた以上の高い価値を有する財産となる。

　消極財産には，売掛金や借入金などの営業上の債務がある。

（2）**営業活動**

（ⅰ）**営業の自由の制限**

　商人は，原則として，自由に営業を行うことができるが，商法上，一定の範

囲で営業の自由が制限されている。商人が営業を他人に譲渡した場合において（16条），商人の使用人である支配人について（23条），代理商について（28条），商人の営業の部類に属する取引（競業）をすることが禁止されている。さらに，何人も，不正の目的をもって，他の商人であると誤認されるおそれのある名称または商号を使用してはならない（12条）。

これらは，取引の安全を考慮したものであり，前述した主観的意義の営業に関する制限にも含まれる。

(ⅱ) 営業能力

自ら営業活動を行って権利義務の帰属主体となる能力を営業能力という。営業能力の有無や範囲は，民法の行為能力に関する原則に従って判断されるが，商人が行う取引においては，とりわけ，取引の安全が重視されているので，商法は営業能力に関する規定を定めている。

①未成年者 民法上，未成年者が法律行為をするには，その法定代理人（通常，親権者）の同意を得なければならず（民5条1項本文），その同意により一種または数種の営業を許された未成年者は，その営業に関しては成年者と同一の行為能力を有すると認められる（民6条1項）。

商法は，これに対応して，未成年者が自分で4条の営業を行うときは，その登記をしなければならないとしている（5条。8条～10条を参照）。というのは，第三者にとって，未成年者が営業の許可を得ているか否かを知っておく必要があるからである。未成年者の登記は，商業登記簿の未成年者登記簿に行う（商登6条2号・35条～39条）。

②成年被後見人 民法によれば，成年被後見人については，日用品の購入その他日常生活に関する行為を除く法律行為を取り消すことができるので（民9条），成年被後見人は自ら営業を行うことはできない。

商法上，成年後見人は，成年被後見人のために4条の営業を行うことができるが，そのためには，登記を行わなければならず（6条1項），成年後見人の登記は，商業登記簿の後見人登記簿に行う（商登6条3号・40条～42条）。ただし，後見人の代理権に加えた制限は善意の第三者に対抗できない（6条2項）。成年後見人については，法定代理人が未成年者に代わって営業を行う場合とは異なり，後見監督人がいる場合には，営業を行うにあたっては後見監督人の同意が必要であり，その同意がなければ営業行為は取り消される（民864条・865条）。このように，民法上，取引の効力が後見監督人の有無によって変わることから，

取引の安全を害するおそれがあるので，商法では，成年後見人の営業が適法な代理によるものであることを公示する目的で登記を必要としている。

③被保佐人　保佐人は法定代理人ではなく（民13条），被保佐人のために営業を行うことはできないので，被保佐人の営業行為は保佐人の同意を必要とすることから（民13条），保佐人が被保佐人の営業行為を取り消すこともできる。そこで，取引の安全を考慮すれば，被保佐人が保佐人の同意を得て支配人を選任し，自分に代わって支配人に営業を行わせることが適切であると解されている。

（ⅲ）営業所

商法上，営業所とは，単に企業（個人商人・会社）が営業活動を行う場所ではなく，内部的には，そこから指揮命令が発せられるとともに，対外的には，主要な営業行為が展開され，企業の営業活動の中心となる場所をいうと解されている。営業所はそのような場所でなければならないことから，取引の安全を考慮すれば，たとえ企業内部で当該場所をそのように位置づけていない場合であっても，また，当該場所に付された名称を問わず，内部的かつ対外的な要件を充足していれば当該場所は営業所とみなされる。

企業が複数の営業所を有する場合には，営業全体を統括する主たる営業所を本店，それ以外の営業所を支店ということが一般的である。また，ある程度独立した営業活動の決定を行うものであれば，出張所などの名称が付されていても支店と認められる。

営業所は，企業の営業上の活動について指揮が出され，その結果が統一され，外部的にも中心とされる場所であることから，固定的かつ継続的でなければならない。

会社法上，本店の所在地は定款記載事項である（会27条3号・576条1項3号）。会社の登記は本店所在地と支店所在地の双方についてしなければならない（会911条1項3号・912条3号・913条3号・914条3号・930条）。生命保険会社の支社が旧42条の支店にあたるか否かが争われた事案で，同条にいう支店とは商法上の営業所としての実質を備えているものと解されるところ，生命保険会社の支社には基本的業務に関する権限が与えられておらず，手形行為をする権限も与えられていない場合には，同支社は旧42条の支店にあたらず，支社長のした約束手形の裏書について会社は責任を負わないとする下級審の裁判例がある（東京地判昭和55・2・18金商607号34頁）。

ある場所が営業所として認められる場合には，以下のような効果が生ずる。すなわち，①当該営業所について，営業所としての取扱いを受け，商人は第三者に対してその場所を営業所でないと主張できない，②商行為によって生じた債務の履行の場所（516条）が決まる，③裁判管轄（民訴4条4項・5条5号）や商業登記についての管轄登記所が決まる（8条，会911条～932条・933条～936条，商登1条の3），④支配人が選任される（20条），⑤表見支配人が認められる（24条，会13条），⑥民事訴訟法上の送達場所が決まる（民訴103条1項），⑦破産事件，民事再生事件，会社更生事件において，管轄裁判所が決まる（破5条1項，民再5条1項，会更5条1項）などの効果が生ずる。

（3）営業組織
（ⅰ）営業財産
　個人商人には営業上の活動や財産と私的な活動や財産とが併存し，この点は，事業活動・営業財産で構成される会社とは異なる。このように，個人商人において，営業とは関係のない私的な財産が存在する場合，営業上の債権者は，当該個人商人に対して自己の債権を実現するにあたっては，個人商人は無限責任を負うことから，当該個人商人の営業財産だけでなく，私的財産もその対象とすることができる。その結果，個人商人について，その営業には特別な財産性がなく，他の財産と区別されることはない。

（ⅱ）営業の担保化
　客観的意義の営業は，組織化されており，個々の財産をすべてまとめた以上の高い価値を有していることから，これを一つの担保権の目的にできることが望ましい。しかし，商人の営業の上に質権や抵当権といった担保物権を設定することは認められておらず，営業を担保化することはできない。営業には特別な財産性がないことから，債権者が担保物権を設定する場合には，営業に譲渡担保を設定するか，営業を構成する個々の財産に対して行うことになる。
　これに対して，特別法による営業の担保化が図られており，企業に帰属する営業財産を一括して財団を構成し，その財団を一つの物とみなして抵当権を設定する財団抵当や，株式会社の総財産を一括として企業担保の目的とする企業担保制度がある。このうち，前者は，財団抵当を定めた特別法がある場合に限定され，後者は企業担保法に定められた場合に限定される。この制度を利用できるのは，株式会社がその発行する社債を担保する場合に限られる（企担1条1項）ので，その利用は大企業に限られる。

（ⅲ）営業に対する強制執行

強制執行は，営業を一体として行うことはできず，個々の営業財産についてなされる。これによれば，一体としての営業の価値が生かされないことになるので，債権者および債務者ともに不利であるという指摘がある。

第2節　商　行　為

1　商行為の意義・分類
（1）商行為の意義

企業取引関係に特有な法規の総体を実質的意義の商行為法ということがある。商行為は，企業取引と同じ意味で使われることがあり，営利を目的とした計画的・集団的・反復的な行為であり，これを対象とする商行為法の目的は，商行為（企業取引）の円滑かつ確実な遂行を保証し，企業取引に関係する主体間の利益を調整することにある。

商行為法の特性には，商法の内容に関するもののうち，企業活動に関する営利主義，迅速主義，契約自由主義，定型主義，取引の安全の要請などが該当する。

形式的意義の商法に対応する形式的意義の商行為法である商法典「第2編　商行為」は，9章で構成されている。このうち，「第1章　総則」は，商行為の意義と通則規定をまとめたものであり，ここには，商行為一般に関して適用される規定，当事者の一方が商人である場合に適用される規定，および当事者双方が商人である場合に適用される規定がある。

現実の企業取引の規整は各種業法や約款などによって修正補充されることが多いことから，その場合，商法典の規定は二次的に適用されるにすぎない。

（2）商行為の分類

商法は，商人概念と商行為概念の定め方について，商人法主義と商行為法主義の両方の要素を併せ持つ併用主義を採用している。

商行為は，基本的商行為と附属的商行為（補助的商行為）（503条）に分類される。基本的商行為は，固有の商人概念（4条1項）を導く基礎となる概念で，商人が営業として（営業の目的として）行う行為である。基本的商行為は，行為者および回数を問わず，行為の性質から商行為となる絶対的商行為（501条）と，行為者に関わらず，営業として行われる，つまり，営利目的で反復かつ継続して行われることにより商行為となる営業的商行為（502条）からなる。

これに対して，附属的商行為は，商人がその営業のためにする行為をいう。また，営業的商行為と附属的商行為は，ともに商人が営業に関連して行うことにより商行為となるので，絶対的商行為に対して相対的商行為ということがある。

2 絶対的商行為

絶対的商行為は，その行為自体が，対外的な取引によって利益を上げる営利性を有することから，当然に商行為とされるものをいう。したがって，その行為は，誰が行っても，1回限り行っても，商行為となり，商法の規定が適用される。民法と商法のそれぞれの適用範囲を明確に区別する必要があることから，商法は絶対的商行為として501条に四つの行為を限定的に列挙している。

（1）投機購買およびその実行行為（501条1号）

商法では，動産・不動産または有価証券を，将来利益を得て譲渡する意思をもって有償で取得する行為（投機購買），および，その取得したものを譲渡することを目的とする行為（実行行為）を商行為としている。小売店などが，商品を仕入れて客に販売することによって利益を得る行為などがこれに該当する。

取得行為は，購買が通常であるが，この他に，交換，消費貸借，請負，委託売買などを含む。ただし，501条1号が対象とするのは，行為者が目的物を購買という法律行為によって取得することなので，農業・林業・水産業等の従事者が原始取得した物を売却した場合には本号に該当しない。これに対して，行為者が取得した物を製造または加工した上で譲渡する場合も本号に該当するから（大判昭和4・9・28民集8巻769頁〔百選33〕），製造業者が一般的に行っている原材料の購入と製品の売却は本号に含まれる。

行為者において利益を得て第三者に譲渡するという投機意思は，目的物を取得する時点に存在することが必要とされる。したがって，自分で使う意思をもって取得した場合には，その後，利益を得る意思をもってそれを譲渡しても本号に該当しないが，行為者が目的物を取得するにあたり利得目的があれば，譲渡した結果，たとえ利益を得なくても，当該行為は本号に該当する。また，投機意思は，取引の安全を保護するために相手方が認識できるものでなければならない。

本号の対象は，動産・不動産または有価証券に限られる。不動産には，土地と建物などの定着物（民86条1項）および立木（立木1条）が該当する。鉱業権については，判例では不動産に含まれるとしているが（大判昭和15・3・13民集19巻

554頁)，絶対的商行為に関する解釈は制限的になされるべきであるとして，これを含まないとする見解が有力である。鉱業法では，鉱業権は，物権とみなし，鉱業法に別段の定めがある場合を除くほか，不動産に関する規定を準用するとされているが (鉱業12条)，4条2項において鉱業を営む者は商人とみなされ，その結果，この者に対しても商法の規定が適用されることから，鉱業権を不動産に含まなくとも，解釈上，問題はないと考えられる。有価証券とは，一般的には，財産的価値ある私権を表章する証券であって，権利の譲渡および行使等に当該証券を必要とするものと解されている。主な有価証券には，手形 (手1条)，小切手 (小1条)，倉荷証券 (600条〜608条・613条〜617条)，船荷証券 (741条・756条・757条〜770条・809条) などがある。

（2）投機売却およびその実行行為 (501条2号)

　商法では，行為者が，第三者から有償取得する動産または有価証券を，将来の一定時期に相手方に供給するという意思をもって，第三者からの有償取得に先立ち，相手方に動産または有価証券を有償で供給する (仕入れ価格に利益を上乗せして売却する) 契約 (供給契約) を締結し (投機売却)，その後，その契約を履行するために動産または有価証券を第三者から有償で取得する (仕入れる) 行為 (実行行為) を絶対的商行為としている。供給契約では供給期限が約定されており，その期限が到来した時点で目的物が相手方に供給される。

　投機売却およびその実行行為を定める501条2号では，投機購買およびその実行行為を定める502条1号と異なり，目的物に不動産は含まれていない。というのは，不動産には特定性があり，供給契約を締結した後に供給できるがどうか確実でないことから，投機売却には適さないからである。

　投機の意思は，供給契約締結時に必要とされ，501条1号の場合と同じく，取引の安全を保護するために，相手方が認識できるものでなければならない。

（3）取引所においてする取引 (501条3号)

　「取引所」とは，代替性のある動産または有価証券を，一定の期間に一定の方式に従って大量に売買する場所をいう。これには，商品先物取引法に基づいて商品の取引をする商品取引所，金融商品取引法に基づいて株式その他の有価証券の取引をする金融商品取引所などがある。そこで行われる取引は商品や有価証券の売買取引であり，その方法も技術的かつ専門的であることから，絶対的商行為とされている。

　商品取引所の設立には主務大臣の許可が必要であり (商先9条・78条)，金融

商品取引所の開設には内閣総理大臣の免許が必要とされる（金商80条1項）。金融商品取引所において売買取引の当事者となることができる者は会員または取引参加者（会員等〔金商81条1項3号〕）に限られ（金取111条1項），会員等になれるのは金融商品取引業者等に限られる（金商91条・112条1項）。この結果，たとえば，東京証券取引所において第一部上場会社の株式の売買などの取引を行う場合，同取引所の会員等でない者はその会員等に取引を委託しなければならない。

取引所における取引には二つの形態があり，会員等が，自己の計算で取引をする場合（ディーラー業務）には，当該行為は501条1号または2号に該当するので絶対的商行為となるが，会員等でない顧客から委託を受けて他人の計算で取引をする場合（ブローカー業務）には，当該行為は取次ぎとして営業的商行為（502条11号）となり，商人である証券会社が行う行為は附属的商行為（503条）になる。このように，取引所においてする取引はいずれも商行為となるので，501条3号は注意規定であると解される。

（4）手形その他の商業証券に関する行為（501条4号）

「商業証券」とは，商取引の対象となる有価証券のことをいう。手形その他の商業証券に関する行為を絶対的商行為としたのは，商行為によって生じた債務の履行の場所について定める516条の規定を当該行為に適用させることにある。その限りにおいて，手形・小切手（支払証券），株券・社債券（投資証券），船荷証券・倉荷証券（物品証券）等の有価証券が本号の適用を受ける。

「商業証券に関する行為」とは，振出・引受・裏書・保証などの証券上になされる行為をいい（最判昭和36・11・24民集15巻10号2536頁〔百選34〕），証券そのものを目的としてする売買・交換・貸借・寄託などは含まれない。最高裁の判決では，白地小切手の補充権は小切手要件の欠缺を補充して完全な小切手を形成する権利であること，補充権は白地小切手に付着して当然に小切手の移転に随伴するものであること等に鑑みれば，補充権授与の行為は本来の手形行為ではないが，「手形に関する行為」に準ずる行為であるとする（最判昭和36・11・24前掲）。

このように，有価証券上の行為は，当該行為者が商人であるか否かを問わず商法の規定が適用されることから，絶対的商行為となる。ただ，手形・小切手上の行為については，行為者が誰であっても手形法・小切手法の規定が適用されることから，501条4号は手形・小切手以外の有価証券について意味をもつ。

3 営業的商行為

　営業的商行為とは，営業として行われる場合に商行為となる行為をいう。商行為を営業として行う者は固有の商人であることから（4条1項），営業的商行為は，商人が営業として行うときに限り商行為となる行為であるという点で，絶対的商行為と異なる。

　民法と商法のそれぞれの適用範囲を明確に区別する必要があることから，商法は営業的商行為について502条に限定的に列挙している。しかし，列挙された行為であっても，もっぱら賃金を得る目的で物を製造し，または労務に服する者の行為は，一般的に，商人の使用人の行為であることなどから，商法の規定をこれに適用することは妥当ではないので，営業的商行為とはならない（502柱書ただし書）。

（1）投機貸借とその実行行為（502条1号）

　商法は，行為者が，他人に賃貸する意思をもって動産もしくは不動産を有償取得したり，賃借する行為（投機貸借），または，有償取得もしくは賃借した物を他人に賃貸する行為（実行行為）を営業としてするとき，その行為を営業的商行為としている。

　「投機貸借」には，不動産賃貸業，貸衣装業，レンタカー業，レンタルDVD業等が該当する。絶対的商行為である投機購買とその実行行為（501条1項1号・2号）と投機貸借とその実行行為との違いは，前者の対象が目的物の所有権の移転が投機にあるのに対して，後者の対象は目的物の利用が投機にある点にある。有価証券は，賃貸の目的に適さないので，投機貸借の目的物にはならない。投機の意思は，行為が反復してなされる営業全体において存在すれば足り，また，実行行為により利益が得られることは要しない。

（2）他人のためにする製造または加工に関する行為（502条2号）

　他人のために，つまり，他人の計算において，ある物について製造または加工を引き受けることをいう。引き受けた者と他人との関係は請負が一般的であるが，他人に雇用される場合もある。

　「製造」とは，材料に労力を加えて異なった種類の物とすることをいい，機械・器具等の製作，酒類醸造，紡績などが該当する。「加工」とは，目的物の種類に変更を生じない程度に労力を加えることをいい，クリーニング，染め物（大判大正5・6・7民録22輯1145頁）などが該当する。これらの場合，材料は取引の相手方から供給されたもの，または相手方の費用において購入したものであ

ることを要する。したがって，製造または加工を行う者が自己の費用で原材料を購入して，製造または加工した物を相手方に譲渡する行為は投機購買となる（501条1項1号）。

（3）電気・ガスの供給に関する行為

電力会社またはガス会社が顧客に対して行う電気またはガスの継続的な供給を引き受ける行為が該当する（502条3号）。これらの行為の法的性質は，電気・ガスの売買契約であるが，設備の賃貸を伴う場合は，売買と賃貸借の混合契約となる。小売電気事業を営もうとする者（電気2条の2）およびガス小売事業を営もうとする者（ガス3条）には，経済産業大臣の登録を受けなければならないなどの行政上の規制がなされる。

（4）運送に関する行為（502条4号）

「運送」とは，物品または旅客をある場所から他の場所に移動させる事実行為をいう。これを運送の対象により分類すると，物品運送（570条～588条）と旅客運送（589条～594条）とがあり，運送の場所により分類すると，陸上運送（569条～588条），海上運送（569条・684条～850条），航空運送（569条）とがある。いずれの運送を引き受ける行為も営業的商行為である。

公営地下鉄や公営バスなどのように運行主体が公的機関の場合であっても，営業的商行為にあたると解される。下級審の裁判例によると，市営地下鉄の電車の利用関係は当事者間の契約関係であり，市営地下鉄などの公営軌道事業は，自治体とは独立した経済単位として独立採算制を採用していることから（地公17条・21条），収支が相償うことを目的とせざるを得ず，その限りで営利目的を持ち，その旅客運送行為は502条4号の運送に関する行為に該当するとされている（大阪高判昭和43・5・23判時521号55頁）。

（5）作業または労務の請負（502条5号）

「作業の請負」とは，建設業，土木業，造船業などのように，建物の建築・修繕，道路・鉄道の建設・修繕，船舶の建造・修繕などの工事を請け負うことをいう。船舶は，商法上，不動産的取扱いを受けていること（686条等），その建造はいわゆる注文建造であることが多いことなどの理由により，この部類に属する。

「労務の請負」とは，労働者の供給を請け負うこと（派遣事業）をいう。ただし，労働者供給事業は原則として禁止され，例外的に，厚生労働大臣の許可を受けた者が行う無料の事業に限られている（職安44条・45条）。労働者派遣法，

港湾労働法，建設労働者の雇用の改善等に関する法律などの定める労働者派遣事業等（職安47条の2）もまた，営業的商行為である。

　（6）出版，印刷または撮影に関する行為（502条6号）

　「出版に関する行為」とは，文書・図画を複製して販売・頒布する行為をいう。出版は，通常，出版社が，①著作者と出版契約を締結し，著作者から著作物を出版する権利を取得する，②印刷業者と著作物の印刷契約を締結する，③書店と売買委託契約を締結し，印刷物を販売・頒布する手順で行われる。この場合，③が出版に不可欠の要素なので，著作権のない物や自己の著作物を販売する行為（①を欠く）や，自社で新聞を印刷している新聞社（②を欠く）の行為であっても，③の行為があれば，当該行為は出版にあたる。

　「印刷に関する行為」とは，文書・図画について機械や化学的な力を使って複製することを引き受ける行為をいい，「撮影に関する行為」とは，写真・ビデオ等の撮影を引き受ける行為をいう。

　（7）客の来集を目的とする場屋における取引（502条7号）

　「場屋における取引」とは，多数の人が来集することに適する人的設備または物的設備（場屋）を設け，来集する客の需要に応じてその設備を利用させる取引をいう（大判昭和12・11・26民集16巻1681頁〔百選（第3版）25〕を参照）。これには，旅館（ホテル），飲食店（レストラン），浴場（596条1項）の他，興行場営業（劇場，映画館，コンサートホールなど），遊戯場営業（パチンコ店，ボーリング場，マージャン店，ゲームセンターなど），ゴルフ場などがあり，そこでの契約の内容は，売買，賃貸借，請負等さまざまである。

　（8）両替その他の銀行取引（502条8号）

　「銀行取引」とは，金銭または有価証券の転換を媒介する行為をいい，銀行取引のうち，異なる種類の貨幣を交換する「両替」が例示されている。

　銀行業は，内閣総理大臣の免許を受けた者でなければ，営むことができず（銀行4条1項），502条3号にいう銀行取引にあたるためには，銀行業に固有の業務であることを必要とし（銀行10条1項），固有の業務であるためには，不特定多数人から金銭または有価証券を取得する受信行為（預金等）と，それを需要者に融通する与信行為（融資・貸付等）とが併存することを要する。したがって，資金を貸し付ける与信行為だけを行う金融業者，質屋等の貸付行為は銀行取引にあたらない（最判昭和50・6・27判時785号100頁〔百選35〕）。

（9）保険（502条9号）

「保険」とは，同種の危険にさらされた多数の経済主体が一つの団体（危険団体）を構成し，それに属する経済主体（保険加入者）が金銭（保険料）を拠出することにより，保険を引き受ける者（保険者）において共同的備蓄を形成し，現実に危険が発生した主体がそこから保険金の支払等の形で給付を受ける経済的制度をいう。

保険を，保険団体形成の目的ないしは方式等の基準で分類すると，営利保険と相互保険とに分かれる。営利保険とは，保険者が収入保険料と支払保険金の差額を利得することを目的とする保険をいうことから，そこでの保険の引受けは営業的商行為にあたる。営利保険の保険者は株式会社に限られる（保険業5条の2）。これに対して，相互保険とは，保険加入者が社団構成員となって，加入者相互間で危険を負担しあうことを目的とする社団法人である相互会社を作り，この法人が保険者となって保険を引き受けることを目的とする保険をいう。それゆえに，相互保険の引受けは営利性を欠くことから営業的商行為でなく，相互会社は商人ではない。しかし，相互保険および相互会社の行為には企業的性質が認められることから，商法および会社法の規定が準用される（保険業21条1項2項）。

共済契約（保険2条1号）の締結および少額短期保険業（保険業2条17項18項）による保険契約の締結は，経済的制度の視点で見ると502条9号の保険に該当することから，その引受けを営業として行う場合には営業的商行為になると解される。これに対して，国や地方公共団体が引き受ける社会保険などの公保険は営業的商行為には含まれないと解される。

（10）寄託の引受け（502条10号）

「寄託の引受け」とは，倉庫業や駐車場経営のように，他人（寄託者）のために物（寄託物）の保管を引き受けること（寄託〔民657条〕）をいう。この引受けには，複数の者から預かった同種・同品質の寄託物を混合して保管し，寄託物と同数量の物を返還する混合寄託（民665条の2），および，預かった側（受寄者）が寄託物の所有権を取得し，これを消費した後に，寄託物と同種・同等・同量の物を返還する消費寄託（民666条）も含まれる。

（11）仲立ちまたは取次ぎに関する行為（502条11号）

「仲立ち」とは，他人間の法律行為の媒介をすることをいう。他人間の商行為の媒介を引き受ける仲立人（543条～550条）や媒介代理商（27条～31条）の行為

が該当する。これらの者は，商事仲立人であるが，媒介される行為が委託者にとって商行為であることは要件とされず，住宅などを所有している個人とその購入を希望する個人との間の不動産売買の周旋，結婚の媒介等，商行為以外の他人間の法律行為の媒介を業とする民事仲立人の行為もこれに含まれる。

「取次ぎ」とは，自己の名をもって（当事者として），他人の計算において法律行為をすることを引き受ける行為をいう。つまり，この場合，自己が法律上（たとえば，契約上）の権利義務の帰属主体となり，経済的効果（たとえば，利得）が他人に帰属する。問屋（551条〜557条），準問屋（558条），運送取扱人（559条〜564条）の行為が該当する。

(12) 商行為の代理の引受け （502条12号）

「商行為の代理」とは，本人にとって商行為となる行為の代理を引き受ける行為をいう。締約代理商（27条〜31条）の行為などが該当する。

(13) 信託の引受け （502条13号）

「信託」とは，所定の行為により，特定の者（受託者）が一定の目的（もっぱらその者の利益を図る目的を除く）に従い，委託者の財産の管理または処分，およびその他の当該目的を達成するために必要な行為をすべきものとすることをいう（信託2条1項）。「信託の引受け」とは，受託者として委託者の財産の管理または処分等を引き受ける行為をいう。

4　附属的商行為

商人がその営業のためにすることによって商行為となる行為を附属的商行為という（503条1項）。基本的商行為は，その営利性等の強弱により絶対的商行為（501条）と営業的商行為（502条）に分かれ，商人概念とは関係なく商行為となるのに対して，附属的商行為は商人概念を前提とすることに特徴がある。

「営業のためにする行為」とは，商人の営業遂行に直接必要な行為だけでなく，営業を補助するすべての行為をいい，行為そのものに営利的性質がなくともよい。営業を補助する行為は具体的に法律に定めることが難しいことから，商法は，附属的商行為という包括的な概念を定めて，その規定を適用している。具体的には，商品の運送の委託，営業資金の借入れ，広告・宣伝の依頼，店舗・工場の取得あるいは賃借などが該当する。

最高裁の判例では，商人が雇主として締結する雇用契約は，その営業のためにするものと推定され，附属的商行為になるとしている（最判昭和30・9・29民集9巻10号1484頁〔百選（第4版）39〕）。これに対して，雇用契約について附属的

商行為性を否定する見解は，雇用契約のような労使間の不平等契約は，民法や労働法などの社会法の支配に属するべきものであるとする。広い意味での雇用契約に関連する下級審の裁判例のうち，東京地判昭和57・3・29判時1054号12頁（住宅資金貸付金の返還に関する事案），同地判平成9・12・1判タ1008号239頁（準消費貸借契約に基づく残金の支払に関する事案）は，いずれの債権についても附属的商行為性を否定したうえで，商事消滅時効（旧522条）の適用を否定している。

企業（個人商人・会社）の営業目的行為が開始される前になされる開業準備行為や営業廃止後の後始末行為，およびそれに関連する行為が行われる場合，当該行為についてその附属的商行為性が問題となる。個人商人の行為には生活に関係するものと営業に関係するものがあることから，ある行為が商行為であり，商法が適用されるか否かが必ずしも明らかでない場合もある。そこで，商法は，商人の行為はその営業のためにするものと推定するとしている（503条2項）。

大審院の判例では，商人の行為からその営業のためにすることが明らかでない場合を除き，503条の規定は適用されるとする（大判昭和15・7・17民集19巻1197頁）。したがって，ある行為が営業のための行為でなく，個人的な生活に関する行為であることを主張する者は，その旨を主張立証しなければ，当該行為は商行為となる。

5　会社等の行為

会社法によれば，会社（外国会社を含む）がその事業としてする行為，およびその事業のためにする行為は商行為とする（会5条）。その結果，会社は，自己の名をもって商行為をすることを業とする者として，商法上の固有の商人（4条1項）に該当し，その行為はその事業のためにするものと推定される。したがって，会社は，個人商人と同じように，ある行為が当該会社の事業のための行為でなく，事業とは無関係な行為であることを主張立証しなければならない（最判平成20・2・22民集62巻2号576頁〔百選36〕〔会社・従業員間の貸付は会社がしたものであることから，商行為と推定される〕）。

学説上，会社にあっては，事業とは無関係な行為は考えられないので，その行為はすべて事業のためにする行為にあたるとする有力な見解がある。これに対して，下級審の裁判例では，附属的商行為は商人が営業のためにする意思が客観的に認められる必要があるところ，金銭貸借をその目的に含んでいない会社が，他の会社の代表者個人に金銭を貸し付けることが，当該会社との取引に資することに繋がるとは客観的に認めることができないことからして，このよ

うな貸付行為は附属的商行為に該当しないとするもの（東京地判平成9・12・1判タ1008号239頁），従業員を被保険者とする生命保険への加入および合意は，これが会社における従業員の福利厚生の一環として制度的に運用されている場合は格別，原則として，営業のためにするものとは解されず，従業員が退職した後については，従業員の福利厚生を目的とする余地はないから，附属的商行為には該当しないとするもの（大阪地判平成11・3・19判時1688号169頁）などがある。

有限責任事業組合契約に関する法律上，有限責任事業組合の組合員が組合の業務として行う行為も商行為である（有組10条）。これには，組合の事業目的行為の他，そのためにする行為も含まれる。

6　一方的商行為と双方的商行為

商行為は，当事者の属性の違いによって，一方的商行為と双方的商行為に分類される。一方的商行為は，行為の当事者の一方のために商行為となる行為をいい，小売商・消費者間の取引や，銀行や保険会社と非商人である預金者・保険契約者の間の取引等が該当する。これに対して，双方的商行為は，当事者双方について商行為となる行為をいい，小売商・卸売商間の取引，銀行と融資先の会社の間の取引等が該当する。このように，前者は商人・非商人間の取引であり（当事者の一方にとって商行為：504条〜506条，511条，515条，516条。当事者の一方が商人：509条，510条，512条，513条2項，529条〜534条，595条〜598条），後者は商人間の取引である（当事者双方が商人：508条，513条1項，521条〔当事者双方にとって商行為〕，524条〜528条）。

当事者双方で適用される法律規定を統一するために，商法は，一方的商行為についても商法を双方に適用するとともに（3条1項），当事者の一方が2人以上ある場合において，そのうちの1人のために商行為となる行為については，商法の規定がその全員に適用するとする（3条2項）。

第 2 編

商法総則

第1章 商業登記

第1節 総　説

1　商業登記の意義・目的・機能
（1）商業登記の意義
　商人が，商法，会社法その他の法律の規定により，事実および法律関係という一定の事項を商業登記簿に記載してなす登記を商業登記という。不動産登記と比較すると，不動産登記は権利の公示手段であり，権利変動の対抗要件とされているので（民177条），当事者の善意悪意は問題とされない。これに対して，商業登記は，法律に特別の定めがない場合，事実および法律関係を公示する機能を有するにとどまり，登記前であっても悪意者に対しては事実および法律関係を主張できる。

（2）商業登記の目的
　商人の取引は，大量かつ反復して行われ，利害関係者も多いこと，商人の意思決定には取引の効力に影響する事項が少なくなく，相手方がこの事項を自分で調べることは商取引の迅速性・大量性の要請から必ずしも適切とはいえないこと，また，商人から相手方に対して取引ごとにこの事項を知らせることは煩雑であることなどの性質を有する。そこで，商業登記によって，商人に関する取引上重要な事項を公示し，その結果，商取引の円滑さおよび確実さを図り，商人を巡る関係者間の利害を調整することが可能となる。

（3）商業登記の機能
　商業登記は，商人およびその取引の関係者双方の利益に配慮した制度である。すなわち，商人の立場からすると，取引上重要な事項を商業登記によって公示することで自己の信用を確保できる，役員等に変更があった場合，それを公示すれば，取引の関係者に対してその都度の通知が不要である，原則として，公示を見ないことによってそれを知らない第三者に対してそのことを主張できるなどの利点がある。他方，取引の関係者の立場からすると，役員等，商人に関

する情報が商業登記によって公示されていれば，安心して取引ができるなどの利点がある。

しかし，公示の内容が多くなると，商人にとっては，その営業上の秘密が漏れる危険があり，取引の関係者にとっても，公示の事実あるいはその内容について知らなかった場合に不利益を被るおそれが増える。そこで，公示の効力や内容について，商法・会社法などの法令で明示されている。

2 商業登記に関する規定

個人商人に関する商業登記については商法に規定があり，通則規定として8条～10条，実体的規定として11条2項・15条2項・22条がある。会社に関する商業登記については会社法に規定があり，通則規定として会社法907条～910条，実体的規定として会社法911条～938条がある。

その他の法律の基づくものとして，破産法（破257条～262条），担保附社債信託法（担社61条～64条・70条18号），会社更生法（56条・88条・108条・258条～264条）等がある。協同組合や保険相互会社は商人ではないのでその登記は商業登記ではないが，性質上，商業登記と同様の規定が定められている（農協9条・54条の4・62条等，保険業67条）。

3 商業登記の種類

商業登記法によれば，商業登記には，商号・未成年者・後見人・支配人・株式会社・合名会社・合資会社・合同会社・外国会社に関する9種類の登記簿があり（商登6条），これら登記簿が登記所（当事者の営業所の所在地を管轄する法務局もしくは地方法務局もしくはこれらの支局またはこれらの出張所）に備えられる（商登1条の3）。

船舶登記（686条）などのように，商法に定められているものであっても，商業登記簿以外の登記簿になされる登記は商業登記ではない。

第2節　商業登記事項

1 絶対的登記事項・相対的登記事項

商業登記事項は，商人が登記しなければならない絶対的登記事項と，登記するかどうかが商人の裁量に委ねられている相対的登記事項に分かれる。

絶対的登記事項にはほとんどの登記事項が該当する。登記をしなければならないという意味は，私法上，登記をしなければ第三者に対抗できないという不

利益を受けることであるが（9条），個人商人が絶対的登記事項の登記を怠っても公法上の制裁はないものの，利害関係人はこの義務の履行を請求できる。また，会社が絶対的登記事項の登記を怠ると，会社の発起人・取締役・監査役・業務執行社員などに過料の制裁が科される（会976条1項）。

相対的登記事項には，会社を除く商人の商号の登記（11条2項）などが該当する。ただし，この事項を登記すると，その変更・消滅は絶対的登記事項となり，登記当事者は，遅滞なく，その旨を登記しなければならない（10条，会909条）。

2 設定的登記事項・免責的登記事項

登記事項が，事実および法律関係が作られたことに関するものであるときは設定的登記事項といい，当該事実および法律関係の当事者の責任を免れさせるものであるときは免責的登記事項という。

設定的登記事項には，支配人の選任（22条，会918条），会社の設立（会49条），取締役の氏名（会911条3項13号），代表取締役の氏名および住所（会911条3項14号）などが該当し，会社が設立に際して支店を設けた場合，会社の設立後に支店を設けた場合には，所定の期間内に，当該支店の所在地において，支店の所在地における登記をしなければならない（会930条～932条）。免責的登記事項には，支配人の代理権の消滅（22条，会918条），代表取締役の退任（会915条1項）などが該当し，商業登記の効用は免責的登記事項について発揮される。

第3節　商業登記手続

1 登記の申請・登記官の管轄等

商業登記は，法令に別段の定めがある場合を除くほか，商業登記法の定めるところに従い，登記当事者（登記事項たる事実および法律関係の主体である商人または会社）の申請または官庁の嘱託がなければ，商業登記簿に登記できない（8条・10条，商登14条，会907条・909条）。このような考え方を当事者申請主義という。

登記は，書面により，登記当事者の営業所の所在地を管轄する法務局もしくは地方法務局もしくはこれらの支局またはこれらの出張所（登記所）で行われる（商登1条の3）。登記所における事務を取り扱う者を登記官といい，登記所に勤務する法務事務官のうちから，法務局または地方法務局の長が指定する者がこれに該当する（商登4条）。また，電子認証制度に基づき，電子認証登記所

（電子証明書の発行やその有効性についての証明を行う登記所）で電子証明書を取得した者は，登記申請を電子情報処理組織（政府機関等の使用に係る電子計算機〔入出力装置を含む〕と申請等をする者の使用に係る電子計算機とを電気通信回線で接続した電子情報処理組織）によって行うこともできる（オンライン化通則3条）。

　登記当事者以外の者が登記を行う場合として，登記した商号が廃止されたにもかかわらず廃止の登記がなされていない場合における利害関係人による商号の登記の抹消申請（商登33条），後見人による後見人の登記の申請（商登41条）等がある。会社を代表すべき者の申請によるものには，会社の設立登記（商登47条1項）等がある。というのは，この場合，会社はまだ法的に成立していないからである。官庁の嘱託により行われるものには，会社の合併無効判決・株主総会決議取消判決が下された場合などのように，登記事項が裁判で生じた場合の裁判所書記官の嘱託による登記（会937条），取締役等の職務執行停止・職務代行者選任の仮処分等の登記（会917条，民全56条），法人の破産手続に関する登記（破257条），更生手続に関する登記（会更258条）等がある。登記官が職権で行うものには，休眠会社のみなし解散の登記（会472条1項，商登72条）がある。

2　登記官の審査権

（1）登記官による審査

　登記官が登記の申請書を受け取ったときは，遅滞なく，申請に関するすべての事項を調査しなければならず（商登施規38条），商業登記法24条各号に掲げる16の事由がある場合には，理由を付した決定で，登記の申請を却下しなければならない（商登24条柱書）。

（2）形式的審査主義

　商業登記法上，登記官は，登記の形式上の適法性，申請事項が法定の登記事項であるか，申請者に権限があるか，添付書類が法定の形式を備えているかなどを審査する権限と義務を有するにすぎないという形式的審査主義がとられている。というのは，登記官は記録官にすぎないから，申請事項が真実に合致しているか否かについて実質的な審査をするには適しておらず，登記事項が真実か否かに関する調査はほぼ不可能であり，また，形式上の適法性を審査するだけでよいとするほうが迅速に登記事務を処理できるからである。

　商業登記法によれば，登記すべき事項につき無効または取消の原因があるとき，登記官は理由を付した決定で，登記の申請を却下しなければならない（商登24条10号）。この場合，最高裁の判例によれば，登記官は，無効または取消の

原因があるか否かを，登記簿・申請書および添付書類に記載されたものを基準として判断し，これらの資料によって無効または取消の原因の存在が客観的に明白な場合に，その申請が却下されるべきであるとする（最判昭和43・12・24民集22巻13号3334頁〔百選11〕）。定款の絶対的記載事項（会27条）の欠けた定款の登記，欠格事由（会331条1項）のある者を取締役に選任する旨の登記などを申請する場合には，却下されるべきであろう。というのは，このように申請事項が法律上無効であることが明確な場合には，真実を登記するという商業登記の趣旨に反するからである。したがって，形式的審査主義の観点からすれば，登記申請者の利益を考えると，資料によって無効または取消の原因の存在が客観的に明白ではない限り，申請を有効なものとして受理して登記することになろう。

3 登記事項証明書等の交付

何人も，手数料を納付して，登記簿に記録されている事項を証明した書面（登記事項証明書）の交付を請求することができるとともに（商登10条1項），登記簿に記録されている事項の概要を記載した書面の交付を請求できる（商登11条）。登記事項証明書の交付請求は，法務省令（商業登記法施行規則）で定める場合を除き，管轄登記所以外の登記所の登記官に対しても行うことができる（商登10条2項，オンライン化通則3条）。また，登記簿の附属書類の閲覧について利害関係を有する者は，手数料を納付して，その閲覧を請求することができる（商登11条の2）。

登記情報を確認する場合には，指定法人（電子登3条。民事法務協会）が運営する登記情報の電気通信回線を利用して情報の送信を受けることができる（電子登4条）。また，登記事項証明書および印鑑証明書に代わる証明書を，電子認証登記所の登記官が登記情報に基づいて証明する制度（商登12条の2）がある。

第4節　商業登記の効力

1 総　説

登記の効力については，商法および会社法の規定に定められており（9条，会908条），一般的効力（9条1項，会908条1項）と特殊的効力とがある。一般的効力には消極的公示力と積極的公示力とがあり，前者は，登記前の効力であり，後者は登記後の効力である。特殊的効力には，創設的効力，補完的効力（治癒的効力），付随的効力およびその他の効力がある。この他に，不実登記の効果に

ついても定められている（9条2項，会908条2項）。

2 商業登記の一般的効力

登記事項は，登記の後でなければ，これをもって善意の第三者に対抗することができず，登記後であっても，第三者が正当の事由によってその登記があることを知らなかったときも対抗することができない（9条1項，会908条1項）。これを商業登記の一般的効力（確保的効力）といい，登記の前後に分けて説明される。この第三者には，登記事項について正当な利害関係を有する者を含む。

(1) 商業登記の消極的公示力（登記前の効力）

(i) 登記前は善意の第三者に対抗できない

登記事項である事実および法律関係について発生，変更，消滅があった場合，登記当事者は，登記の後でなければ，これをもって善意の第三者に対抗することができない（9条1項前段，会908条1項前段）。これを商業登記の消極的公示力という。

たとえば，株式会社において，退任しているものの，変更登記がなされていない旧代表取締役が会社の代表権限があると偽って取引を行った場合，取引の相手方が当該者の代表取締役退任の事実を知らない第三者であるときには，会社は，相手方に対して退任の事実を主張することができず，責任を負う。ただし，第三者が登記当事者に対してその変更を主張することは認められる。最高裁の判例によれば，会社の商号の変更および代表取締役の氏名につき登記を行う前に，その者が代表権限に基づいて振り出した手形について，善意の第三者である手形取得者は会社に対して手形上の責任を追及できるとされている（最判昭和35・4・14民集14巻5号833頁〔百選（第4版）5〕）。

商号譲渡の商業登記については，商法の条文に善意または悪意の文言が明示されていないので，第三者の善意または悪意を問わず，登記をしなければ対抗することができないと解される（15条2項）。

(ii) 第三者の善意

「善意」とは，登記事項の存在を知らなかったことをいう。登記すべき事実および法律関係があっても，登記前には，登記当事者は善意の第三者に主張できないのに対して，登記事項について悪意である第三者に対しては，商人が，第三者が悪意であったことを主張立証することで対抗することができる。

第三者の善意の判断時期は，第三者が法律上の利害関係を有するに至った取引の時とする（大判大正4・12・1民録21輯1950頁）。その後，第三者が登記事項を

知ることとなり悪意になったとしても，登記当事者は，第三者に当該事実および法律関係を対抗できることにはならない。

善意であれば，重過失を含めて，第三者が当該登記事項を知らなかったことについて過失があった場合であっても，登記をしていない商人・会社は対抗できない。これは登記制度の信用力を重視するものである。

（iii）**第三者相互間**

第三者相互間では，9条1項・会社法908条1項の規定は適用されない。というのは，登記当事者が登記をしていないことにより，登記申請の権利義務のない第三者が不利益を被るのは合理的ではないからである。

判例によれば，A合名会社が解散し，清算人が選任された旨の登記がなされたが，登記申請がすでに死亡していた社員の名義で行われ，その後，A会社の債権者BがA会社の物件を差し押さえたところ，当該物件はA会社の清算人からCに売却し，譲渡されていたことから，Cが所有権を理由とする仮差押異議の訴えを提起したところ，BがA会社の解散および清算人の登記は無効であり，A会社とCとの間の物件の売買も無効であると主張した事案において，最高裁は，旧12条（9条1項，会社908条1項）は，登記当事者が登記すべき事項をもって第三者に対抗することができる場合を定めたものであるから，Cが第三者であるBに対して物件の所有権を主張する場合には，これを適用しないと判示している（最判昭和29・10・15民集8巻10号1898頁〔百選5〕）。

（2）商業登記の積極的公示力（登記後の効力）

（i）**登記後は善意の第三者に対抗できる**

登記当事者は，登記事項を登記すると，その事項を知らない善意の第三者に対しても主張することができる（9条1項前段，会908条1項前段）。これを商業登記の積極的公示力という。この結果，登記後は第三者の悪意が擬制されることになる。ただし，登記の後であっても，第三者が正当な事由によってその登記があることを知らなかったときは，その第三者に対抗することができない（9条1項後段，会908条1項後段）。

「正当の事由」とは，事実上登記簿を閲覧できる状態にないような客観的事由をいう。たとえば，自然災害による交通の杜絶で登記所まで辿り着けなかった場合，登記簿の滅失汚損等により閲覧ができない場合などが該当するが，第三者の長期旅行や病気等の主観的事由は含まれず，登記簿の閲覧が可能な日数を経過していたことは正当な事由にあたらない（最判昭和52・12・23判時880号78頁

〔百選 8〕)。正当の事由について主張立証する責任は，第三者に課される。
  (ⅱ) 表見代理の規定との関係
  9条1項・会社法908条1項が適用される場合，民法の表見代理の規定が適用されるか否かということが問題となる。というのは，商業登記の積極的公示力により，登記後は第三者の悪意が擬制されると，民法上の表見代理の適用の余地はなく，たとえば，代表取締役の登記があれば，他の者が代表取締役であるという信頼が成立する余地がないように解されるからである。
  最高裁は，株式会社の代表取締役が退任し，その旨の登記がなされた後，この者が会社を代表して手形を振り出した場合，その受取人が善意の第三者であるときに，民法112条により会社は手形上の責任を負うか否かが争われた事案において，登記に関する規定の趣旨に鑑みると，民法112条は旧12条（9条1項，会908条1項）の登記の積極的効力により排除され，代表取締役の退任登記がなされている場合，正当の事由がない限り，会社はその事実を善意の第三者に対抗することができ，これとは別に民法112条を適用ないし類推適用する余地はないとしている（最判昭和49・3・22民集28巻2号368頁〔百選7〕）。
  また，最高裁は，株式会社が代表取締役ＡＢの両名を共同代表とする旨を登記していたが，Ａが単独で代表取締役の名称を使用して手形を振り出したところ，その所持人が，当該会社に対して手形金の支払を請求するにあたり，当該会社ではＡを社長と呼んでいたことなどから，Ａは表見代表取締役であるとの主張を行った事案において，当該会社においてＡが社長と称して行動をすることを許容し，または黙認していた等の事情が存在するものであれば，当該会社は表見代表取締役に基づき，振出人としての責任を負う余地があると判示した（最判昭和43・12・24民集22巻13号3349頁）。この場合，表見支配人に関する24条・会社法13条および表見代表取締役に関する会社法354条等は，登記義務者が登記事実と異なる外観を積極的に創出している場合に関する特別規定であり，9条1項・会社法908条1項によりその適用は排除されないと解されている。

3　不実登記の効力
  (1) 目　　的
  商業登記は，既存の事実および法律関係の公示を目的とするものであるから，登記事項が現実に存在しなければ登記があってもその効力は生じない。しかし，登記官は形式的審査権を有するにすぎないので，不実登記される可能性は高い。また，登記を信用して取引をした者が不実登記であることによって不測の損害

を被ることもあり，これを保護しなければ登記制度の信頼が損なわれる。

　そこで，商法は，故意または過失により不実の事項を登記した者は，その事項が不実であることをもって善意の第三者に対抗することができないとする（9条2項，会908条2項）。これは，権利概観法理あるいは禁反言の原則に基づくものであり，事実と異なる登記であっても，これを信頼した者を保護するものであり，商業登記の公信力という。

（2）要　件
（ⅰ）不実登記の存在
　登記された事項が，登記すべき事実および法律関係とは異なる不実であることを必要とする。

（ⅱ）当事者の故意・過失
　登記申請者が，登記された事項が不実であることを知りながら不実の登記をした，不注意で不実であることを知らないで登記したなど，登記申請者について帰責事由の存在を必要とする。

（ⅲ）登記申請者による不実事項の登記
　登記申請者によって不実登記がなされたことを必要とする。したがって，登記官の過誤や申請権限のない者の虚偽による場合は，9条2項・会社法908条2項には該当しない。

　最高裁の判例によれば，旧14条（9条2項，会908条2項）が適用されるためには，登記が登記申請者の申請に基づいてされたものであることを必要とし，登記申請者がみずから申請しないまでも，登記義務者ではないが，登記事項の対象者が登記の実現に関与しているなど，何らかの形で当該登記の実現に加功し，または当該不実登記の存在を知りながら，故意または過失によりその是正措置をとることなく放置したり，不実の登記に対し同意を与えるなど，登記申請権者の申請に基づくと同視することができる場合にも適用されるが，登記義務者であっても，不実登記の存在を知らなかった者，不実登記に加功していない者は該当しないとしている（最判昭和55・9・11民集34巻5号717頁）。

　取締役の選任または退任の登記と取締役の第三者に対する損害賠償責任（会429条）との関係について，最高裁は次のような判断を下している。まず，取締役の選任の事案に関して，取締役として選任されていない者を取締役として登記しても，旧266条ノ3（会429条）にいう取締役にあたらず，旧14条（9条2項，会908条2項）にいう不実の事項を登記した者とは，当該登記を申請した商人

（登記申請権者）を指すものであるが，不実の登記事項が取締役への就任であり，かつ，その就任の登記について取締役とされた本人が承諾を与えたのであれば，同人もまた不実の登記の出現に加功したものというべきであり，したがって，同人に対する関係においても善意の第三者を保護する必要があるから，旧14条（9条2項，会908条2項）を類推適用して，取締役として就任の登記をされた当該本人も，同人に故意または過失がある限り，当該登記事項の不実なことを持って善意の第三者に対抗することができないとした（最判昭和47・6・15民集26巻5号984頁〔百選9〕）。

これに対して，取締役を辞任した者が，登記申請権者である当該会社の代表者に対し，辞任登記を申請しないで不実の登記を残存させることにつき明示的に承諾を与えていたなどの特段の事情が存在する場合には，取締役を辞任した者は，旧14条の類推適用により，善意の第三者に取締役でないことを対抗できず，その結果，旧266条ノ3（会429条）の責任を負うとしている（最判昭和62・4・16裁時971号1頁。最判昭和63・1・26金法1196号26頁〔百選10〕も同旨）。

これら二つの判例は，退任後の取締役の事情にも配慮して，帰責事由として，過失により不実登記を放置することを越えた特段の事情を要求しており，取締役の選任に関する事案よりも厳格な要件を示したものと解されている。

(ⅳ) 第三者の善意

善意の第三者とは，登記と事実の不一致を知らない第三者をいい，他の権利外観法理の場合と異なり，善意であれば，重過失を含む過失の有無は問わない。というのは，9条2項は，商業登記という公示制度における外観の信頼保護を図ることを目的としているからである。

4 商業登記の推定力

商業登記制度では，形式的審査主義がとられていることで，登記官は不実の事項に関する登記申請を受理する可能性がある。したがって，登記された事項について，それが事実であるということの推定力が働かないが，登記には事実上の推定力は存在し，一応真実であると解される。これを商業登記の推定力という。というのは，商業登記の申請には添付書類や印鑑が提出されなければならず，登記事項は一応事実であると考えるのが適切だからである。

5 商業登記の特殊効力

登記により商人・会社を巡る事実および法律関係が明確になることを利用して，商業登記には以下のような特殊の効力が認められる。

（1）創設的効力

登記では，既存の事実および法律関係の公示が目的とされるが，登記によって新たな法律関係が創設されることがある。このように，登記が一定の法律関係の成立要件あるいは効力要件とされることを創設的効力という。会社の設立登記（会49条・579条），新設合併登記（会754条1項・756条1項），新設分割登記（会764条1項・766条1項）などによってそれぞれの効力が生じる。この場合，9条または会社法908条は適用されず，悪意の者に対しても，登記をしない限り，効力発生を主張することができない。

（2）補完的効力（治癒的効力）

登記後，法律関係における一定の瑕疵の主張ができなくなり，登記によって瑕疵が治癒されたと同一の効力を有することを補完的効力または治癒的効力という。株式会社については，発起人は，設立登記によって会社が成立した後は，錯誤，詐欺または強迫を理由として設立時発行株式の引受けの取消しをすることができない（会51条2項）。

（3）付随的効力

商業登記によって，一定の行為が許容されたり，一定の責任が免責される。これを登記の付随的効力という。株券発行会社は，設立登記によって成立すると，株券を発行しなければならない（会215条）。また，持分会社の社員は，退社登記もしくは持分の全部譲渡の登記の時から2年，または，解散の登記から5年が経過した時，それ以前に請求もしくは請求の予告をしなかった債権者に対しては，その責任を免れる（会586条2項・612条2項・673条1項）。

（4）その他

会社以外の商人の商号は一定の場合に他人に譲渡することができるが（15条1項），その譲渡は，登記後でなければ，第三者に対抗することができず（15条2項），当該登記に不動産登記と同様の対抗力が認められている。また，外国会社（会2条2号）は外国会社であることの登記により，日本において継続して取引ができるようになる（会818条1項）。

第2章 商　号

第1節　商号の意義等

1　商号の意義・商号制度の目的

　商人は，自然人の氏名と同じように自己を表すために名称を有し，この名称を商号という。商号とは，個人商人が，営業上，自己を表すために用いる名称（11条1項），または，会社および外国会社の名称（会6条1項・5条）をいう。

　商号は，商人の信用の基盤として経済的価値を有するので，その保護が必要となる。商号が商人自身ではなく，営業そのものを表わす機能を有することが少なくなく（最判昭和43・6・13民集22巻6号1171頁〔百選16〕），また，営業主が交代したものの，商号を使い続けた場合，利害関係者が，交代後の営業主を交代前の営業主と誤認し，その結果，不測の損害を被ったりすることなどを防止する必要がある。そこで，商法（会社法）は，商号制度について，一方で，商人の名声や信用を保護するために，商人が，他人による不正な商号の使用を排除し，他人に妨害されることなく商号を使用できること，他方で，商号を使用する商人の評判などの経済的利益を保護するために，商号を他人に譲渡したり，あるいは相続することを可能にすること，商号制度の濫用により社会の利益が侵害されることを防ぐことなどを目的とし，商号について規律している。

　商法は，会社および外国会社を除くいわゆる個人商人の商号について規定し（11条1項かっこ書），会社および外国会社の商号については，会社法の規定が適用される（会6条～9条）。

2　名　称

　商号は，商人がその営業上対外的に自己を表象するために用いる名称であるから，文字で表現し，かつ，呼称できるものでなければならない（大阪高判昭和45・4・10判時620号100頁）。

　商号が商人の営業上の名称であるのに対して，商人が自己の商品や役務を他人のそれと識別するために用いる標章を商標（トレードマーク，サービスマーク

〔役務商標〕等）という。商標とは，人の知覚によって認識できるもののうち，文字，図形，記号，立体的形状もしくは色彩またはこれらの結合，音その他政令で定めるもの（標章）であって，「業として商品を生産し，証明し，又は譲渡する者がその商品について使用をするもの」（商標2条1項1号），および「業として役務を提供し，又は証明する者がその役務について使用をするもの（前号に掲げるものを除く）」（商標2条1項2号）をいう（商標2条1項柱書）。前者が狭義の商標（商品の通称等）で，後者がサービスマーク（会社の通称等）である。商人が，広告・看板・建物などに掲げ，営業自体の同一性を表すために使用する特定の標章を営業標といい，そのうちサービスマークに該当するものは，それを登録すると商標法上の保護を受ける。以上のことからすると，商標は商号とすることはできないといえる。

商標は商標法に詳細に規定され，不正競争防止法には，不正競争を防止するという観点で，商号と商標が規定されている（不正2条1項～3項）。

3　商人の名称

商号は商人の名称なので，保険相互会社（保険業18条），協同組合（中小3条・4条）などのように，法人ではあるが商人でない者が自己の営業について用いる名称は商号ではない。小商人も商人なので（4条1項），営業上自己を表すために用いる名称として商号を用いることができるが，商法は小商人について，商号の登記に関する11条2項の規定の適用を排除している（7条）。

4　営業上の名称

商号は商人が営業上用いる名称であることから，自然人の氏名あるいは芸名・雅号などとは区別される。営業上用いられるものであっても，商標などは商人の名称ではないので，商号ではない（商標2条1項）。

個人商人は，営業をする際，商号を用いる必要はなく，氏名その他の名称を用いてもよく，また，民事訴訟における当事者として商号を用いるなど，営業外で自己を表示するために商号を用いることもできる。しかし，婚姻・養子縁組などの身分上の行為をする場合や，登記など永続的な確定性が要求される場合は，個人商人は氏名を用いなければならない（商登17条2項1号）。

第2節　商号選定自由の原則・制限

1　商号選定自由の原則

　商号は，商人の営業（会社の事業）の同一性を表わし，その信用の標的となっていることから，取引の相手方にとっては，とりわけ個人商人については，その氏名や営業の実際と商号とが一致することが求められる。また，商人も，相続や営業譲渡（会社の事業譲渡）により営業主体が変更されるとしても，商号を中心に蓄積されてきた得意先関係や営業に対する信用が維持されることが求められる。

　商号選定に関する規制のあり方には，これら二つの要請のどちらを重視するかによって立場が分かれるが，商法・会社法は，商号の選定を商人・会社の自由とする商号選定自由の原則の立場をとっている（11条1項，会6条1項）。

2　商号選定自由の制限

　商人は，自己の氏名に限らず，他人の氏名や営業の実際と一致しない名称を商号とすることもできるが，商号選定の自由に関しては，社会の利益，取引の安全や他人の営業上の利益などを保護する必要から，一定の制限がある（12条，会8条，不正2条1項1号）。

（1）個人商人の商号に関する制限

　会社でない者は，その名称または商号中に，会社であると誤認されるおそれのある文字を用いてはならない（会7条・978条2号）。会社の事業を譲り受けた場合も同様である。「会社であると誤認されるおそれのある文字」とは，会社という文字に限らず，たとえば合名商会のように，取引の相手方が会社と誤認するおそれのある文字も含まれる。

（2）会社の商号に関する制限

　会社は，その種類に応じて，株式会社・合名会社・合資会社または合同会社という文字を用いなければならない（会6条2項）。というのは，会社は，その種類によって組織や社員の責任が異なるので，会社と取引する相手方を保護するため，商号にその種類を表示する必要があるからである。また，会社は，商号中に，他の種類の会社であると誤認されるおそれのある文字を用いてはならない（会6条3項・978条1号）。

　銀行・信託・金融商品取引など，業種ごとに特別法で規定されている営業を

行う会社は，その商号中に銀行・信託の文字を用いること，あるいは金融商品取引業を行う旨を示すことを要し（銀行6条1項，信託業14条1項，金取31条の3の2），保険業を営む会社は，その商号または名称中に生命保険会社か損害保険会社であることを示す文字を使用しなければならない（保険業7条1項）。

銀行・信託・金融商品取引・保険の事業を営む会社でない者は，その名称または商号中にそれらの事業を営む会社であると誤認されるおそれのある文字を使用してはならない（銀行6条2項，信託業14条2項，金取31条の3，保険業7条2項）。

（3）商号単一の原則

個人商人は，一つの営業については一つの商号しか持つことができない。これを商号単一の原則という。というのは，同一の営業に複数の商号使用を認めると，取引の相手方が誤解したり，他人の商号選定の自由を制限するおそれがあるからであり（大判大正13・6・13民集3巻280頁〔百選（第3版）15〕），その結果，取引上，弊害が生じるおそれがあるからである。それゆえに，個人商人が同一の営業につき複数の営業所を有する場合に，営業所ごとに異なる商号を持つことは許されないが，A商店神戸支店のように，商号に営業所所在地の名称またはその他支店であることを示す文字を付加することはできる。これに対して，商人が複数の営業を営む場合には，営業ごとに異なる商号を使用することができる。

会社は，その名称を商号とする（会6条1項）。すなわち，会社の商号は，自然人の氏名と同じく会社の全人格を表わすものであるから，商号は一つに限られる。たとえ会社が複数の事業を営んでいる場合であっても，会社全体を表す一つの商号しか用いられないので，会社については，営業ではなく事業という用語が用いられる（会5条・10条・21条〜24条・467条以下等を参照）。また，会社の商号に本店または支店であることを示す文字を付加して使用することができる。

第3節　商号権の保護

1　商号権の法的性質

商人が，その使用する商号について有する権利を商号権という。商号は，商人の営業上の名称であるから，自然人の氏名権と同じように人格権的性質を有しており，商号権の侵害に対して，差止請求権や損害賠償など，その信用を回復するための措置がとられている（不正3条・4条）。また，商号は，営業にお

ける商人の信用の基盤として経済的価値を有し，譲渡も認められることから，財産権的性質を有している。

商人は，登記の有無にかかわらず，他人によってその商号の使用を妨げられない商号使用権（積極的商号権）を有する。それゆえに，商号の使用に対する妨害は不法行為となり（民709条），同一商号を選定し，登記した者から使用差止の請求を受けることはない。さらに，商人は，他人が自己の商号と同一または類似の商号を不正に使用することを排除する商号専用権（消極的商号権）を有する（12条，会7条・8条）。

2 他の個人商人・会社と誤認させるおそれのある名称等の使用の禁止

何人も，不正の目的をもって，他の個人商人または他の会社であると誤認させるおそれのある名称または商号（名称等）を使用することはできない（12条1項，会8条1項）。

(1) 要 件
(i) 不正の目的

「不正の目的」とは，他の個人商人または会社の氏名権・商号権を侵害する意思という違法の目的は必要なく，ある名称等を自分の名称等として使用することにより，自己の営業・事業をその名称等によって表わされる他の個人商人または他の会社であるかのように誤認させ，自己の企業活動を有利に展開しようとする意図をいう。

最高裁は，A会社が，B会社が本店を移転させる計画があることを知ったことから，B会社の株主総会の直前に商号および会社の目的を変更し，その旨を登記したため，B会社が，旧19条（会社法では削除）により本店移転の登記ができなくなったので，旧20条（会社法では削除）に基づき，A会社に対して商号の使用禁止および商号登記の抹消を請求した事案において，商号を先に登記して本店移転の登記を妨害することによりB会社に対して金銭を要求しようとしたA会社の行為は，不正の目的をもってB会社の営業と誤認させる商号の使用であり，B会社はこれによって利益を害せられるおそれがあると判示している（最判昭和36・9・29民集15巻8号2256頁〔百選13〕）。これは，旧21条（会8条）の不正の目的について広く解していると評価できる。

12条1項・会社法8条1項が適用されるためには，不正の目的をもって誤認を生じるおそれのある名称等が営業・事業に関して使用される限り，名称等が周知されているものか否か，他の個人商人または会社の商号として使用されて

いるものか否か，他の個人商人または会社の商号と同一のものであるか否か，商号が登記されているものであるか否かを問うことはない。商号の使用は，法律行為あるいは事実行為のいずれかについて使用することをいう。

(ⅱ) 他の個人商人・会社であると誤認させるおそれのある名称等の使用

他の個人商人または会社の氏・氏名その他の名称あるいは商号を，自己を表す名称等として使用することを要する。

誤認されるおそれのある名称等の具体的な事案としては，次のようなものである。「類似商号」にあたると判断された事例として，「播重」「はり重」と「株式会社播重」（大阪地判昭和31・9・6下民集7巻9号2413頁），「株式会社明治屋」と「株式会社池袋明治屋」（東京地判昭和36・11・15下民集12巻11号2737頁），「更科」と「更科信州家」（最判昭和40・3・18判タ175号115頁〔百選（第4版）14〕），「株式会社ナガサキヤ」と「株式会社長崎本舗」（京都地判昭和40・12・22下民集16巻12号1802頁），「株式会社劇団木馬座」と「株式会社木馬企画」（横浜地裁川崎支判昭和63・4・28判時1301号144頁），「東京インターネット株式会社」と「株式会社東京インターネットパソコンスクール」（東京地判平成10・1・21・1998WLJPCA01216001）などがある。これらは，商号の中で，略称あるいは通称として用いられる主要部分が印象において類似するため，一般人からみて誤認するおそれがあるか否かを基準として判断しているといえる。

(2) 違反の効果

12条1項・会社法8条1項に違反する名称等の使用によって営業上の利益を侵害され，または侵害されるおそれのある個人商人または会社は，その営業上の利益を侵害する者または侵害するおそれがある者に対し，その侵害の停止または予防等の使用差止を請求することができる（12条2項，会8条2項）。12条1項・会社法8条1項に違反した者は，100万円以下の過料に処する（13条，会978条3号）。さらに，氏名権・商号権の侵害が不法行為の要件を満たす限り，不法行為に基づく損害賠償請求（民709条）が可能である。

3　不正競争防止法による保護

不正競争防止法では，周知性のある商号および著名商号などは，その登記の有無にかかわらず，他人の商品等表示（人の業務に係る氏名，商号，商標，標章，商品の容器・包装その他の商品または営業を表示するもの）をしている者に対して，その不正競争目的の有無に関する主張立証を要件とすることなく，自己の商号専用権の保護を受けることができる。すなわち，他人の商品等表示として需要者の

間に広く認識されている商号（周知商号）と同一または類似のものを使用するなどして、他人の商品または営業と混同を生じさせる行為（不正2条1項1号）、自己の商品等表示として他人の著名な商号と同一または類似のものを使用するなどの行為（不正2条1項2号）などが不正競争として禁止されている。

不正競争防止法では、不正競争によって営業上の利益を侵害され、または侵害されるおそれのある者について、その営業上の利益を侵害する者または侵害するおそれのある者に対し、その侵害の停止または予防を請求する権利が認められており（不正3条1項）、相手方の故意または過失を要件として損害賠償請求権（不正4条・5条）、および信用回復の措置（不正14条）が認められている。

第4節　商号の登記

1　商号登記の自由・商号登記義務

商号は、取引上、それを使用する商人だけでなく、取引の相手方などの利害関係者にとっても重要な事項なので、登記事項とされる。個人商人は商号を登記するか否かについては自己の裁量で決められるが（11条2項）、会社の場合には、設立登記において商号を登記しなければならない（会911条3項2号・912条2号・913条2号・914条2号）。登記した商号に変更が生じ、または消滅したときは、当事者は、遅滞なく、変更の登記または消滅の登記をしなければならない（10条、会909条）。

2　同一商号・同一住所の登記禁止

商号が他人のすでに登記した商号と同一であり、かつ、その営業所（会社の場合は本店）の所在場所が当該他人の商号の登記に係る営業所の所在場所と同一であるときは、そのような商号を登記することができない（商登27条）。というのは、商人はその商号と所在場所によって特定されるため、同一の商号と所在場所の商人が複数存在することを認めるのは適切ではないからである。

3　商号登記の手続

個人商人の場合には、営業所ごとに商号登記簿に行われなければならず（商登28条1項）、登記すべき事項は、商号、営業の種類、営業所および商号使用者の氏名・住所（商登28条2項）とされる。会社の商号の登記は、会社の登記簿にするため、商業登記簿への登記を要しない（商登34条）。

第5節　商号の譲渡・廃止・変更

1　商号の譲渡
（1）商号の譲渡の意義
　商号は，商人のさまざまな信用を表し，財産的価値を有していることから，商号権は他人に譲渡したり，相続の対象にすることができる。しかし，商号は，法律的には，商人の名称であるが，社会的・経済的には，営業の名称として機能しているので，商人がその営業を継続しながら商号だけを譲渡することを認めると，取引の相手方などの利害関係者が誤認するおそれがある。そこで，商法は，個人商人の商号について，それを営業とともに譲渡する場合または営業を廃止する場合に限り，譲渡することができるとしている（15条1項）。この場合には，営業の混同を生ずるおそれが少ないこと，営業を廃止する際に財産的に価値ある物として換価処分することを可能にし，それまで使用されてきた商号の経済的価値が失われることを防ぐことなどが可能であるからである。
　これに対して，会社の商号に関しては明文の規定がないが，事業を譲り受ける会社が譲渡した会社の商号を引き続き使用できることを前提とした規定（会22条1項）があること，会社が事業を廃止する場合には，個人商人の場合と同様に，商号の経済的価値の維持を認めるべきであることなどにより，会社の商号について，それを事業譲渡とともに譲渡する場合，または事業を廃止する場合に限り譲渡することができると解されている。

（2）商号の譲渡の要件
　商号の譲渡は，当事者間の意思表示によってその効力を生ずるが（民176条），会社の商号の譲渡の場合には，定款変更の手続をとり，旧商号を新商号に変更しておくことなどが必要である。
　商号の譲渡は，登記をしなければ，第三者に対抗することができない（15条2項）。15条2項は第三者についてその善意悪意を明示していないので，悪意の第三者に対しても対抗できないと解される。これは，商号を二重に譲渡したような場合を想定している。商号の登記は，商号譲渡の物権的効力を第三者に対抗するための要件であり，第三者とは商号の二重譲渡を受けた者をいう。不法行為者は第三者に含まれないので，故意または過失により商号の譲受人の商号使用を妨害する者に対しては，未登記であっても商号の譲受を対抗できるし，

12条や不正競争防止法による保護を受けることができる。15条2項は，登記がなくとも悪意の第三者に対抗できる旨を定めた9条1項の例外を定めたものであると解される。

　商号の譲渡による変更の登記は，譲受人の申請によって行う（商登30条1項2項）。会社の場合，譲渡会社と譲受会社双方において，2週間以内に，その本店の所在地における会社の登記簿につき商号の変更登記をしなければならないので（会915条1項），商業登記法30条1項・2項は適用されない（商登34条2項）。

（3）商号の相続

　商号権は財産権的性質を有することから，個人商人の商号は相続の対象となる。登記された商号が相続されたときは，相続人が，申請書に相続およびその資格を証する書面を添付して，商号の相続による商号使用者の氏名などにつき変更登記の申請をしなければならない（商登30条3項・32条）。

2　商号の廃止・変更

　商人は，営業・事業に関し，商号選定自由の原則の範囲内において，商号を選定し使用することにより商号権を取得し，商号を変更できる。しかし，営業を廃止した場合，商号の使用を廃止または変更した場合には，商号権を失う。

（1）未登記商号の場合

　営業の種類の変更は，商号権を消滅させるものではなく，新たな営業について存続するものと認められる。商人が営業を廃止した場合はその商号権も消滅することから，これを営業以外の目的に引き続き使用しても，商号としての保護は受けられない。

（2）登記商号の場合

（i）登記商号を廃止・変更したとき

　登記した商号に変更が生じ，またはそれを廃止したときは，当該商号を登記した者は，遅滞なく，商号の廃止または変更の登記を申請しなければならない（10条，商登29条2項）。このとき，申請者は，商号・営業の種類・営業所・商号の使用者の氏名および住所の登記を要する（商登28条2項）。会社の場合は，会社の登記簿において変更の登記をしなければならない（会915条1項）。

（ii）商号を廃止・変更したにもかかわらず，登記者がその登記をしないとき

　当該商号の登記に係る営業所（会社の場合は本店）の所在場所において同一の商号を使用しようとする者は，登記所に対し，当該商号の登記の抹消を申請することができる（商登33条1項1号・3号）。申請があったときは，登記官は異議

催告の手続を経て登記を抹消する（商登33条3項・135条〜137条）。

（ⅲ）商号の登記をした者が正当な事由なく2年間当該商号を使用しないにもかかわらず，当該商号廃止の登記をしないとき

当該商号の登記に係る営業所（会社の場合は本店）の所在場所において同一の商号を使用しようとする者は，登記所に対し，当該商号の抹消を申請することができる（商登33条1項2号）。申請があったときは，登記官は異議催告の手続を経て登記を抹消する（商登33条3項・135条〜137条）。

会社法では，登記すべき事項は，登記の後でなければ，これをもって善意の第三者に対抗することができないが（会908条1項），対抗できないのは，商号変更の事実であって，会社の存在や同一性まで主張できないということまではいわない（最判昭和35・4・14民集14巻5号833頁〔百選（第4版）5〕）。

第6節　名板貸

1　名板貸の意義

商法・会社法では，商号選定自由の原則がとられているので，商人（名板貸人）が，自己の商号を使用して営業・事業を行うことを他人（名板借人）に許諾することができる。これを名板貸という（14条，会9条）。ただし，第三者が，名板借人との間で取引をする際，取引の相手方（名板借人）の（名板貸人の）商号が生み出す外観を信頼して取引したとすると，不測の損害を被るおそれがある。そこで，商法・会社法は，自己の商号を使用して営業・事業を行うことを他人に許諾した商人は，名板貸人として，当該商人が当該営業・当該事業を行うものと誤認して当該他人と取引をした者に対し，当該他人と連帯して，当該取引によって生じた債務を弁済する責任を負うとしている（14条，会9条）。これを名板貸責任という。

この制度は，権利外観理論あるいは禁反言の法理に基づき，取引の安全の保護を図ろうとするものである。

2　適用範囲

（1）名板貸人の商号の使用

名板貸人が商人であり，自己の商号の使用を許諾することが必要とされる（14条，会9条）。これは，商法が商人の営業，商行為その他の商事について定める法律であること（1条1項），会社法が会社の設立，組織，運営および管理に

ついて定める法律であること（会1条）を考慮したものである。名板貸人が，その商号に支店・出張所などを加えて使用を許諾する場合も，名板貸人としての責任が認められることがある（最判昭和33・2・21民集12巻2号282頁）。

　名板貸について定める14条・会社法9条の適用範囲について，14条・会社法9条を直接適用できない場合であっても，事案によっては，表見代理（民109条・110条・112条）や表見支配人（24条，会13条）に関する規定の適用ないし類推適用が可能であるか否かが問題になる。というのは，これらの規定の趣旨にある権利外観理論あるいは禁反言の法理に基づいて，取引の相手方を保護すべき場合もありうるからである。しかし，これらの一般法理よりも，連帯責任である14条・会社法9条に基づくほうが債権者にとっては有利であるといえる。

　最高裁は，A会社が，B会社の経営するスーパーマーケットの屋上でテナントとしてペットショップを経営していたところ，CがA会社からインコを購入して飼育していたが，インコがオウム病クラミジアを保有していたため，Cおよびその家族がオウム病性肺炎に罹患し，その1人が死亡した事案において，本件では，一般の買物客がペットショップの営業主体はB会社であると誤認するのもやむをえないような外観が存在したというべきであり，かつ，B会社は，店舗外部への商標の表示や，A会社の出店および店舗使用に関する契約の締結などにより，当該外観を作出し，またはその作出に関与していたのであるから，旧23条（14条，会9条）の類推適用により，買物客とペットショップとの取引に関して名板貸人と同様の責任を負わなければならないと判示している（最判平成7・11・30民集49巻9号2972頁〔百選17〕）。

（2）名義使用の許諾

　商人が，自己の商号を使用することを許諾したこと，つまり，第三者が名義貸人が営業主体・事業主体であると誤認する可能性のある外観を作り出したことを必要とする。最高裁の判例では，薬局の登録申請にあたり，その申請名義人として自己の氏名を使用することを名板借人に許容し，名板貸人名義で登録申請がなされたときは，薬局の業務が営業である限りは，旧23条の場合に該当することから，名板借人が薬局の経営者として名板貸人の名義を利用したか否かにかかわらず，名板貸人の責任を肯定している（最判昭和32・1・31民集11巻1号161頁）。

　「許諾」は，明示的または黙示的であることを問わない。しかし，他人が自己の名義を使用することを知って阻止しないすべての場合において許諾が生ず

るとはいえず，許諾の有無については，第三者が誤認する状態を積極的に阻止するような義務を負う者についてみることになる（大阪高判昭和37・4・6下民集13巻4号653頁を参照）。また，他人が自己の商号を無断で使用していることを放置していたことが社会通念上妥当でないと認められる付加的事情が必要とされる。この場合，名板貸人と名板借人が同じ場所で同じ営業を営み，従業員の一部も引き継いでいた（最判昭和42・2・9判時483号60頁〔同控訴審・広島高裁松江支判昭和39・7・29高民17巻5号331頁を参照〕）などの事実が必要とされる。

　名板貸人が責任を免れるためには，名板貸の許諾を撤回するだけでは十分でなく，商号の使用許諾に伴う状況などを取り除くことが必要である（東京地判平成7・4・28判時1559号135頁）。

（3）営業・事業をなすことに対する許諾

　名板貸人の許諾は，名板借人が自己の商号を使用して営業・事業をなすことに対してなされなければならない（最判昭和33・2・21民集12巻2号282頁，最判昭和42・6・6判時487号56頁）。これを厳格に解すると，名板借人は営業を行う商人に限られることになるが，外観への信頼保護を目的とする14条・会社法9条の趣旨に照らして，非商人が他人の商号を借用して経済的取引をなす場合にも，14条・会社法9条を類推適用すべきであるとする見解が多い。

　手形行為と14条・会社法9条の関係に関する最高裁の判例は二つに大別できる。（ⅰ）名板貸人が自己の氏名および商号の使用を黙示的に承認し，営業の廃止を一般的に知らせる方法をとることもなく，知れた得意先等に対してもその旨を周知徹底させないまま，名板借人が営業に関し名板貸人の意思に基づかず，名板貸人名義で手形行為をした事案について，最高裁は，名板貸人の不作為の行動を理由にして，名板貸人が旧23条（14条，会9条）の責任を負うべきものとしている（最判昭和42・2・9前掲）。（ⅱ）手形行為についてのみ名義（銀行との当座預金口座において使用している架空名義）の使用許諾がなされ，名板貸人名義での手形行為がなされた事案について，最高裁は，旧23条（14条，会9条）にいう営業とは，事業を営むことをいい，単に手形行為をすることはこれに含まれないと解すべきところ，手形行為の本質に鑑みれば，名板借人が名板貸人名義で手形行為を行っても，名板借人自身としての手形行為が成立する余地はなく，したがって，名板借人は，手形上の債務を負担することはなく，名義貸人と連帯して手形上の債務を負担することもありえないので旧23条（14条，会9条）は適用されないとしている（最判昭和42・6・6前掲）。

最高裁は，氏名について名板貸が行われたが，その氏名を含む名称を使用して営業がなされることはなく，名板借人が名称使用を許諾された営業の範囲内と認められる営業のために名板貸人名義の手形行為を行った事案について，旧23条（14条，会9条）の規定を類推適用している（最判昭和55・7・15判時982号144頁〔百選14〕）。

（4）営業・事業が同種であること

最高裁の判例では，名板借人が，名板貸人の営業・事業と同種性のある商号でその営業・事業を営んでいるか，または，営んでいた者が自己の商号の使用を他人に許諾した場合に，名板借人の営業・事業が名板貸人のそれと同種であることを求めている（最判昭和36・12・5民集15巻11号2652頁）。

ただし，判例では，たとえ業種が異なるときであっても，責任が肯定される場合があることを認めている。たとえば，最高裁は，旧23条（14条，会9条）は，現に一定の商号をもって営業を営んでいるか，または，従来一定の商号をもって営業を営んでいた者が，その商号を使用して営業を営むことを他人に許諾した場合にその責任を負うのは，特段の事情のない限り，商号の使用許諾を受けた者の営業がその許諾をした者の営業と同種であることを要すると解するのが相当であるとしたうえで，電気器具商を営んでいた者が，廃業後に，自己名義のゴム印，印鑑，小切手帳等を店舗に置いたままにしておき，その使用人であった者が同一商号・同一店舗で食料品店を経営しており，そのことを了知していた場合に，食料品店と取引をした相手方がその取引をもって電気器具商であった者との取引と誤認するおそれが十分あったというべきであり，使用者であった者の営業と使用人であった者の営業とが業種を異にするが，前者において後者の取引につき，旧23条（14条，会9条）所定の名板貸人としての責任を負うべき特段の事情がある場合にあたると判示している（最判昭和43・6・13民集22巻6号1171頁〔百選16〕）。

これに対して，学説は，営業・事業の同種性の有無は14条・会社法9条の要件とするのではなく，名板借人と取引をした相手方の重過失の有無を判断する資料として考慮すれば足りると解するのが一般的である。

（5）相手方の誤認

相手方が，名板貸人を営業主または当該事業を行う会社と誤認して取引をしたことを必要とする。相手方に無過失を必要とするかについては，14条・会社法9条は，代理権授与の表示による表見代理等に関する民法109条に比べて，

取引の安全保護の必要性が大きく，また，過失に言及していないので，これを必要としないと解される。ただし，重過失は悪意と同様に取り扱うべきものであるから，誤認して取引をなした相手方に重過失あるときは，名板貸人は責任を負わない（最判昭和41・1・27民集20巻1号111頁〔百選15〕）。相手方の悪意または重過失については，名板貸人と名板借人が主張立証する責任を負う（最判昭和43・6・13前掲）。

3　名板貸人の責任の範囲

名板貸人は，名板借人と相手方との間の取引によって生じた債務について，名板借人と連帯して弁済する責任を負う（14条，会9条）。

（1）取引によって生じた債務

「取引によって生じた債務」には，代金債務のように，取引によって直接生じた債務のほか，名板借人の債務不履行による損害賠償債務や，手付金返還債務（最判昭和30・9・9民集9巻10号1247頁）のような原状回復義務がある。

交通事故のような事実行為としての不法行為について，最高裁の判例によれば，取引によって生じた債務とは，第三者において外観を信じて取引関係に入ったため，名板借人がその取引をしたことによって負担することとなった債務を指称するものと解したうえで，交通事故などの不法行為が名板貸人と同種の営業活動を行うにつき惹起されたものであっても取引によって生じた債務にあたらず，14条・会社法9条の類推適用は認められないが（最判昭和52・12・23民集31巻7号1570頁〔百選（第3版）23〕），詐欺的行為のような取引の外観を持つ行為としての不法行為の場合には，類推適用が認められる（最判昭和58・1・25判時1072号144頁）。

（2）許諾の範囲を超えた取引と名板貸人の責任

名板貸人の負う責任の範囲は，名板貸人が商号の使用を許諾した営業の範囲に限定される（最判昭和36・12・5民集15巻11号2652頁）。というのは，名板貸人が，自己の商号を使用して営業・事業を行うことを他人に許諾することで，当該営業・事業を行うという外観を作出したことが，この者の責任の根拠となるからである（14条，会9条）。許諾の範囲については，客観的・一般的に判断される。

第3章
営業譲渡

第1節　営業譲渡の意義および機能

1　意　義

　商人は，客観的意義の営業である組織的一体としての営業を他人に譲渡することができる。最高裁は，会社法の規定であった旧245条1項1号にいう営業譲渡（事業譲渡〔会467条1項1号〕）の意義について，旧24条（15条）以下にいう営業の譲渡と同一意義であって，一定の営業目的のため組織化され，有機的一体として機能する財産（得意先関係等の経済的価値のある事実関係を含む）の全部または重要な一部を他人に譲渡し，これによって，譲渡会社がその財産によって営んでいた営業的活動の全部または重要な一部を譲受人に受け継がせ，譲渡会社がその譲渡の限度に応じ法律上当然に旧25条（16条）に定める競業避止（禁止）義務を負う結果を伴うものをいうと解するのが相当であると判示している（最判昭和40・9・22民集19巻6号1600頁〔百選18〕）。通説もこの立場を支持している。

　このことから，営業譲渡であるためには，事実関係等の移転を含むものでなければならず，動産・不動産や債権などといった積極的財産だけでなく，負債という消極的財産も譲渡される必要があり，営業譲渡か否かを判断するのは個々の事案において具体的な内容についてなされることになるが，その場合，価値ある事実関係の移転であるか否かが重要な意味を持つ。

　商法では，個人商人相互間の営業譲渡について，譲渡人と譲受人という営業譲渡の当事者間の関係（15条・16条），および，営業譲渡の当事者と譲渡人の債権者または債務者という第三者との関係を定めている（17条〜18条の2）。

2　機　能

　営業譲渡にはいくつかの機能がある。（ⅰ）商人の再編成にあたって，営業譲渡がなされることがある。この場合，営業譲渡によって，その対象となる財産によって譲渡人が営んでいた営業の全部または一部を譲受人に承継することになるから，営業譲渡の当事者双方が社会の変化に対応するなどの利害が一致

すれば、合併などとともに、譲受人が譲渡人の営業活動を承継することで、商人の再編成にも重要な機能を果たす。(ⅱ) 商人が経営破綻し、転業や廃業を望む場合、営業譲渡がなされることがある。たとえば、譲渡人が債権者による債権の回収を回避するために、他の商人に自己の商号や営業財産を承継させるが、債務は承継しないでおくという営業譲渡がなされることも可能である。

第2節　営業譲渡の態様

1　営業譲渡の主体

　営業譲渡には、営業の全部を譲渡する全部譲渡と、その一部を譲渡する一部譲渡とがある。営業譲渡の主体は、営業を譲渡する譲渡人とそれを譲り受ける譲受人からなる。譲渡人は、商人でなければならず、全部譲渡の場合には商人資格を失うが、複数の営業のうちの一つを譲渡した場合には、商人資格は失わない。譲受人は商人であっても非商人であってもよく、非商人は営業を譲り受けることによって商人となる。

2　営業譲渡契約

　営業譲渡にあたっては、譲渡人と譲受人の間で営業譲渡契約が締結される。営業譲渡契約は売買契約に類似した債権契約であるが、この契約には、物や権利の移転だけでなく、譲渡人が有する得意先の紹介や営業上の知識・技能の伝授などによる事実関係の移転も含まれるので、混合契約であると解される。営業譲渡契約の方式は法定されておらず、当事者間の合意によって契約は成立する。

　営業譲渡の効力の発生時期は営業譲渡契約の記載内容によるが、当該営業について官庁の認可等が必要な場合は、営業譲渡の効力はその認可を得た時点に発生するので、それまでは旧26条（17条）の適用はないとする裁判例がある（横浜地判平成7・3・31金商975号37頁）。

第3節　当事者間における営業譲渡の効果

1　譲渡人の営業譲渡義務

　営業譲渡契約が締結されると、譲渡人は当該契約の対象となる営業を構成する財産のすべてを譲受人に譲渡しなければならない。

営業譲渡は，合併のような包括承継ではなく，譲渡人が営業を移転する義務を負う債権契約なので，譲渡人は，譲受人に対して営業を構成する個々の財産を移転する義務を負うとともに，第三者に対する対抗要件を備える義務を負う。つまり，商号および不動産については登記の移転（15条2項，民177条），動産については引渡（民178条），債権については債務者への通知または承諾（民467条），無体財産権については登録（特許98条1項，商標35条）などを必要とし，賃貸借契約におけるような借主に対する権利については，その者の同意を必要とする。さらに，債務が譲渡された場合には，譲受人においてもまた，債務の引受け（民470条・472条），譲渡人のためにする履行の引受け（民474条），債務者の交替による更改（民514条）などの手続を行わなければならない。さらに，暖簾は積極財産なので，譲渡人は譲受人に移転しなくてはならず，その性質に従った措置をとらなくてはならない。これには，営業上の知識・技能の伝授，仕入先あるいは得意先への紹介や案内といった処理などがある。

　会社の合併の場合には，存続会社または新設会社は合併によって消滅する会社の権利義務を包括承継するから，消滅会社と従業員との間の雇用契約等の継続的な法律関係も，特段の合意がない限り，存続会社または新設会社に承継される。これに対して，事業譲渡は移転義務を伴う債権契約なので，会社の一部門について事業譲渡がなされた場合に，譲渡会社とその従業員との間の労働契約関係が当然に譲受会社に承継されるか否かについては，解釈が分かれている。これには，（ⅰ）労働契約関係の移転には従業員の承諾が必要である（民625条1項）とする立場と，（ⅱ）従業員は事業に所属する関係なので，労働契約関係は従業員の承諾なくして譲受人に移転するが，従業員が譲受人との関係を望まないときには，ただちに契約を解除できるとする立場とがある。下級審の裁判例では，企業の経営組織の変更を伴わないところの企業主体の交替を意味するような企業譲渡の場合には，その際に附随的措置として労働者の他の企業部内への配置転換がなされるとか，その他新主体に承継せしめない合理的な措置がとられる等特段の事情のない限り，従前の労働契約関係は当然新企業主体に承継されたものと解するのが相当であるとするものがある（大阪高判昭和38・3・26高民集16巻2号97頁〔百選19〕）。これに対して，労働契約関係は当然には譲受人に承継されるものではないとする近時の裁判例がある（東京高判平成17・5・31労判896号16頁）。

2 譲渡人の競業禁止義務

営業譲渡を行った場合，譲渡人は，原則として，譲渡した営業と同一の営業を行ってはならない。これを営業譲渡人の競業禁止義務という。しかし，この営業の範囲を広く禁止してしまうと，譲渡人は営業活動をやめざるをえないこともあることから，譲渡人の営業の自由を制約することのないように，商法はこの義務について一定の範囲を定めている。

まず，譲渡人は，譲受人との間において別段の意思表示がない限り，同一市町村（東京都の特別区・政令指定都市の行政区も含む）の区域内およびこれに隣接する市町村の区域内においては，その営業を譲渡した日から20年間は，同一の営業を行ってはならない（16条1項）。譲渡人の営業を一定の範囲で制限することによって，譲受人が営業譲渡の効果を得られるようにするためである。というのは，譲渡人が営業譲渡後も譲渡前と同じような内容で営業を続けると，譲受人が譲り受けた営業から生じる利益を十分に享受できないおそれがあるので，これを回避するためである。

つぎに，当事者は，別段の意思表示として特約で競業の範囲を広くしたり，なくしたりすることができる。つまり，商法によれば，当事者間で譲渡人が同一の営業を行わない旨の特約をした場合には，その特約は，その営業を譲渡した日から30年の期間内に限り，その効力を有する（16条2項）。営業譲渡人の営業の自由を不当に制約しないための制限である。ただし，16条1項・2項の規定に違反しない場合であっても，譲渡人は，不正の競争の目的をもって同一の営業を行ってはならない（16条3項）。これは，譲渡人が営業譲渡の趣旨に反するような営業を行うことを禁止したものであり，競業禁止義務を排除する特約をした場合に意味を持つもので，同一市町村または隣接市町村以外の地域でも，譲渡人は不正の競争の目的をもって同一営業をすることはできないとするものである。「不正の競争の目的」には，譲渡人が譲受人の営業上の得意先を奪う目的で同種の営業をするなどの，営業譲渡の趣旨に反するようなものなどが含まれる（大判大正7・11・6新聞1502号22頁）。

譲渡人が競業禁止義務に違反して営業を行っている場合には，譲受人は，債務不履行または不法行為に基づく損害賠償請求のほか，当該行為について差止請求をすることができると解される。

第4節　第三者に対する営業譲渡の効果

1　営業譲渡人の債権者の保護

　営業譲渡は合併のように包括移転をするものではないので，譲受人は，債務引受や債務移転手続をしない限りは，当然に，譲渡人の債務を承継するものではない。

　商法は，営業譲渡がなされた場合，譲受人が譲渡人の営業によって生じた債務を弁済する責任を負うか否かについては，譲渡人の商号を引き続き使用している場合（17条）と使用していない場合（18条）に分けて規定している。

（1）譲受人が商号を続用する場合

（i）趣　　旨

　商法は，譲受人が，譲渡人の商号を引き続き使用する場合には，その譲受人も，譲渡人の営業によって生じた債務を譲渡人と同様に弁済する責任を負うとし（17条1項），譲渡人と譲受人との不真正連帯債務となる旨を定めている。

　17条1項の趣旨について，譲受人が譲渡人の商号を続用する場合，譲渡人の営業上の一般債権者は，営業主の交代あるいは商号の続用が公表されない限り，営業主の交代を知ることはできないし，交代を知っていたとしても，譲受人が譲渡人の債務も引き受けたものと理解し，譲受人に対して権利行使ができるものと信ずることが自然なので，債権者の信頼を保護するために，商号を続用している譲受人は弁済責任を負うと解されるからであるとされている。裁判例もこの立場をとるものが多い（水戸地判昭和54・1・16判時930号96頁，東京地判昭和54・7・19下民集30巻5～8号353頁等）。

　「譲渡人の営業によって生じた債務」には，譲渡人がその事業に伴って営業上の不法行為によって負担する損害賠償債務が含まれると解されている（最判昭和29・10・7民集8巻10号1795頁）。

（ii）商号の続用

　商号の続用について，一般的には，譲受人が譲渡人の商号と同一の商号を使用する場合か，主として商号の字句から判断して，譲渡人の商号に字句を付加し，あるいは譲渡人の商号の字句を一部削除したとしても，取引の社会通念上従前の商号を継続使用していると認められる場合をいい，類似の商号を使用するにすぎない場合は含まれないと解されている。

最高裁は，営業譲渡がなされた会社の種類が異なり（有限会社から合資会社），譲渡人の商号に「新」の文字を付加した事案において，会社が事業に失敗した場合に，再建を図る手段として，いわゆる第二会社を設立し，新会社が旧会社から営業の譲受を受けたときは，従来の商号に「新」の字句を付加して用いるのが通例であって，「新」という字句は，取引の社会通念上は，継承的字句ではなく，新会社が旧会社の債務を承継しないことを示すための字句であると解され，商号の続用がないと判示して，厳格に解する立場をとっている（最判昭和38・3・1民集17巻2号280頁〔百選20〕）。

　譲受人が譲渡人の商号に「株式会社」の文字を付加した商号を使用した事案（東京地判昭和34・8・5下民集10巻8号1634頁），合資会社から株式会社に組織変更したうえで，営業譲渡し，その結果，商号が種類の異なる会社を表すこととなった事案（大阪地判昭和46・3・5判タ265号256頁）では，商号の続用を認めている。さらに，債権者を保護するという旧26条1項の趣旨からして，商号の続用の判断は主に使用された商号の字句からされるとしながら，譲渡人と譲受人との営業主体の人的構成上の関連性や，営業目的，得意先に対する通知，その引継の有無，営業譲渡の動機等諸般の事情を斟酌してもよいとして，商号の続用（「第一化成株式会社」と「第一化成工業株式会社」）を認める判決（東京地判昭和42・7・12下民集18巻7＝8号814頁）がある。この他に，商号の続用を肯定する下級審判決として，「丸大自動車運送店」と「丸大運送株式会社」（水戸地判昭和53・3・14判時904号96頁），「有限会社笠間電化センター」と「株式会社笠間家庭電化センター」（水戸地判昭和54・1・16判時930号96頁，東京高判昭和56・6・18下民集32巻5～8号419頁），「株式会社キャロン」と「株式会社キャロン製靴」（神戸地判昭和54・8・10判時964号116頁）などがある。

　これに対して，続用を否定する下級審判決として，「いせ屋家具マート」と「有限会社四日市いせ屋家具」（大阪地判昭和43・8・3判タ226号181頁），「モトブシーサイドプラザ」と「シーサイドプラザ運営株式会社」（那覇地判昭和54・2・20判時934号105頁），「協同組合肉の宝屋チェーン」と「株式会社肉の宝屋」（東京地判昭和60・11・26金商756号25頁）などがある。

（ⅲ）17条1項の類推適用

　旧26条（17条1項，会22条1項）に関する最高裁の判例によれば，譲受人による商号の続用にあたらなくとも，旧26条の類推適用の可能性が認められている。すなわち，最高裁は，債務者が債務を免れるために営業の現物出資をして設立

した新会社が，現物出資者の商号を続用する事案において，営業譲渡があった場合と同様に考えて，旧26条を類推適用することを認めている（最判昭和47・3・2民集26巻2号183頁〔百選22〕）。下級審判決では，屋号の続用であっても，営業の前後を通じて営業の外形にほとんど変化がなく，屋号が商取引において当事者を特定するうえで重要な機能を営んでいる場合，旧26条（17条1項，会22条1項）の類推適用を認めるとするもの（東京高判昭和60・5・30判時1156号146頁），ゴルフクラブの営業譲渡を受けた会社がゴルフ場の名称を続用していた事案において，ゴルフクラブ会員権者は，ゴルフ場の営業については，一般的には，ゴルフクラブの名称によって営業の主体が表示されるものと理解しているとして，旧26条の類推適用を認めるものがある（大阪地判平成6・3・31判時1517号109頁）。

　近時の最高裁は，預託金会員制のゴルフクラブの名称がゴルフ場の営業主体を表しているものとして使用されていたところ，ゴルフ場の営業が譲渡され，譲渡人が用いていたゴルフクラブの名称をその譲受人が続用している事案において，譲受人が，譲受後遅滞なく，ゴルフクラブの会員によるゴルフ場施設の優先的利用を拒否したなどの特段の事例がない限り，会員において，同一の営業主体による営業が継続しているものと信じたり，営業主体の変更があったけれども，譲受人により譲渡人の債務が引き受けられたと信じたりすることは，無理からぬものであることから，譲受人は，このような事情がない限り，旧26条を類推適用し，会員が譲渡人に交付した預託金の返還義務を負う旨を判示している（最判平成16・2・20民集58巻2号367頁〔百選21〕）。また，会社分割による事業承継がなされ，ゴルフクラブの名称が続用される場合も，旧26条の類推適用を認めている（最判平成20・6・10裁時1461号17頁）。

(ⅳ) 譲受人の免責

　譲受人は，17条1項の責任を免れるためには，当該商号の続用をやめるか，営業を譲渡した後，遅滞なく，譲渡人の債務を弁済する責任を負わない旨を登記するか，譲受人および譲渡人から第三者（譲渡人の債権者）に対してその旨を通知すればよい（17条2項）。これは，商号が続用される結果，営業の譲渡があるにもかかわらず，債権者は営業主体の交代を認識することが一般的に困難なので，譲受人の外観を信頼した債権者を保護し，この者について不測の損害の発生を防止する必要があるからである（最判昭和29・10・7民集8巻10号1795頁）。

(ⅴ) 譲渡人の責任

17条1項によって譲受人が責任を負うことになった場合，譲渡人が責任を免れるわけではない。ただし，譲受人が譲渡人の債務を弁済する責任を負う場合には，譲渡人の責任は，債権者が営業を譲渡した日後2年以内に譲渡人に対して請求または請求の予告をしない場合には，その期間が経過した時に消滅し，債権者は譲渡人からの弁済を受けられなくなる（17条3項）。この結果，このような除斥期間が経過した後は，譲受人だけが責任を負うことになる。

(ⅵ) 譲渡人の債務者による譲受人に対する弁済

商号が続用される場合，譲渡人の債務者が譲受人を債権者として誤認してその債務を弁済するおそれがあるので，商法は当該債務者を保護している。すなわち，譲渡人の債務者が，譲渡人の営業によって生じた債権について，その譲受人にした弁済は，弁済者が善意でかつ重大な過失がないときは，その効力を有する（17条4項）。これは，権利外観法理あるいは禁反言の原則に基づくものであり，営業譲渡のあったことを知らなかった，あるいは知らなかったことについて重大な過失がなかった弁済者を二重払いの危険から保護するものである。

ただし，債権者である譲渡人が民法467条の債権譲渡の対抗要件を充足した場合や，指図証券および無記名証券上に記載された債権債務については，17条4項は適用されず，債務者は保護されない。後者の場合，債権者であるか否かは，譲受人が続用している商号に関係なく，証券の所持によって決まるからである。また，証券を所持していない者に対して弁済したとしても，債務者は保護されない。

（2）譲受人が商号を続用しない場合

譲受人が譲渡人の商号を続用しない場合には，譲受人は，当然には，譲渡人の営業から生じた債務を負担しない。この場合，譲受人が譲渡人の商号を続用したときのような外観はなく，一般的には，譲渡人のみが債務を負担し，譲受人に債務弁済の責任を負わせる必要はないからである。しかし，この場合においても，譲受人が譲渡人の営業によって生じた債務を引き受ける旨を広告したときは，譲渡人の債権者は，その譲受人に対して弁済の請求をすることができる（18条1項）。これは，権利外観法理あるいは禁反言の法則に基づく責任である。

18条1項の「広告」と認められるためには，譲受人が債務を引き受ける趣旨が広告に示されていなければならないが，旧28条1項（18条1項）に関して，

二つの最高裁の判決が示されている。まず，A会社が，鉄道およびバス事業をB会社より譲り受け，C会社として新発足したという趣旨の広告を新聞に掲載した事案において，最高裁は，旧28条1項の法意から見て，その広告の中に必ずしも債務引受の文字を用いなくとも，広告の趣旨が，社会通念から見て，譲受人が営業によって生じた譲渡人の債務を引き受けたものであると譲渡人の債権者が一般に信ずるような表示であると認められるようなものであれば足りるとして，債務引受の広告にあたると判示している（最判昭和29・10・7民集8巻10号1795頁）。学説には，この判決に対して，単なる営業の譲渡を債務引受と解することは禁反言の不当な拡大適用であるとして反対する見解がある。

つぎに，三つの会社が営業を廃止し，新会社を設立し，旧3社と同一の卸売市場で水産物等の卸売業務を開始するという趣旨の「御挨拶」と題する書面が取引先に送付された事案において，最高裁は，旧28条1項にいう「広告」とは，一般人の認識できる方法によって不特定多数人に対しする意思表示であるところ，この書面は，取引先に対する単なる挨拶状であり，旧3社の債務を新会社が引き受ける旨の広告にはあたらないとした原審判決（東京高判昭和34・2・28民集15巻9号2326頁）を認めている（最判昭和36・10・13民集15巻9号2320頁〔百選23〕）。

近時の下級審判決では，譲渡会社の設備配管部門を独立させ，人的・物的設備を承継し，その事業を承継するものであることが記載された挨拶状について，通常の債権者の理解からは債務引受の趣旨を含むであり，また，挨拶状が広く取引関係者に配付されたことを併せ考えると，広告にあたるとするもの（東京地判平成9・7・30判時1638号150頁），これに対して，その控訴審判決であるが，本件挨拶状は，その記載からすれば，たんなる挨拶状の域を超え，営業譲渡とともに譲渡会社の債務引受を表示した広告にあたらないとするもの（東京高判平成10・11・26判時1671号144頁），譲渡人の債務は譲受人が引き継ぎ，譲受人が責任をもって履行するなどの旨が記載された挨拶状は，譲渡人の営業によって生じた債務について，譲受人が債権者に対して直接の弁済責任を負う旨を表示したものであり，広告にあたるとするもの（東京高判平成12・12・27金判1122号27頁），譲渡人の営業から生じた債権債務を譲受人が責任をもって継承するといった旨の挨拶状について，これを広く取引関係者に送付している場合には，広告にあたるとするもの（東京地判平成13・5・25金法1635号48頁）などがあり，挨拶状が広告にあたるか否かは具体的状況に基づいて判断されている。

譲渡人の責任は，18条1項で譲受人が債務を弁済する責任を負う場合におい

ても免除されないが，債務引受の広告による責任の有無は，債権者が広告を見たか否かを問わず，この場合にも，譲渡人の責任は，債務引受の広告があった日から2年以内に，譲渡人の債権者が譲渡人に対して請求または請求の予告をしない場合には，その期間を経過した時に商号続用の場合と同様に消滅する（18条2項）。2年が経過した後は，債権者は譲渡人からの弁済を受けることはできなくなり，譲受人に対してのみ請求することができるにすぎない。

2　詐害営業譲渡に関する譲受人に対する債務の履行の請求

譲渡人が譲受人に承継されない債務の債権者（残存債権者）を害することを知って営業を譲渡した場合には，残存債権者は，その譲受人に対して，承継した財産の価額を限度として，当該債務の履行を請求することができる（18条の2第1項本文）。「残存債権者を害すること」とは，残存債権者が債務の履行を受けられなくなる結果，害されることをいい，このようなことが起こる営業譲渡を詐害営業譲渡という。この場合，譲受人が譲渡人の商号を続用しているか否かは関係ない。ただし，その譲受人が営業の譲渡の効力が生じた時において残存債権者を害すべき事実を知らなかったときは，残存債権者は当該債務の履行を請求することができない（18条の2第1項ただし書）。これは，営業譲渡の際，譲渡人が負債を正しく開示しなかったため，譲受人が，譲渡人に残存債務が存在し，その結果，残存債権者が害されるおそれがあることを知らない場合に，譲受人を保護するものである。

譲受人が18条の2第1項に定める債務を履行する責任を負う場合には，当該責任は，譲渡人が残存債権者を害することを知って営業を譲渡したことを知った時から2年以内に請求または請求の予告をしない残存債権者に対しては，その期間を経過した時に消滅し，また，営業の譲渡の効力が生じた日から10年を経過したときも消滅する（18条の2第2項）。

譲渡人について破産手続開始の決定または再生手続開始の決定があったときは，残存債権者は，譲受人に対して18条の2第1項の規定による請求をする権利を行使することができない（18条の2第3項）。譲渡人につき，破産手続開始の決定があったときには，その時点で他の債権者も平等に扱われるべきであるからである。再生債権については，原則として，再生手続開始後は，再生計画の定めるところによって弁済をするなどの行為をする（再生85条1項）。

第 5 節　会社法における事業譲渡

　会社法では，商法の定める営業譲渡に対応する法律行為を事業譲渡という（会21条）。事業譲渡については，会社法21条から24条に定められており，規制の趣旨および内容などは営業譲渡とほぼ同じである。

　会社相互間の事業譲渡は会社法に規定されるが，会社が個人商人に対しての事業譲渡した場合には，当該会社を16条1項所定の譲渡人とみなして，17条から18条の2までの規定を適用する（会24条1項）。これに対して，会社が個人商人の営業を譲り受けた場合には，当該商人を譲渡会社とみなして，会社法22条から23条の2までの規定を適用する（会24条2項）。

　事業譲渡は会社にとって重要な事項なので，株式会社については，株主総会の特別決議によってその承認を受けることを必要とする（会467条1項1号2号・309条2項11号）。

　株式会社では，子会社を新設してその事業を譲渡すれば，会社分割の方法にもなり，企業組織再編の一手段となる（会467条1項2号の2）。

第4章 商業帳簿

第1節　商業帳簿の意義・目的等

1　商業帳簿の意義

　商人は，営業を行うにあたり，商業帳簿を作成しなければならない。商業帳簿とは，商人が，その営業のために使用する財産について，法務省令（商法施行規則）で定めるところにより，適時に，正確に作成するものとして，商法上義務付けられている帳簿をいい，会計帳簿および貸借対照表からなる（19条2項）。

　「適時に」とは，取引に関して速やかに記帳および記録することであり，「正確に」とは，商法・商法施行規則の規定および一般に公正妥当と認められる会計の慣行に従って，当該商人の財産および取引などの状況を忠実に示すことをいう。

　商業帳簿には保存義務や提出義務があるので，商人の作成する帳簿が商業帳簿にあたるか否かは厳格に解さなければならない。すなわち，非商人が作成する帳簿は商業帳簿ではなく，また，仲立人が作成する帳簿（547条）などは，商法上，その作成が義務付けられているが，商人の営業上の財産を明らかにするものではないので商業帳簿ではない。商業帳簿は商法上の義務として作成されるものなので，他の法令に基づいて作成された帳簿は商業帳簿にあたらない（東京高決昭和54・2・15下民集30巻1～4号24頁〔百選26〕）。

2　商業帳簿作成の目的・機能
（1）合理的な企業活動

　商人が合理的な経営を行っていくにあたっては，営業活動の成果である財産や損益を正確に把握する必要がある。商業帳簿は，当該商人がどれだけの財産を有しており（財政状態），その財産を使って営業活動を行い，どれだけの損益があったのか（経営状態），その結果，どれだけの支払能力があるのかを把握できる機能を果たす。

(2) 企業関係者の保護

商業帳簿は，それを開示することによって，商人の利害関係者の保護に資する。商業帳簿により，商人の財政状態，経営状態および支払能力が明らかになるので，商人の債権者や取引の相手方などは，当該商人が取引の履行や債務の弁済をできる財産を有しているか否かなどを把握することができるし，出資者は，出資した財産がどのように利用されているのか，商人においてどれだけの損益が生じたのかを知ることができる。また，商業帳簿は営業に関連して紛争が生じたときに証拠となりうるし，課税の資料としての機能も果たす。

第2節　商業帳簿に関する法規制（企業会計規制）

商業帳簿作成の目的からすれば，その内容や作成を商人に委ねるのではなく，関係者が把握できる統一的基準によらなければならず，法的な規制が必要である。商業帳簿に関する規制を含む企業会計規制の態様は，個人商人あるいは株式会社という企業形態によって異なる。

1　個人商人

個人商人においては，営業財産と個人財産が並存するので，営業上の会計と家計とを明確に区分する必要がある。個人商人は，無限責任を負っているので，営業財産がなくなった場合でも，個人財産をもって営業上の債務を弁済する責任を負うことから，営業財産の確保の要請は強いとはいえず，営業財産の状況を示す商業帳簿も最低限で足りる。また，小商人の作成する帳簿には，商業帳簿の規定は適用しない（7条）。小商人の負担が重くならないようにするためである。

個人商人については，商業帳簿の作成・保存・提出のそれぞれの義務に違反しても制裁はないが，破産した場合には，債権者を害する目的で商業帳簿を隠滅・偽造・変造をした者に，一定の刑罰が科せられる（破270条）。

2　株式会社

株式会社では，株主は有限責任を負うにとどまるので，会社債権者のためにその財産状況を明確にしておく必要があり，また，所有と経営が分離しているので，株主のために会社の財産や損益の状況を明らかにする必要があることなどから，企業会計規制は厳格になる。すなわち，会社が作成する帳簿には会社法が適用され，株式会社については，会計帳簿，計算書類（貸借対照表・損益計

算書等），事業報告およびこれらの附属明細書の作成が義務付けられている（会432条・435条）。

このうち，損益計算書とは，会社の経営成績を表示する書類で，一定期間（1会計期間〔通常，1年間〕）に得た利益または被った損失を算定する過程で収益と費用を示して，計算表示する書類をいう。事業報告とは，会社の状況に関する重要事項を文書形式で表した書類をいい，附属明細書とは，計算書類および事業報告を補足する事項を記載する書類をいう。

株式会社は規模によって会計監査の態様も異なり，大会社（会2条6号）は，会計監査人の監査を受ける義務を負う（会328条・396条）。上場会社には，会社法・金融商品取引法が適用され，作成すべき書類については，会社法・会社法施行規則・会社計算規則が適用される。決算確定後に公表する財務諸表については，金融商品取引法・財務諸表等の用語，様式および作成方法に関する規則（財務諸表規則）および企業会計原則が適用される。

会社がこれらの規定に違反した場合には，関係者に過料（会976条7号8号）が科される。

第3節　商業帳簿の範囲

1　会計帳簿

会計帳簿とは，商人が日々の取引を記録するもので，一定の時期における営業上の財産およびその価額，取引その他営業上の財産に影響を及ぼす事項を記載する帳簿をいう。取引その他営業上の財産に影響を及ぼす事項とは，営業上の取引，商品の盗難や事故，災害等の法律行為以外による財産の減失または毀損などを含む。会計帳簿に計上すべき資産については，商法施行規則に詳細な規定が置かれている（商施規5条）。

会計帳簿には，主要簿と補助簿がある。主要簿は，日々の取引を発生順に記載した会計原始記録である日記帳，日記帳の取引を仕訳けした仕訳帳，日記帳に記載した取引を勘定科目ごとに整理した総勘定元帳などからなり，補助簿は，現金出納帳，仕入帳，売上帳，普通預金出納長，当座預金出納長，手形記入帳などで構成される。

商業帳簿は，書面または電磁的記録をもって作成および保存することができる（商施規4条3項）。電磁的記録とは，電子的方式，磁気的方式その他人の知

覚によっては認識することができない方式で作られる記録であって，電子計算機による情報処理の用に供されるものとして法務省令で定めるもの（磁気ディスクその他これに準ずる方法により一定の情報を確実に記録しておくことができる物をもって調製するファイルに情報を記録したもの〔会施規224条〕）をいう（会26条2項）。

2　貸借対照表

　貸借対照表とは，一定の時点（決算日）における営業上の総資産を，資産の部と負債の部・純資産の部に分けて記載したものであり，財産の状況および損益計算を表わす帳簿である。

　貸借対照表には，通常貸借対照表と非常貸借対照表とがある。通常貸借対照表は，開業の時または会社成立の時に作成される開業貸借対照表と，毎営業（事業）年度に作成される決算貸借対照表（年度貸借対照表・期末貸借対照表）からなり，非常貸借対照表は，会社の合併・分割・清算・破産などの非常の場合に作成される。

　貸借対照表の形式について，一般的な勘定式では，借方（左側）に資産，貸方（右側）に負債（法律上の債務と負債性の引当金）および純資産を区分して表示される（商施規8条）。資産の部は，流動資産，有形固定資産，無形固定資産，投資資産の順に記載される。負債の部には，流動負債，固定負債の順に記載され，純資産の部には，資本金，資本準備金，利益剰余金の順に記載される。貸借対照表では借方（資産の合計）と貸方（負債・純資産の合計）が釣り合っていることから，これをバランスシート（B/S）ということがある。

　商法施行規則には，貸借対照表の表示の原則，作成および区分について規定されている（商施規6条～8条）。貸借対照表は，会計帳簿に基づいて作成され（商施規7条1項2項），また，商人の財産を種類別に記載するので，その財産全体の一覧表といえる。貸借対照表では，資金調達した手法が負債・純資産の部に示され，調達した資金の具体的な運用形態が資産の部に示される。貸借対照表の作成時期は，個人商人の場合には，開業時および当該営業年度の末日であり（商施規7条3項），会社の場合には，会社成立の日および事業年度の末日である（会435条1項2項，会計規58条・59条）。

貸 借 対 照 表

(平成30年3月31日現在)

(資産の部)		(負債の部)	
	(百万円)		(百万円)
流動資産	××××	流動負債	××××
現　金　預　金	×××	支　払　手　形	×××
受　取　手　形	×××	買　　掛　　金	×××
売　　掛　　金	×××	短　期　借　入　金	×××
有　価　証　券	×××	コマーシャルペーパー	×××
製　　　　　造	×××	未　　払　　金	×××
材　　　　　料	×××	未　払　法　人　税　等	×××
仕　　掛　　品	×××	未　払　費　用	×××
その他の流動資産	×××	前　　受　　金	×××
貸　倒　引　当　金	×××	預　　り　　金	×××
固定資産	××××	固定負債	××××
有形固定資産	×××	社　　　　　債	×××
建　　　　　物	×××	退　職　金　引　当　金	×××
構　　築　　物	×××	負債合計	80,000
機　械　装　置	×××		
車　両　運　搬　具	×××	(純資産の部)	
工　具　器　具　備　品	×××	資　本　金	××××
土　　　　　地	×××	資本剰余金	×××
建　物　仮　勘　定	×××	資　本　準　備　金	×××
無形固定資産	×××	利益剰余金	×××
施　設　利　用　権	×××	利　益　準　備　金	×××
投　資　等	×××	任　意　積　立　金	×××
投　資　有　価　証　券	×××	特別償却準備金	
子　会　社　株　式	×××	別　途　積　立　金	×××
子　会　社　出　資　金	×××	当　期　未　処　分　利　益	×××
長　期　貸　付　金	×××	(うち当期利益)	×××
その他の投資	×××	純資産合計	120,000
資産合計	200,000	負債・純資産合計	200,000

第4節　商業帳簿の作成

1　一般に公正妥当と認められる会計の慣行

　商人の会計は，一般に公正妥当と認められる会計（企業会計）の慣行に従うものとする（19条1項，会431条。商施規4条2項）。会計の発達は目覚ましく，会計法規を硬直性の高い制定法に委ねるのは妥当ではないので，商法は，企業会

計の帳簿に関する規定を置くにとどめ，その他は会計慣行に委ねている。また，株式会社では，会社法と金融商品取引法における会計基準を同一にする趣旨からして，会社法上も会計基準を会計慣行に委ねており，両法上の監査が同一の基準で行われる。

「一般に公正妥当と認められる会計の慣行」とは，商人の営業（事業）上の財産および損益の状況を明らかにするという商業帳簿作成の目的に照らして，一般に公正と認められている会計の慣行をいい，企業会計原則がこれに妥当する。企業会計原則とは，企業会計において慣習として発達したもののうち，一般に公正妥当と認められたことを要約したものである。したがって，企業会計原則に従っていれば，公正妥当と認められる会計慣行によっているとの推定を受けるが，企業会計原則以外に公正妥当と認められる会計慣行や会計処理方法があれば，それによることになる。というのは，企業会計原則は大規模な公開株式会社を想定して設定されたものなので，個人商人や小規模な会社では企業会計原則以外の公正な会計慣行によることも必要といえるからである。

2　資産評価の基準

会計帳簿では，財産に価格を付ける基準が重要な課題であり，厳格な規制が必要とされる。というのは，商人の資産について，過大に評価された場合には，商人の保有する財産以上のものが帳簿上に記載され，債権者や取引の相手方等の利害関係者が誤認するおそれがあり，過小に評価された場合には，商人の財政状態や経営状況が歪められるおそれがあるからである。

資産評価の考え方には，原価主義（資産の取得原価または製造原価を基準として評価する立場），時価主義（評価時の時価〔市場価格または交換価格〕を基準として評価する立場），低価主義（資産の原価と時価とを比較し，低い方の価格を基準として評価する立場）がある。商法は，評価の基準は法務省令（商法施行規則）で定めるところにより，原則として，当該資産の取得価額で評価する立場をとっている（19条2項，商施規5条1項）。

3　評価の対象となる資産

（1）流動資産

流動資産とは，原則として，1年以内に消費または換金できる財産をいい，原材料・仕掛品（製造途中にある製品で，それ自体での販売や交換価値を見込めないもの）・半製品（製造途中にある製品で，それ自体が製品として販売可能な状態であるが，商人にとっては製造途中であるもの）・商品などからなり，金銭債権や評価の必要の

ない現金は含まれない。

　商法上，会計帳簿に計上すべき資産については，取得価額または営業年度の末日における時価もしくは適正な価格で評価するが（商施規5条1項），その時価がその時の取得原価より著しく低いときは，当該資産の時価がその時の取得原価まで回復すると認められるものを除き，営業年度の末日における時価で評価をしなければならない（商施規5条3項1号）。

（2）固定資産

　固定資産とは，原則として，1年を超える長期にわたり継続して営業の用に供される財産をいい，土地・建物・機械等の有形固定資産，特許権・商標権等の無形固定資産および株式・社債等の投資資産からなり，償却すべき資産については，営業年度の末日において，相当の減価償却（資産の耐用年数にわたって，資産の種類に応じて一定の方法で償却すること）が要求される（商施規5条2項）。株式については，支配目的のものは固定資産に，投資目的のものは流動資産に分類されるなど，保有形態の違いによって分類される。

　商法上，営業年度の末日において予測することができない減損が生じた資産または減損損失を認識すべき資産については，その時の取得原価から相当の減額をしなければならない（商施規5条3項2号）。減損損失には，災害などによる損失，技術の陳腐化による損失などがある。

（3）金銭債権

　金銭債権には，売掛金・受取手形・貸付金などがある。取立不能のおそれのある債権については，営業年度末日においてその時に取り立てることができないと見込まれる額を控除して評価しなければならない（商施規5条4項）。

第5節　商業帳簿の保存義務

　商人は，帳簿閉鎖（会計帳簿閉鎖）の時から10年間，その商業帳簿および営業（事業）に関する重要な資料を保存しなければならない（19条3項，会432条2項・435条4項）。この資料には，営業に関して受け取った契約書・受領証・領収証・各種伝票またはその控えなどが含まれる。これらの保存には電磁的媒体を用いることができる。

　商人は，たとえ営業を廃止して商人資格を喪失した場合であっても，保存期間内は商業帳簿を保存する義務を負い，個人商人が死亡した場合には，相続人

が保存義務を負う。営業とともに商業帳簿を譲渡したときは，営業の譲受人がこの義務を負担する。

第6節　商業帳簿の提出義務

　裁判所は，申立てによりまたは職権で，訴訟の当事者に対し，商業帳簿の全部または一部の提出を命ずることができる（19条4項，会434条）。19条4項は，当事者に対して，当然に商業帳簿の提出義務を課し，かつ，裁判所が職権で提出を命ずることができるとしている（民訴220条を参照）。この場合，当該訴訟が商事に関するものであるか否かを問わず，商業帳簿の提出義務は認められる。

　商業帳簿には特別な証拠力がなく，証拠力は民事訴訟法の原則に従って決せられる。ただし，公正・妥当な会計の慣行に基づいて整然・明瞭に作成された商業帳簿は強い証拠力を有する（大判昭和17・9・8新聞4799号10頁〔百選25〕）。訴訟当事者が，文書提出命令に違反したとき，相手方の使用を妨げる目的で文書を滅失させ，その他これを使用できないようにしたときは，裁判所は，当該商業帳簿の記載に関する相手方の主張を真実と認めることができる（民訴224条）。

第5章 商業使用人

第1節 商業使用人の意義

1 商人の補助者

　商人や会社（企業）が広範に営業・事業を展開する場合，あるいは企業の規模が大きい場合，また，個性が希薄な商取引（企業取引）は代理に親しむものであることから，企業活動において多くの補助者が必要とされ，活動している。

　企業の補助者には，その内部にあって活動する企業内補助者と，外部において独立の商人として活動する企業外補助者（補助商）が存在する。企業内補助者には商業使用人があり，企業外補助者には代理商，仲立人，問屋および運送取扱人などがある。このうち，代理商は，特定の商人と継続的関係を保つことにおいて商業使用人に類似するので，この者とともに商法総則・会社法総則に規定され，その他の企業外補助者は商行為法に規定されている。

　商法総則「第6章　商業使用人」は，支配人を中心にして商業使用人の代理権を規定し，これらの規定により，商人の取引活動を円滑に進め，取引の安全（取引の相手方の保護）を図ろうとしている。

　企業と商業使用人との労務関係については，民法・労働法等の雇用に関する規定による。

2 商業使用人の意義

　商業使用人とは，特定の商人に従属して，その商人の営業活動を対外的に補助する者をいう。「従属」とは，商人の指揮命令に服することをいい，商人と商業使用人との関係は，通常，雇用契約に基づくが，旧42条（25条）に規定する商業使用人について，営業主である商人と委任関係にある者も含まれると解する裁判例がある（東京地判平成5・1・27判時1470号151頁）。「商人の営業活動」とは，取引通念に照らし，その商人に特有な業務と認められるものをいい，「対外的に」とは，商人の対外的な関係において，商人を代理して行為をなす立場にあることをいう。

商法・会社法は，商業使用人として，支配人，表見支配人，ある種類または特定の事項の委任を受けた使用人，物品の販売等を目的とする店舗の使用人について規定する（20条～26条，会10条～15条・918条）。

第2節　支配人

1　支配人の意義

支配人とは，商人・会社に代わって，その営業・事業に関する一切の裁判上または裁判外の行為をする権限を有する商業使用人をいう（21条1項，会11条1項）。このような包括的な代理権を支配権という。支配人は支配権を有することから，ある商業使用人が支配人であるか否かは，その名称にかかわらず，支配権の有無によって決まると解するのが一般的である。たとえば，支配人の名称を付されていた使用人であっても，その職務内容において支配権がなければ支配人とはいえず，また，支配権のない者を支配人として登記した場合も当該者は支配人ではない（仙台高裁秋田支判昭和59・11・21判タ550号257頁）。

商業使用人が支配人であるか否かは，取引の相手方などの利害関係者にとって重大な利害があるので，商人・会社は，支配人を選任したとき，または，支配人の代理権が消滅したときは，その旨の登記をしなければならない（22条，会918条）。小商人には22条の規定は適用しないので（7条），小商人は支配人制度を利用できない。小商人は支配人を必要とするほどの経営規模を持たないと解されるからである。

2　支配人の選任・終任

（1）支配人の選任

支配人の選任は，商人の場合には営業主である商人が，会社の場合には会社がそれぞれ行う（20条，会10条）。選任にあたっては，支配権の授与を伴う雇用契約が締結される。

株式会社では，取締役会設置会社の場合，支配人の選任（および解任）は取締役会の決議によって行わなければならず（会362条4項3号），持分会社では，原則として，社員の過半数によって決定される（会591条2項）。というのは，支配権は広範に及ぶことから，その選任は当該会社にとって重要な事項だからである。

支配人は，商人・会社との間で雇用契約を締結することから，自然人でなけ

ればならず，資格の制限はないが，株式会社では，当該会社およびその親会社の会計参与および監査役と兼任することができない（会333条3項1号・335条2項）。支配人はこれらの者とは，立場上，相いれないからである。支配人は行為能力者である必要はない（民102条）。独占禁止法上，役員兼任の制限などの制約がある（独禁13条・2条3項）。

支配人の選任にあたっては，支配人が商人・会社を代理すべき営業所・本店または支店を特定する必要がある（20条，会10条）。一人の商業使用人が本店もしくは支店または複数の支店の支配人を兼任したり，複数の商号の支配人を兼ねることができる。このような者を総支配人ということがある。

（2）支配人の終任

（i）代理権の消滅

支配人は，商人・会社との間で支配権の授与を伴う雇用契約を結んでいるので，代理権の消滅事由あるいは雇用関係の終了事由が発生すれば，支配人は終任する。これには，支配人の死亡（民653条1号）・破産手続開始の決定（民653条2号）・後見開始の審判（民111条1項2号・653条3号），商人・会社の破産手続開始の決定（民111条2項・653条2号），商人・会社または支配人からの委任の解除（民111条2項・651条）などの場合がある。

民法上，代理権は本人の死亡で消滅するが（民111条1項1号），商法上，支配人の代理権は，商行為の委任による代理権なので，本人である個人商人が死亡した場合であっても消滅せず（506条），支配人は個人商人の相続人の代理人となる。支配人は営業自体の代理人と考えられるからである。

（ii）雇用関係の終了

雇用関係が終了する事由として，所定の雇用期間の満了，商人・会社または支配人からの雇用契約の解約申入れ（民626条〜630条），および，商人・会社が破産手続開始の決定を受けた場合，雇用に期間の定めがあるときであっても，支配人または破産管財人からの解約申入れ（民631条）などがある。これらによって雇用関係は終了し，支配人は終任する。

（iii）営業の廃止・会社の解散

支配人は商人・会社の営業・事業の存在を前提とするので，商人の営業の廃止，会社の解散も支配人の終任事由となる。営業譲渡・事業譲渡がなされた場合には，これが終任事由となると解するのが一般的である。

（3）登　記

　支配人の選任および終任は絶対的登記事項である（22条，会918条）。個人商人の支配人の場合には，支配人登記簿において，①支配人の氏名・住所，②商人の氏名・住所，③商人が数個の商号を使用して数種の営業をするときは，支配人が代理すべき営業・その使用すべき商号，④支配人を置いた営業所が登記され（商登43条），会社の支配人の場合には，会社登記簿において，①④のみが登記される（商登44条）。支配人の登記は，商業登記の一般的効力（9条1項，会908条1項）の典型的な例である。

3　支配人の代理権

（1）包括的代理権

　支配人は，商人・会社に代わって，その営業・事業に関する一切の裁判上または裁判外の行為をする権限（支配権）を有する（21条1項，会11条1項）。支配権は，商人の場合には営業ごとに，会社の場合には営業所ごとに付与される。「裁判上の行為」とは訴訟行為を意味するが，支配人は，商人・会社の訴訟代理人となることができるし（民訴54条），訴訟代理人として弁護士を選任できる。しかし，支配人が，客観的に商人の営業・会社の事業に関する行為を，商人・会社の名で，自己の利益のために行った場合は，代理権の濫用となる。

（2）支配権の範囲

　支配人は，他の使用人を選任し，または解任することができる（21条2項，会11条2項）。ただし，他の支配人を選任できないと解される。というのは，支配人の選任および解任は本人である商人・会社の専決事項であることから，この規定は支配人の選任・解任を除外していると解されるからである。

（3）支配人の代理権制限の不可

　支配権は，商人・会社からその営業・事業に関して付与される包括的な法定の代理権であることから（21条1項，会11条1項），支配権に加えた制限は，善意の第三者に対抗することができない（21条3項，会11条3項）。というのは，取引の相手方などの利害関係者は，商人・会社が支配権に加えた制限は内部的なものであることからそれを知ることが難しく，取引後に，商人・会社が，支配人の行為が制限に違反することを理由に取引の効力を否定できるとすると，取引の相手方が不測の損害を被るおそれがあるからである。また，そもそも商人・会社は，包括的な代理権を有する支配人を選任しておきながら，代理権を制限してはならないということも理由としてあげられる。支配人の代理権制限に関

する第三者の悪意または重過失を主張立証する責任は商人・会社に課される。

4 支配人の義務

(1) 営業禁止義務

支配人は，商人・会社の許可を受けなければ，自ら営業を行うことはできず (23条1項1号，会12条1項1号)，他の商人または会社もしくは外国会社の使用人になることはできず (23条1項3号，会12条1項3号)，会社の取締役，執行役または業務を執行する社員になることはできない (23条1項4号，会12条1項4号)。この義務は，営業禁止義務ということがあり，支配人は包括的代理権である支配権を有していることから，商人・会社のために，専心かつ忠実に支配人としての職務を遂行することが期待され，その精力が分散されるような行為を禁止するもの (精力分散防止義務) である。この義務は，競業禁止義務とは異なり，禁止される営業が限定されていないので，営業の種類を問わず一律に及ぶ。

(2) 競業禁止義務

支配人は，商人・会社の許可を受けなければ，自己または第三者のためにその商人・会社の営業・事業の部類に属する取引をすることができない (23条1項2号，会12条1項2号)。この義務を競業禁止義務という。この趣旨は，営業禁止義務の趣旨である精力分散を防止するということのほかに，支配人は支配権を有していることで商人・会社から絶大な信頼を受けていることから，また，営業・事業の内容に通じていることから，支配人が，その地位を利用して商人・会社の営業・事業と競争関係にある営業行為を行えば，支配人自身または第三者の利益を得ることになり，その結果，商人・会社の利益が侵害されることを防ぐことにある。

「営業・事業の部類に属する取引」とは，商人・会社の営業・事業の目的である取引をいう。

支配人が競業禁止義務に違反する行為をしたとしても，当該行為の私法上の効力は有効である。というのは，23条1項・会社法12条1項は商人・会社と支配人との関係を規律しているにすぎず，取引の安全を図ることが必要であるからである。ただ，商人・会社は支配人が競業禁止義務に違反したことを理由にして，支配人を解任したり，この者に損害賠償を請求することができる。支配人が競業を行ったことで商人・会社に生ずる損害の額の立証はきわめて難しいので，商法・会社法は，当該行為によって支配人または第三者が得た利益の額は，商人・会社に生じた損害の額と推定するとしている (23条2項，会12条2項)。

（3）雇用契約に基づく義務

雇用契約に基づく義務として，支配人は，民法上，労働に従事する義務（民623条），善良な管理者の注意義務（民644条），事務処理の状況ならびに経過および結果を報告する義務（民645条）を負う。

5 表見支配人

（1）表見支配人の意義

ある商業使用人が支配人であるか否かは，その者について，支配権の有無によって判断される。それゆえに，A会社神戸支店長という支配人と思われる名称があっても，支配権が付与されていなければ，この者を支配人とみることはできない。しかしながら，取引の実際において，相手方が，このような名称から判断してこの者に支配権があると信頼し，取引することも考えられる。このような場合，その後，商人・会社がこの者には支配権を付与していないということを理由に取引の効力を否定すると，相手方は不測の損害を被るおそれがある。そこで，取引の安全の観点から，権利外観法理あるいは禁反言の原則に基づき，商法は，個人商人について，商人の営業所の営業の主任者であることを示す名称を付した使用人は，相手方が悪意でない限り，当該営業所の営業に関し，一切の裁判外の行為をする権限を有するものとみなすとしている（24条）。また，会社法は，会社について，会社の本店または支店の事業の主任者であることを示す名称を付した使用人は，相手方が悪意でない限り，当該本店または支店の営業に関し，一切の裁判外の行為をする権限を有するものとみなすとしている（会13条）。これが表見支配人制度である。

この制度は，取引の円滑化を図ったり，その安全を確保するために，民法上の表見代理の特則を定めることで，相手方が商業使用人の名称を信頼したことを保護するものである。同じような制度として，会社法上，表見代表取締役制度がある（会354条）。

（2）表見支配人の要件

（i）商人の営業所の営業または会社の本店・支店の事業の主任者

当該商業使用人が，商人の営業所の営業，または会社の本店または支店の事業の主任者であることが必要である。営業所とは，商人の営業上の活動の中心である場所でなければならず，商人が支配人を置こうと思っている営業所であることが必要である（20条）。最高裁は，商法上，商人の営業所であるか否かは，その実体によって決すべきであるとの立場にあり，個々の事案に応じて判断す

ることになる（最判昭和37・5・1民集16巻5号1031頁〔百選27〕，出張所長について：最判昭和37・9・13民集16巻9号1905頁，最判昭和39・3・10民集18巻3号458頁）。

　最高裁は，Ｙ生命保険相互会社の大阪中央支社長Ａが振り出した約束手形の所持人Ｘが，Ｙ会社に対して手形を呈示して，その支払請求をしたところ，Ｙ会社がＡには手形振出の権限はないとして請求を拒否した事案において，旧42条（24条，会13条）の「本店又ハ支店」とは，商法上の営業所としての実質を備えているもののみを指称し，そのような実質を欠き，たんに名称・設備などの点から営業所らしい外観を呈するにすぎない場所の使用人に対して支配人類似の名称を付したからといって，本条は適用されず，当該支社は，Ｙ会社の主たる事務所と離れ，一定の範囲において対外的に独自の事業活動をなすべき組織を有する従たる事務所たる実質を備えていないことから，本条の支店に準ずるものではないとして，Ｙ会社の責任を否定した（最判昭和37・5・1前掲）。最高裁の立場によれば，営業所の実質があれば，その場所において営業の主任者たる名称を持つ商業使用人は表見支配人としてみることができることになる。

（ⅱ）商人の営業または会社の事業

　当該商業使用人の行為が，商人の営業所における営業または会社の本店もしくは支店の事業に関する行為であることが必要である。この行為は，営業・事業が目的とする行為や，それに必要な行為に限定されず，この行為であるか否かは，表見支配人の行為の客観的な種類や性質によって，客観的・抽象的に観察して決定される（最判昭和32・3・5民集11巻3号395頁〔当該行為が「営業ニ関スル」行為にあたるか否かは，行為の性質のほか，取引の数量等をも勘案し客観的に観察してこれを決すべきとする〕）。最高裁は，Ｙ信用金庫Ａ支店長Ｂが，個人的な負債の返済資金を捻出するため，Ｙ信用金庫Ａ支店長Ｂのゴム印と支店長印を押して，持参人払式自己宛先日付小切手２通を振り出したところ，所持人Ｘが支払請求を行った事案において，営業に関する行為とは，営業の目的たる行為のほか，営業のため必要な行為を含むものであり，かつ，営業に関する行為にあたるか否かは，当該行為につき，その行為の性質・種類等を勘案し，客観的・抽象的に観察して決すべきものであると解し，自己宛小切手の振出は信用金庫の業務（信金53条１項）に附随する業務としてＹ信用金庫の行う業務にあたることから，Ｂによる小切手の振出はＹ信用金庫の営業に関する行為であって，Ｂが有する権限に属するとしている（最判昭和54・5・1判時931号112頁〔百選29〕）。

（ⅲ）営業・事業の主任者であることを示す名称

当該商業使用人について，営業・事業の主任者であることを示す名称である外観の存在が必要である。この名称には，支配人，支店長，営業所長，営業部長・事業部長店長などがある。この他に，部長心得・課長心得等の名称は，部長・課長には任命されていないが，これらの職務を行う者であることを示すために使用されていることから表見支配人の成立が認められるであろうし，「東京支社長心得」について，これは東京支社長としての職務を行う者を示す名称であって，東京支社長を名乗るのと変わりがないとして，表見支配人であることを認める裁判例がある（東京地判平成 4・12・17判時1469号149頁）。

これに対して，次長，支店長代理（最判昭和29・6・22民集 8 巻 6 号1170号）・支配人代理，支店庶務係長（最判昭和30・7・15民集 9 巻 9 号1069頁）などは，この者よりも上席者がいることが明らかなので，営業・事業の主任者であることを示す名称とはいえないと解される。

（ⅳ）商人・会社による名称の付与

商人・会社がそのような名称を使用人に付与したこと，つまり，これらの者について帰責事由が必要である。商人・会社が，使用人が営業・事業の主任者である名称を用いている事実を知りながらそれを排除しないなど，特別の措置を講じない場合には，黙示の名称付与という暗黙の了解があったといえる。しかし，使用人が勝手にそのような名称を使用していた場合には，この者は表見支配人にはあたらないと解される。

（ⅴ）裁判外の行為

24条・会社法13条の規定は，裁判上の行為については適用されない。この行為については，その外観を保護する必要が高いとはいえないからである。

（ⅵ）相手方の善意

相手方が悪意であったときは，表見支配人制度は適用されず，商人・会社は相手方の請求を拒否することができる（24条ただし書，会13条ただし書）。「悪意」とは，当該商業使用人が支配人でないこと，つまり，この者に支配権が付与されていないことを知っていることをいう。悪意の有無は取引の時点で判断され（最判昭和33・5・20民集12巻 7 号1042頁〔手形取得の時〕），相手方の悪意を主張立証する責任は商人・会社にある（最判昭和32・11・22集民28号807頁）。

（3）表見支配人とされる場合の効果

ある商業使用人が表見支配人であると，個人商人の場合は，その者が配属さ

れた営業所の営業に関し，会社の場合は，その者が配属された本店または支店の事業に関し，一切の裁判外の行為をする代理権限を有する（24条，会13条）。

第3節　その他の商業使用人

1　ある種類または特定の事項の委任を受けた使用人
（1）意 義 等
　商人・会社の営業・事業に関するある種類または特定の事項の委任を受けた使用人は，当該事項に関する一切の裁判外の行為をする権限を有する（25条1項，会14条1項）。

　これらの使用人と取引をした相手方は，これらの者にもある程度の代理権があると考えるのが一般的である。25条（旧43条）の趣旨につき，最高裁の判例によれば，反復的・集団的取引であることを特質とする商取引において，営業主からその営業に関するある種類または特定の事項（販売・購入・貸付・出納等）を処理するため選任された者について，取引のつど，その代理権限の有無や範囲を調査確認しなければならないとすると，取引の円滑確実と安全が害されるおそれがあることから，このような使用人については，客観的にみて受任事項の範囲内に属するものと認められる一切の裁判外の行為をなす包括的代理権を有するものとすることにより，相手方が，代理権の有無および当該行為が代理権の範囲内に属するか否かを調査することなく，安心して取引を行うことができることになり，したがって，代理権限を主張する者は，当該使用人が営業主から営業に関するある種類または特定の事項の処理を委任された者であること，および，当該行為が客観的にみて当該事項の範囲内に属することを主張立証しなければならないが，当該事項につき代理権を授与されたことまでを主張立証する必要はないと解している（最判平成2・2・22集民159号169頁〔百選30〕）。

　25条・会社法14条の使用人の選任および解任は，商人・会社のみならず支配人も可能である（21条2項，会11条2項）。この使用人は，雇用契約上，競業禁止義務を付随的義務として負っていると解される。

　ある種類または特定の事項の委任を受けた使用人の選任および終任は登記事項ではないので，小商人も利用することができる。

（2）授権の範囲
　授権の範囲について，旧43条1項（25条1項）の趣旨によれば，委任を受け

た事項に関しては，営業主から現実に代理権を与えられているか否かを問わず，客観的にみてその事項の範囲内に属すると認められる一切の裁判外の行為を，営業主を代理してなす権限を有するものと擬制したものであり，そのような使用人に該当するというためには，営業活動に関するある種類または特定の事項の委任を受けていれば足り，法律行為に関するなんらかの権限を与えられていることは必要でないと解される（東京高判昭和60・8・7判タ570号70頁〔最判平成2・2・22（前掲）の控訴審〕）。ただ，旧43条（25条）にいう使用人に該当する場合であっても，業務の内容次第では，営業主が当該使用人に処理を委任したとはいえない場合もある（東京地判平成6・6・30金法1410号78頁〔地方銀行系列の金融会社の営業所の部長が協調融資をする金融機関との間で根抵当権の設定を受ける権限は授与されていたが，合意をする権限を含むような委任を受けていたことは認められないとした〕）。

　ある使用人が，商人の営業に関するある種類または特定の事項の委任を受けた使用人に該当するか否かは，支配人と同じく，実質的に判断される。下級審の裁判例では，その者が営業主から営業に関するある種類または特定の事項について代理行為をなすことの委任を受けることが必要であるとし，たんに営業部長等の名称の使用の許諾を受けることによっては代理権の授与を受けたものとはいい難いとしている（東京地判昭和53・9・21判タ375号99頁）。

　「ある種類又は特定の事項」とは，販売・購入・貸付・出納などに関し，これらの者が委任による代理権を付与されている事項をいう。このような代理権は，ある種類または特定の事項については包括的であって，これに制限を加えても善意の第三者に対抗することができない（25条2項，会14条2項）。善意の第三者の範囲に関して，最高裁は，Y会社の営業所長代理Aが，会社を受取人として振り出された手形につき，勝手に営業所長Bの印を押して第1裏書をし，X会社に割引を依頼して交付したところ，X会社がY会社に手形債務の履行を求めた事案において，旧42条2項（25条2項）にいう第三者は，当該取引の直接の相手方に限られるものであり，手形行為の場合には，手形上の記載によって形式的に判断されるべきものではなく，実質的な取引の相手方をいうものとした（最判昭和59・3・29判時1135号125頁〔百選28〕）。

　相手方の過失の有無に関して，最高裁は，規定の趣旨に鑑みると，代理権に加えられた制限を知らなかったことにつき過失のある第三者は含まれるが，重大な過失のある第三者は含まれないとする（最判平成2・2・22前掲〕）。また，下級審の裁判例では，商業使用人が，取引当時，取引につき社内手続をとってい

なかったとすれば、相手方において、商業使用人が社内手続をとっていないことを知っていた場合に限り、代理権の制限を対抗できるにすぎないとする（福岡地判平成6・3・8判時1513号165頁）。

25条の規定は表見代理とは違い、外形を信頼して取引関係に入った者を保護する規定であることから、相手方が過失による善意の場合も保護されると解される（東京高判昭和30・12・19下民集6巻12号2606頁）。

2 物品販売店の使用人

店舗において販売のために置かれている物品については、顧客を含めた取引の相手方としては、店舗の使用人に販売代理権があると考えるのが一般的であろう。このような取引の相手方の信頼を保護するために、商法は、物品の販売等（販売、賃貸その他これらに類する行為をいう）を目的とする店舗の使用人は、その店舗にある物品の販売等をする権限を有するものとみなすと定めている（26条本文、会15条本文）。これは、取引の円滑化を図り、取引の相手方を保護するために定めたもので、店舗の使用人が、現実に代理権を有しているか否かを問わず、店舗にある物品の販売等に限って代理権があるものとみなしている。これを表見販売代理人制度ということがある。26条・会社法15条の趣旨からして、相手方が、当該使用人に販売代理権がないことを知っていたなどのように、悪意の場合にはこの規定は適用されない（26条ただし書、会15条ただし書）。

「店舗」とは、公衆が自由に立ち入って物品を購入できる施設をいい、下級審の裁判例によれば、店舗から外に出て行われる取引に対しては26条・会社法15条の規定は及ばない（福岡高判昭和25・3・20下民集1巻3号371頁）。

第6章 代理商

第1節 総　説

1　代理商の意義

　特定の商人（個人商人）・会社（本人）のために，その平常の営業・事業の部類に属する取引の代理または媒介をする者で，その本人の使用人でないものを代理商という（27条，会16条）。代理商であるか否かは，本人と代理商との間で締結される代理商契約によるものであり，「代理店」などという名称は法律上の代理商と必ずしも一致するとは限らず，決定的な意味を持たない（大判昭和15・3・12新聞4556号7頁〔百選（第4版）34〕）。

　商法は，個人商人をその外部から補助する代理商について規定し（27条～31条），会社法は，会社の代理商の規定を整備しており（会16条～20条），その内容は商法総則の規定とほぼ同じである。

　商人・会社は，代理商を介することによって，営業・事業の規模や範囲を拡大するときはこの者との関係を開始し，縮小するときはその関係を終了させることで迅速な経営が可能となる。また，代理商に対して手数料を支払うことで，人件費などの経営上の費用を削減できる。代理商については，原則として，使用者責任（民715条）を負わないのでこの者を監督する必要はない。さらに，代理商の知識や経験を活用できるなど，さまざまな利点を享受できるので，代理商は企業経営においてきわめて有益である。

2　代理商の法的性質

（1）特定の商人・会社の補助者

　代理商は，特定の商人・会社（本人）のために，その営業・事業を補助する者（補助商）である。この点で，不特定多数の者の営業・事業を補助することがある仲立人（543条）や問屋（551条）とは異なる。本人は，特定されていれば複数人であってもよいが，損害保険の乗合代理店のように，代理商が他の者の代理商を兼ねようとする場合には，競業禁止に反するおそれがあるので，本人

の許可を受けなければならない（28条1項，会16条1項）。本人は商人・会社でなければならないが，保険相互会社（保険業2条5項）のように，本人が商人・会社でない者の場合には，代理商は民事代理商となり，商法や会社法等の規定が準用される（保険業21条1項等）。

（2）平常の営業・事業の部類に属する取引

代理商は，商人・会社の平常の営業・事業の部類に属する取引を補助する者である。「平常」とは，代理人と商人・会社との間に継続的な委託関係が存在することをいい，この関係のゆえに，代理商は，商人・会社のために，その営業・事業を常に配慮する義務を負っていると解される。

（3）営業・事業の部類に属する取引の代理または媒介

代理商は，商人・会社の営業・事業の部類に属する取引の代理または媒介をする者である（27条，会16条）。「取引の代理」とは，本人のために相手方との間で契約の締結等の法律行為を成立させることをいい，これには，能働代理および受働代理がある。この場合の代理商を締約代理商という。「取引の媒介」とは，本人と相手方との間に介在し，両者間において契約の締結等の法律行為が成立するよう，各種の仲介・斡旋・勧誘等の事実行為を行うことをいう。この場合の代理商を媒介代理商という。

このように，締約代理商は商人・会社から取引の代理（法律行為）の委託を受ける者であるから，その代理商契約は委任（民643条）である。これに対して，媒介代理商は取引の媒介（事実行為）の委託を受ける者であるから，その代理商契約は準委任（民656条）である。

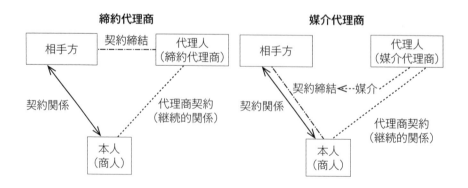

代理商と商人・会社との関係は代理商契約による。1人の代理商が、一つの企業と一つの代理商契約に基づいて締約代理商と媒介代理商とを兼任できる。というのは、代理商が関与する取引内容の違いにより、その授権範囲が異なることがあるからである。

(4) 独立の商人

代理商は、商人・会社から商行為の代理または媒介を引き受けることを業とする者なので、商人・会社の商業使用人ではなく、独立した商人である（502条11号12号・4条1項）。法人であってもよい。

代理商は、特定の商人・会社の営業・事業を補助するという面では商業使用人と共通するが、商業使用人が、企業組織の内部で営業・事業を補助するのに対して、代理商は企業組織の外部で補助する点において異なる。

第2節　代理商の法律関係

1　代理商と商人・会社との法律関係（内部関係）

(1) 委任・準委任

代理商と商人・会社との法律関係（権利義務関係）は、商法の代理商に関する規定（27条～31条）の他に、代理商契約が委任（民643条）であることから、委任に関する民法（民643条以下）および商法の一般規定（504条～506条）によっても規律される。したがって、代理商は、商人・会社のために善良な管理者の注意をもって、取引の代理または媒介をする義務を負う（民644条）。代理商契約に特約がない限り、代理商は費用の前払請求権（民649条）、費用等の償還請求権（民650条）、報酬請求権（512条）などを有する。

(2) 通知義務

代理商は、取引の代理または媒介をしたときは、遅滞なく、商人・会社に対して、その旨の通知を発しなければならない（27条、会16条）。この通知義務は、商取引の迅速性の要請および代理商契約の継続的信頼関係に基づくものである。

民法上、受任者は、委任者の請求があるときは、いつでも委任事務の処理の状況を報告し、委任が終了した後は、遅滞なくその経過および結果を報告しなければならない（民645条・656条）。これに対して、代理商は、商人・会社の請求を待たず、また、委任が終了したと否とを問わず、商人・会社に通知を発しなければならない。代理商契約に特段の合意がある場合には、それに従う。

代理商が通知を怠ったために本人が損害を被ったときは、代理商はそれを賠償する義務を負う（大判昭和10・5・27民集14巻949頁〔保険会社の代理店が保険契約締結の通知を怠ったため、保険会社が当該契約を再保険に付す機会を失い、その間に保険事故が発生し、損害を被った事案で、特約がない限り、代理店について保険会社に対する損害賠償責任はないとした〕）。

（3）代理商の競業の禁止

代理商は、商人・会社の許可を受けなければ、（i）自己または第三者のために商人・会社の営業・事業の部類に属する取引をすることができず、（ii）商人・会社の営業・事業と同種の事業を行う他の会社の取締役、執行役または業務を執行する社員となることができない（28条1項、会17条1項）。これを代理商の競業禁止義務という。この義務は代理商契約の継続的な信頼関係に基づくものであり、そのことから、代理商が、商人・会社のために代理または媒介をする過程において、本人の営業・事業に関して獲得した得意先、営業の知識・技術などの情報を利用して自己や第三者の利益を図り、その結果、本人に損害が生ずることを防止する必要があるからである。

代理商が商人・会社の許可を得ないでした行為は、相手方との関係においては有効なので、本人は相手方に対して責任を負うが、その行為によって本人に損害が生じた場合には、本人は代理商に対して賠償を請求できる。また、代理商が、28条1項・会社法17条1項の規定に違反して、自己または第三者のために商人・会社の営業・事業の部類に属する取引行為をしたときは、当該行為によって代理商または第三者が得た利益の額は、本人に生じた損害の額と推定する（28条2項、会17条2項）。本人に生じた損害の額を算定することが難しいことによる。

（4）代理商の留置権

代理商は、当事者が別段の意思表示（特約）をしない限り、取引の代理または媒介をしたことによって生じた手数料などの債権の弁済期が到来しているときは、その弁済を受けるまでは、本人のために当該代理商が占有する物または有価証券を留置することができる（31条、会20条）。これを代理商の留置権という。これは、代理商契約の継続的な信頼関係に基づくものである。代理商は民事留置権（民295条）および商人間の留置権（521条）を有するが、これらの留置権は代理商の性質に必ずしも合致しないことから、代理商の留置権はその成立要件が次のように緩和されている。

（ⅰ）民事留置権との比較

　代理商の留置権は被担保債権と留置物との個別的関係は必要としない。代理商と本人との間には継続的取引関係があるから，個別的関係を求めることは適切ではないからである。この点は商人間の留置権（521条）と同じである。

　代理商の留置権の効力は民事留置権の規定（民295条～302条）に従うが，債務者が破産した場合，民事留置権は破産財団に対して効力を失うのに対し，商法・会社法上の留置権（商人間の留置権・代理商の留置権等）は破産財団に対しては特別の先取特権とみなされ，別除権が認められる（破65条・66条）。商法・会社法上の留置権で担保された債権は，会社更生手続において更生担保権とされる（会更2条10項）。留置権による競売がある（民執195条）。

（ⅱ）商人間の留置権との比較

　代理商の留置権の目的物は，商人・会社のために代理商が占有する物または有価証券であり，商人間の留置権と同じである。しかし，目的物については，商人間の留置権では，債務者との間の商行為によって自己の占有に属した債務者の所有する物等であるのに対して，代理商の留置権では，商人・会社のために代理商が占有する物等とし（31条，会20条），目的物の範囲が広い。これは，代理商は，本人の所有でない物等の占有を第三者から取得したり，第三者の所有する物等の占有を本人から取得することなどがあることによる。

2　代理商と第三者との法律関係（外部関係）

（1）代理商契約

　締約代理商は第三者との間で契約を締結する代理権を有するが，その他の事項については当該代理商契約の規定による。締約代理商が代理権を越えた行為をした結果，表見代理（民110条等）が成立すれば，本人が第三者に対して責任を負う。媒介代理商は第三者との間で取引の媒介をなす権限しかない。

　取引の相手方は，通常，当該代理商が締約代理商であるか媒介代理商であるかなど，代理商契約の内容を知る立場にないので，代理商は取引の際にその権限を明確に伝えなければならない。

　代理商には，代理商契約で別段の約定をしない限り，売買を取り消す意思表示の受領権限や，代金の支払猶予および代金の減額等をする権限はない。

（2）通知を受ける権限

　物品の販売またはその媒介の委託を受けた代理商は，買主による売買の目的物の瑕疵または数量不足の通知（526条2項），および，その他売買に関する通

知を受ける権限を有する（29条，会18条）。

第3節　代理商関係の終了

1　委任の一般終了原因による終了

代理商契約は，委任または準委任と解されていることから，委任の一般終了原因によって終了する（民651条・653条・655条・656条）。ただし，商行為の委任による代理権は，本人である個人商人の死亡によっては消滅しないので（506条），代理商契約も本人の死亡によって終了することはない。

代理商契約は，本人の営業・事業の存在を前提とするから，本人の営業・事業の終了と同時に終了する。

2　契約の解除

民法651条1項によれば，各当事者は委任契約をいつでも解除することができる。しかし，この規定を継続的信頼関係を前提とする代理商契約に適用するのは適当とはいえないので，商法は次のように規定している。

（1）契約の期間を定めなかったとき

商人・会社および代理商は，契約の期間を定めなかったとき，代理商契約を解除する場合には，2カ月前までに予告をしなければならない（30条1項，会19条1項）。代理店委託契約書にある「無期限」という文言は，期限の定めがないことをいう（東京地判平成10・10・30判時1690号153頁〔百選31〕）。30条1項・会社法19条1項の規定は任意規定と解するべきであるから，特約によって予告期間を伸縮する旨の合意は有効であるが（横浜地判昭和50・5・28判タ327号313頁〔百選（第3版）96〕），予告期間を設けて解除した結果，当事者の一方に損害が生じても，相手方はその損害を賠償する責任は負わない（東京控判昭和2・5・28新聞2720号14頁）。契約の解除とは解約告知であり，将来に向かってその効力を生ずる。

契約の期間の定めがあるときは，各当事者はその定めに拘束され，期間満了と同時に契約が終了するか，更新されるのが一般的である。

（2）やむを得ない事由があるとき

30条1項の規定にかかわらず，やむを得ない事由があるときは，商人・会社および代理商は，いつでもその契約を解除することができる（30条2項，会19条2項）。「やむを得ない事由」とは，代理商が病気に罹患したとき，本人が営業

上重大な失敗をしたときなどのように，代理商契約を継続することが社会通念上著しく不当であると認められる場合をいう。解除は将来に向かってその効力を生じ，当事者の一方に過失があるときには，相手方は損害賠償を請求できる（民652条・620条）。

　代理商契約書には，一般的に，代金支払義務違反や競業禁止義務違反等の解除事由が定められている。また，代理商の不誠実や本人の重要な債務不履行等の信頼関係を破壊する行為があれば，本人は代理商契約を解除できる。

第3編

商行為法

第1章
商行為法通則

第1節 序　論

　商法「第2編　商行為」に共通する通則規定（504条～521条）は，商取引（企業取引）の営利性・迅速性および取引安全の確保などの見地から，民法に対する特則を定めている。この通則規定は，その適用範囲によって，（ⅰ）商行為一般に適用されるもの，（ⅱ）当事者の一方が商人である場合に適用されるもの，（ⅲ）債務者にとって商行為である行為にのみ適用されるもの，（ⅳ）当事者の双方が商人である場合に適用されるものに分けられる。

　商行為通則には有価証券に関する規定がない。したがって，商法や特別法などに根拠規定のない有価証券，これらに根拠規定がある有価証券であっても定められていない事項，あるいは，記名証券に該当する有価証券などは，民法の有価証券に関する通則的な規律（民520条の2～520条の20）によることになる。

第2節　商行為一般に適用される規定

1　商行為の代理

　商取引においては，本人である商人（個人商人）・会社に代わって代理人が契約について申込みや承諾をすることが多い。民法では顕名主義がとられており，代理人がある行為について意思表示をする場合，その権限内において本人のためにすることを示すか，または，相手方が当該者が本人のためにすることを知り，もしくは知ることができた場合でなければ，代理人がなした行為は本人に対して直接にその効果を生じることはない（民99条・100条）。これに対して，商法では，商行為の代理人が本人のためにすることを示さないで商行為をした場合であっても，当該行為は，本人に対してその効力を生ずるとし（504条本文），非顕名主義がとられている。このように，商法が顕名主義の例外を定めた理由は，商取引では，取引のたびに本人のためにすることを示すのは煩瑣であると

いう迅速主義の要請があること，取引の相手方よりもその内容が重視される傾向にあることなどにある。504条の規定は，法人の代表機関が法人を代表することを示さなかったときにも適用される。

　非顕名による商行為の代理では，相手方が，それが代理行為であることを知らないときにも，本人に対してその効力を生じるが（504条本文），代理人を本人と信じて取引を行ったときに，本人に対してだけしか請求できないとすると，相手方は不測の損害を被るおそれがある。そこで，商法では，相手方が，代理人が本人のためにすることを知らなかったときは，代理人に対しても履行の請求をすることができるとしている（504条ただし書）。ただし，相手方は，代理行為であることを知らなかったことに過失があれば，保護されるものではないと解される。504条ただし書が適用される場合，最高裁の判例によれば，504条本文により相手方と本人の間に契約が成立し，相手方において，代理人が本人のためにすることを知らなかったときは，相手方と代理人との間にも相手方と本人との間と同じ法律関係が生ずるものとし，相手方は，自己の選択に従い，本人との法律関係を否定し，代理人との法律関係を主張することが可能であるとされ（最判昭和43・4・24民集22巻4号1043頁），相手方が保護されている。

　手形行為・小切手行為については，それが証券上の行為であることから，504条の適用は排除され，代理人は，当該証券上に本人のためにすることを記載するとともに，署名（記名捺印を含む〔手82条〕）しなければならない。

2　商行為の委任
（1）意　義　等

　商法によれば，商行為の受任者は，委任の本旨に反しない範囲内において，委任を受けていない行為をすることができる（505条）。「商行為の受任者」とは，商行為にあたる行為をすることを委任された者をいう。505条の規定は，民法の特則ではなく，受任者が負う善良な管理者の注意義務（民644条）から合理的に導かれる原則を明確にしたものであると解されている。

　505条は504条の次の規定であるが，代理権の授与（本人が代理人の行為の効果を自己に帰属させる意思表示）と委任とは異なり，委任者と受任者の内部関係において受任者の権限の範囲を注意的に規定したものであると解されている。したがって，受任者は，明示的に委任されていなくとも，委任の本旨に反しない行為によって自己が負担した費用を委任者に請求することができる（民649条・650条）。

（2）商行為の委任による代理権の消滅事由の特例

民法上，代理権は本人の死亡によって消滅するが（民111条1項1号），商行為の委任による代理権は本人の死亡によっては消滅せず（506条），代理人は，当然に，本人の相続人の代理人となると解される。というのは，個人商人が死亡した場合に，支配人等の商業使用人の代理権が消滅するとすると，当該個人商人が行っていた営業活動が中断し，取引の機会を逸するなどの不都合が生じるおそれがあり，営業を継続することが望ましいと解されるからである。

506条は，個人商人の営業の人的施設である代理人がその活動を停止しないようにするということが趣旨であることから，本条が適用されるのは，本人が商人である場合に限られる。

3　債務の履行の場所

商行為によって生じた債務を履行すべき場所が，その行為の性質または当事者の意思表示によって定まらないときは，特定物の引渡しはその行為の時にその物が存在していた場所において，その他の履行は債権者の現時の営業所，営業所がないときはその住所において行わなければならず（516条），商行為によって生じた債務は持参債務とされている。この債権者は商人であることが多いことから，民法の原則（民484条）と比較すると，履行場所について，民法が債権者の現在の住所としているのに対して，商法が営業所としたことを除けば，両者に差異はない。

第3節　当事者の一方が商人である場合に適用される規定

1　契約の申込みを受けた者の諾否通知義務

契約の申込みを受けても承諾がない限り，当該契約は成立しない。返答がない場合には承諾したものとみなすという予告をして申込みがなされた場合でも，同様である。申込みを受けた者には，一般に，諾否の通知義務がないからである。これについて，商法は一般原則に対する特則を設けている。すなわち，商人が，平常取引をしている者からその営業の部類に属する契約の申込みを受けたときは，遅滞なく，契約の申込みに対する諾否の通知を発しなければならず（509条1項），その諾否の通知を怠ったときは，その商人は，当該契約の申込みを承諾したものとみなす（509条2項）としている。

509条の適用要件は，（ⅰ）申込みを受けた者が商人であること，（ⅱ）申込

者は商人と平常取引をしている者であること，(ⅲ) 申込みの内容が，商人の営業の部類に属する契約に関するものであること (509条1項) である。これらの3要件は，このような要件が満たされる取引関係における契約の締結過程の迅速性と取引の安定性の確保の要請から求められている。要件 (ⅱ) の継続的取引関係が成立するというためには，過去において1～2回取引を行っただけでは足りないが，申込者と商人とが継続的な取引関係にあれば，当該契約の申込みによる取引と同種の取引を行っていたことは必要としない。要件 (ⅲ) の営業の部類に属する契約は，商人の営業目的である取引に関する契約を意味し，営業の維持便益のためにする行為は含まない。

承諾期間のある申込みには，509条は適用されず，民法523条の一般原則による。対話者間の申込みについては，ただちに諾否を決めるべきであるから，509条は適用されず，隔地者間における承諾期間のない申込みについてだけ適用される。

509条2項により契約の申込みを承諾したものとみなすのは，申込みを受けた商人が諾否の通知を怠ったときとされるが，このような商人が発した諾否の通知が相手方に到達しなかった場合，および，通知を発しなかったことに過失がない場合は，通知を懈怠したとはいえないので，契約の申込みの承諾とはみなされない。

2　契約の申込みを受けた者の物品保管義務

商人がその営業の部類に属する契約の申込みを受けた場合において，その申込みとともに受け取った物品があるときは，その申込みを拒絶するときであっても，申込者の費用をもってその物品を保管しなければならない (510条本文)。商取引における見本売買を配慮して，商人の信用維持と取引の迅速性を確保するためである。

保管の費用は申込者が負担するが，保管は，商人が自ら行っても，あるいは，自己の責任において倉庫業者等の他人に行わせてもよい。商人がこの保管義務に違反すると損害賠償責任が発生する。ただし，その物品の価額が保管費用を償うのに足りないとき，または，商人が保管によって損害を受けるときは，商人は保管義務を免れる (510条ただし書)。

受領物の保管義務が発生するのは，その申込みの内容が商人の営業の部類に属する契約に関するものである場合であり，継続的な取引関係にある者からの申込みである必要はない。

3 報酬請求権・立替金の利息請求権

商人がその営業の範囲内において他人のために行為をしたときは，他人に対して相当の報酬を請求することができる（512条）。これは，商人の行為の営利性に基づく規定であり，他人のためにある行為をしても，特約がない限り無償とする民法の原則（民648条1項・656条・665条等）に対する特則である。

「営業の範囲内の行為」は，「営業の部類に属する行為」（509条・510条）よりも広く，営業に関連するすべての行為を意味し，附属的商行為（503条）をも含む。「他人のためにする行為」には，法律行為（他人のための保証，手形引受等）および事実行為（物品の保管・運搬等）において他人のためにする意思があればよく，他人の利益になったか否かを問わない。他人の委託があったことは必要なく，事務管理（民697条）の場合にも報酬を請求することができる。

商人がその営業の範囲内において他人のために金銭の立替えをしたときは，その立替えの日以後の法定利息を請求することができる（513条2項）。「立替え」とは，他人のために金銭を支出することをいい，立替えが事務管理（民697条）に基づくときに，この規定の実益がある。

報酬請求権（512条）と立替金の利息請求権（513条2項）は別個のものであるが，512条と513条2項の適用要件はほぼ共通することから，商人は立替行為について利息請求権とともに報酬請求権も取得すると解される。

4 受寄者の注意義務

イベントの主催者（受寄者）が無報酬で参加者（寄託者）の物品の寄託を受ける場合がある。この場合，民法上は，無報酬の受寄者の注意義務として，自己の財産に対するのと同一の注意をもって，寄託物を保管する義務を負うとされ（民659条），特定物の引渡しの場合の注意義務（民400条）よりもその程度は軽減されている。これに対して，商法は，商人がその営業の範囲内において寄託を受けた場合には，報酬を受けないときであっても，善良な管理者の注意をもって，寄託物を保管しなければならないと定め（595条），その責任をより厳格にしている。

第4節 債務者にとって商行為である行為にのみ適用される規定

1 多数当事者間の債務の連帯
（1）多数当事者間の連帯

　数人の者が，その1人または全員のために商行為となる行為によって債務を負担したときは，その債務は，各自が連帯して負担する（511条1項）。511条1項は，企業という主体の責任を強化することにより取引の安全を図る趣旨の規定である。また，一つの債務について複数の債権者または債務者がある場合には，分割債務とするという民法の原則（民427条）に対する特則である。

　511条1項は，債務が債務者側の1人以上の者にとって商行為となる行為によって生じた場合に適用される。また，損害賠償債務や解除の際の原状回復債務などのように，511条1項にいう債務と同一性のある債務にも適用される。

　当事者の一方が2人以上の場合，その1人のために商行為となる行為については，商法がその全員に適用されるので（3条2項），債権者にとってのみ商行為となる行為によって生じた債務については，511条1項は適用されない。

（2）保証人の連帯

　民法上，保証人は，催告の抗弁権（民452条），検索の抗弁権（民453条）および共同保証人間の分別の利益（民456条）を有するが，別段の意思表示がなければ連帯保証とならない。これに対して，商法では，保証人がある場合において，債務が主たる債務者の商行為によって生じたものであるとき，または，保証が商行為であるときは，主たる債務者および保証人が各別の行為によって債務を負担したときであっても，その債務は，各自が連帯して負担することとなり（511条2項），連帯保証となる。これは，保証人の責任を強化して取引の安全を図る趣旨のものであり，民法に対する特則であると解される。

　511条2項が適用されるのは，（ⅰ）債務が主たる債務者にとって商行為である行為によって生じた場合，または，（ⅱ）保証が商行為である場合である。要件（ⅱ）に関しては，保証契約の当事者である保証人と債権者のどちらにとって商行為である場合をいうのかということが問題とされるが，大審院の判例は，商人が営業に関連して他人のために保証をするように，保証が保証人にとって商行為である場合のほか，商人の営業上の債権を非商人が保証をするよう

に，保証が債権者にとって商行為である場合をも含むと解している（大判昭和14・12・27民集18巻1681頁〔百選（第3版）43〕）。これに対して，学説では，保証が保証人にとって商行為である場合を意味すると解するのが一般的である。これは，債務者の責任を強化してその信用を高めるという511条2項の趣旨を考え，511条1項が，債務が債務者にとって商行為であった場合に多数債務者の連帯責任を定めていることとの均衡を考慮したことによる。

2 契約による質物の処分の禁止の適用除外

民法上，質権設定者は，設定行為または債務の弁済前の契約において，質権者に弁済として質物の所有権を取得させ，その他法律に定める方法によらないで質物を処分することを約する流質契約を禁止している（民349条）。債権者が債務者の窮状に乗じ，債務者の物品について質権の設定を強要し，利得するおそれがあるからである。これに対して，商法では，商行為によって生じた債権を担保するために設定した質権については，民法349条を適用しないこととし（515条），契約自由の原則の適用範囲を拡大している。商人は慎重に利害を計算して契約をすることができるはずであるから，法による後見的保護を必要とせず，また，流質契約を認めることで，商人が資金調達の機会を確保することも考慮されるからであるとされる。

商行為によって生じた債権は，債務者にとって商行為である行為によって生じた債権であることを要する。

第5節　当事者の双方が商人である場合に適用される規定

1 隔地者間における申込み

商人である隔地者の間において，承諾の期間を定めないで契約の申込みを受けた者が相当の期間内に承諾の通知を発しなかったときは，その申込みは効力を失う（508条1項）。申込みを受けた者が申込みが効力を失った後に承諾（遅延した承諾）の通知を発した場合には，契約は成立しないが，民法524条の規定が準用され，申込者はこの通知を新たな申込みとみなすことができる（508条2項，民524条）。

民法によれば，隔地者間で承諾期間を定めないで契約の申込みがされた場合，申込者が申込みを撤回する権利を留保したときを除き，申込者が承諾の通知を受けるのに相当な期間を経過するまでは，その申込みを撤回できないことから

（民525条1項），解釈上，申込者が撤回しない限り相当の期間が経過しても申込みは効力を持ち続ける。その限りにおいて，508条1項は，商取引の迅速主義に基づく民法の特則であると解される。

2 利息請求権

商人間において金銭の消費貸借をしたときは，貸主は，特約がなくとも，借主に対して法定利息を請求することができる（513条1項）。これは，民法上，消費貸借は無償が原則とされていることに対する，商人の行為の営利性に基づく特則である。

3 商人間の留置権

（1）序　　説

商人間において，その双方のために商行為となる行為によって生じた債権が弁済期にあるときは，当事者の別段の意思表示があるときを除き，債権者は，その債権の弁済を受けるまで，その債務者との間における商行為によって自己の占有に属した債務者の所有する物または有価証券を留置することができる（521条）。この商人間の留置権は，継続的な取引関係がある商人間において，債権者の保護を強化することによって，取引の迅速さおよび取引の安全を図るために認められた留置権である。

商法は，商人間の留置権のほか，代理商（31条），問屋（557条），運送取扱人（562条），運送人（574条），船長等（741条）に留置権を認めている。これらは，各場合に応じて留置権発生の要件が異なっているが，総称して広義の商事留置権といい，このうち商人間の留置権を狭義の商事留置権ということがある。

（2）適用要件

商人間の留置権の成立要件として，（ⅰ）被担保債権が商人間で双方のために商行為となる行為から生じたこと，（ⅱ）被担保債権が弁済期にあること，（ⅲ）留置物が債務者の所有する物または有価証券であること，（ⅳ）留置物が債務者との間における商行為によって債権者の占有下に入ったことがあげられる（521条本文）。

民事留置権（民295条）では，留置物と被担保債権の間には個別的関係を必要とする。すなわち，修理代金債権を有する者が修理の対象となった自動車を留置するように，被担保債権が留置物に関して生じたことが必要である。これに対して，商人間の留置権では，被担保債権および留置物とも商人間の商行為から生じ，商行為によって債権者が留置物を占有することになったことは必要で

あるが，留置物と被担保債権の間の個別的関係を必要としない。これは，商人間には継続的な取引関係が存するのが通常であり，かつ，信用取引が常態であることに合わせるためである。

　留置物と被担保債権の間の個別的関係を要しないことで，商人間の留置権の発生要件が民事留置権のそれよりも緩和されていることになるが，要件（ⅲ）では，民事留置権の留置物が第三者の所有物でもよいことと比べて，厳格化されている。また，要件（ⅳ）は，要件（ⅰ）と異なり，留置物は債権者にとって商行為となる行為によって債権者の占有下に入ったものであれば足りる。要件（ⅰ）（ⅳ）によって，留置物と被担保債権には，両当事者間の取引から得られた物と債権という関係が要求される。このことから，債務者振出の約束手形や小切手を債権者が他人から取得した場合には，債務者は証券所持人に対して直接債務を負担する意思を有するものと認められるので，これを被担保債権とする商人間の留置権が認められる。

　最高裁の判例では，Aが，Bに対し，所有権に基づく土地の明け渡し等を求め，Bは土地について，運送委託料債権を被担保債権とする521条の留置権が成立するとする事案において，521条には，不動産を留置権の目的物から除外することをうかがわせる文言はなく，また，521条の趣旨は，商人間の信用取引の維持と安全を図る目的で，双方のために商行為となる行為によって生じた債権を担保するため，商行為によって債権者の占有に属した債務者所有の物等を目的物とする留置権を認めたものであることから，不動産を対象とする商人間の取引が行われている実情からすると，不動産が521条の留置権の目的物となるとしている（最判平成29・12・14判時2368号30頁）。

　商人間の留置権は，当事者の別段の意思表示をもって排除することができる（521条ただし書）。

（3）留置権の効力

　商人間の留置権の効力については，商法に規定がないので，民事留置権と同じ扱いになる（民295条以下）。ただし，商人間の留置権を含め広義の商事留置権は，破産の場合には別除権が認められ（破2条9項・66条），会社更生の場合には更生担保権とされる（会更2条10項）。

第6節 有価証券に関する規定

1 総　説

　手形（手1条以下・75条以下）・小切手（小1条以下），倉荷証券（600条以下），船荷証券（741条・757条以下）などの証券を包括的に有価証券という。有価証券の定義について統一的な規定はなく，一般的には，財産的価値ある私権を表章する証券であって，権利の譲渡および行使等に当該証券を必要とする証券であると解されている。

　有価証券では，権利関係が証券上に表章されることで無形の権利関係が有形化されることから，権利の譲渡および行使等が容易になり，集団的な取引や決済が可能になる。しかし，証券上に表章された権利は通常の権利とは異なった性質を有することから，その譲渡および行使等に関する特別規定を必要とする。

　有価証券のうち，手形および小切手については手形法および小切手法が，倉荷証券・船荷証券等については商法が，株券等については会社法がそれぞれ規定しているが，商行為通則には有価証券に関する規定がない。したがって，商法や特別法などに根拠規定のない有価証券，これらに根拠規定がある有価証券であっても定められていない事項，記名証券に該当する有価証券などは，民法の有価証券に関する通則的な規律（民520条の2～520条の20）によることになる。本書では，民法の有価証券に関する規定をみていく。

2 指図証券

（1）意義・性質

　債権者が，第三者を新しい債権者として指定することによって，第三者に譲渡できる債権を指図債権といい，その成立および行使には証券を必要とし，指図債権を表章する証券を指図証券という。これには，手形等がある。

　指図証券は，所定の手続によって，債権の譲渡に関する債務者への通知または債務者の承諾（民467条）なくして第三者に譲渡される流通証券である。したがって，指図証券の債務者は当該証券の呈示を受けるまで現時の債権者を確知することが難しいことから，指図証券上の債務は，当該証券上の債権者が当該証券に記載された債務者の営業所または住所に赴き，その債務の履行を求める取立債務とされている。

(2) 指図証券の譲渡・質入れ

(i) 指図証券の裏書の方式

　指図証券の譲渡または質入れは，その証券に譲渡または質入れの裏書をして譲受人に交付しなければ，その効力を生じない（民520条の2・520条の7）。裏書（裏書譲渡）とは，当該証券の裏面に必要な事項（手13条・77条1項1号を参照）を記載して，当該証券を譲受人に譲渡することをいう。

　指図証券の譲渡または質入れについては，その指図証券の性質に応じ，手形法中裏書の方式に関する規定を準用する（民520条の3・520条の7）。これは，裏書の有効性や裏書の連続（民520条の4・520条の7）などを明確にするためである。

(ii) 譲渡の効果

　①指図証券の所持人の権利の推定　　指図証券の所持人が裏書の連続によりその権利を証明するときは，その所持人は，証券上の権利を適法に有するものと推定する（民520条の4・520条の7。手16条1項を参照）。これを裏書の資格授与的効力という。裏書の連続とは，当該証券の受取人がその裏面に裏書人として署名するとともに，被裏書人として受け取る者の名称または商号（名称等）を記載することを裏書といい，当該証券上の債権を行使する最終の被裏書人まで署名および名称等の記載が一致していることをいう。裏書の連続があれば，当該証券について適法な譲渡があったことが証明され，当該証券の所持人は証券上の権利者としての資格が認められる。

　②指図証券の善意取得　　何らかの事由により指図証券の占有を失った者がある場合において，その所持人が指図証券の所持人の権利の推定に関する520条の4の規定によりその権利を証明するときは，その所持人は，その証券を返還する義務を負わない（民520条の5本文・520条の7）。有価証券の所持人は，盗取・紛失・滅失等の理由で当該証券を喪失した場合であっても，裏書の連続を証明すれば，当該証券の善意取得が認められ，当該証券の権利者と扱われる。それゆえに，その所持人が悪意または重大な過失によりその証券を取得したときは，この限りでない（民520条の5ただし書・520条の7）。

　③指図証券の譲渡における債務者の抗弁の制限　　指図証券の債務者は，その証券に記載した事項およびその証券の性質から当然に生ずる結果を除き，その証券の譲渡前の債権者に対抗することができた事由をもって善意の譲受人に対抗することができない（民520条の6・520条の7）。これを債務者の抗弁の制限という。手形法17条および小切手法22条等とは異なり，指図証券に表示されてい

る権利の成否および内容の変動等は，証券上に記載されていなくても対抗することができることを認め，当該証券の善意の所持人を保護することが必要だからであるとされる。

（3）指図証券の弁済
（ⅰ）指図証券の弁済の場所
裏書によって第三者に譲渡される流通証券である指図証券では，債務者は当該証券の呈示を受けるまで現時の債権者を確知し，債権者の住所または現在の営業所の所在地を把握することが難しいことから，指図証券の弁済は，債務者の現在の住所においてしなければならず（民520条の8），当該証券上の債務を取立債務としている。

（ⅱ）指図証券の提示と履行遅滞
民法上，一般原則として，債務の履行について確定期限のあるときは，債務者は，その期限の到来した時から遅滞の責任を負う（民412条1項）。これに対して，指図証券の債務者は，その債務の履行について期限の定めがあるときであっても，その期限が到来した後に所持人がその証券を提示してその履行の請求をした時から遅滞の責任を負う（民520条の9）。これは，裏書によって譲渡される指図証券では，債務者が当該証券の呈示を受けるまで債権者を把握することが難しいことによる。

（ⅲ）指図証券の債務者の調査の権利等
指図証券の債務者は，その証券の所持人ならびにその署名および押印の真偽を調査する権利を有するが，その義務を負わない（民520条の10本文）。ただし，債務者に悪意または重大な過失があるときは，その弁済は，無効とする（民520条の10）。

（4）指図証券の喪失
（ⅰ）喪失・公示催告
指図証券の所持人は，当該証券を喪失した場合，非訟事件手続法100条に規定する公示催告手続によって，当該証券を無効とすることができる（民520条の11）。公示催告手続とは，裁判所が，不特定の者に対して，2カ月以上の期間内に権利の届け出をしない場合には失権する効力を生ずる旨の警告とともに，裁判所に権利の届け出をする内容の公示を，裁判所の掲示場に掲示し，かつ，官報に掲載することで催告することをいう。

裁判所は，期日までに権利の届け出がないときには，除権決定において，そ

の申立てに係る有価証券を無効とする旨の宣言等をする（非訟99条～118条）。
(ⅱ) 指図証券喪失の場合の権利行使方法
　金銭その他の物または有価証券の給付を目的とする指図証券の所持人がその指図証券を喪失した場合において，非訟事件手続法114条に規定する公示催告の申立てをしたときは，その債務者に，その債務の目的物を供託させ，または相当の担保を供してその指図証券の趣旨に従い履行をさせることができる（民520条の12）。これは，公示催告の申立てをした証券の所持人に，除権決定等が下される前に，債務者に対してその権利行使をすることを認めるものである。

3　記名式所持人払証券
（1）記名式所持人払証券の譲渡・質入れ
　債権者を指名する記載がされている証券であって，その所持人に弁済をすべき旨が付記されている証券を記名式所持人払証券という（民520条の13・520条の17）。
　記名式所持人払証券の譲渡または質入れは，その証券を交付しなければ，その効力を生じない（民520条の13・520条の17・520条の20）。したがって，当該証券の譲渡に関する当事者間の意思表示の合致と記名式所持人払証券の交付により，譲渡または質入れの効力が発生し，債務者および第三者に対する対抗要件を具備するとされる。
　記名式所持人払証券に関する民法520条の13から民法520条18までの規定は，証券上に権利者の名称や商号等が記載されておらず，当該証券の正当な所持人を権利者とみなす無記名証券に準用する（民520条の20）。

（2）記名式所持人払証券の所持人の権利の推定
　記名式所持人払証券の所持人は，証券上の権利を適法に有するものと推定する（民520条の14・520条の17・520条の20）。指図証券の所持人の権利の推定に関する民法520条の4と同じ趣旨である。

（3）記名式所持人払証券の善意取得
　何らかの事由により記名式所持人払証券の占有を失った者がある場合において，その所持人が民法520条の14の規定によりその権利を証明するときは，その所持人が悪意または重大な過失によりその証券を取得したときを除き，その所持人は，その証券を返還する義務を負わない（民520条の15・520条の17・520条の20）。指図証券の善意取得に関する民法520条の5と同じ趣旨である。

（4）記名式所持人払証券の譲渡における債務者の抗弁の制限

記名式所持人払証券の債務者は，その証券に記載した事項およびその証券の性質から当然に生ずる結果を除き，その証券の譲渡前の債権者に対抗することができた事由をもって善意の譲受人に対抗することができない（民520条の16・520条の17・520条の20）。指図証券の譲渡における債務者の抗弁の制限に関する民法520条の6と同じ趣旨である。

（5）指図証券の規定の準用

民法520条の8から民法520条の12の規定は，記名式所持人払証券について準用する（民520条の18・520条の20）。

4　その他の記名証券

債権者を指名する記載がされている証券であって指図証券および記名式所持人払証券以外のものは，債権の譲渡またはこれを目的とする質権の設定に関する方式に従い，かつ，その効力をもってのみ，譲渡し，または質権の目的とすることができる（民520条の19第1項）。この証券は権利と証券が結合しており，裏書による譲渡が認められていないものをいい，裏書禁止手形（手15条2項）や裏書禁止船荷証券（762条）等が該当する。この証券については，資格授与的効力（民520条の4等），善意取得（民520条の5等），抗弁の制限（民520条の6等）などは認められない。

民法520条の11および民法520条の12の規定は，民法520条の19第1項のその他の記名証券について準用する（民520条の19第2項）。

第2章 売　買

第1節　総　説

　民法上，売買契約とは，当事者の一方がある財産権を相手方に移転することを約束し，相手方がこれに対して代金を支払うことを約束することで効力が生ずる契約をいう（民555条）。

　売買は商取引においてもっともよく行われている取引形態であり，その当事者の属性によって分類すると，（ⅰ）商人間の売買（商事売買），（ⅱ）商人・非商人間の売買，（ⅲ）非商人間の売買に分けられる。商法では，このうち（ⅰ）について定めており，（ⅱ）（ⅲ）は民法の規定に任せている。しかし，（ⅲ）は非商人間の売買であることから，商法の規定が及ぶことはないが，（ⅱ）は当事者の一方が商人であるので，実質的意義の商法に含まれる法律の規定が及ぶ。すなわち，（ⅰ）では，取引円滑の要請や，商人が売主にも買主にもなりうる立場の互換性を理由として，「売主保護の原則」が妥当する。これに対して，（ⅱ）の当事者である非商人が消費者の場合，商人と消費者との間には知識や情報および交渉力に著しい格差があることから，（ⅱ）では「買主保護の原則」が必要とされる。しかしながら，（ⅱ）について，商法は規定を置いておらず，消費者としての利益を保護するという観点から，割賦販売法，特定商取引法，消費者契約法などの特別法がいわゆる消費者法として制定されている。一般的に，（ⅱ）を消費者売買というが，商人が一方当事者であることから，本章において見ていくこととする。

第2節　商人間の売買（商事売買）

1　商人間の売買の原則

　商法は，501条1号に投機購買を，同条2号に投機売却を定めているが，これらは，商取引のもっとも基本的な取引として規定されている。商法は，商人

間の売買（商事売買）について「売買」（第2編第2章）として民法の特則を置いているが，商人間の売買に関する規定は，524条から528条の5条にすぎない。商人間の売買については，契約自由の原則からその契約内容が定められるのが合理的であり，商取引の実際では，取引の大量性，継続性および迅速性を充足するよう，標準契約書や取引約款等を使用して契約の定型化が図られている。そこで，商法では，民法の修正が必要とされる場合の特則を定めることで足り，商法で定められていない事項については民法の規定が適用される。

　商人間の売買に関する商法の規定は，「売主保護の原則」に基づいている。商人間の売買では売主・買主について立場の互換性がみられるからである。それゆえに，商人間の売買に関する商法の規定は，この性質のある商人間の売買に限って適用されることが必要であろう。

2　売主の権利義務

　民法上，売主は，売買代金支払請求権を取得し，目的物の引渡義務を負うとともに（民555条），目的物が契約の内容に適合しないこと（不適合）について担保責任を負う。商人間の売買では，売主はこの他に次のような権利を有する。

（1）売主の供託権・競売権

（ⅰ）趣　旨

　民法では，買主が目的物の受領を拒み，もしくはこれを受領できないとき，または，売主が過失なくして買主を確知することができないときは，売主は，目的物を供託して引渡義務を免れることができる（民494条）。これに対して，商人間の売買において，買主が目的物の受領を拒み，もしくはこれを受領できないときは，売主は，目的物を供託するか，または，相当の期間を定めて催告をした後に競売に付することができる（524条1項前段）。これを売主の自助売却権という。

　民法では，売主による供託が原則とされ（民494条），競売を行うためには，目的物が供託に適しないとき，または，滅失もしくは毀損のおそれがあるときなどに，裁判所の許可を必要とする（民497条）。これに対して，商法では，売主に対し，目的物について供託するか，競売に付するかの選択権が与えられている。これは，商人間の売買では，民法の規定の通りにすると，売主の立場からして商取引の迅速性に欠けること，また，価格の変動が激しい目的物があることなどを考慮すると，売主を売買契約上の義務を早期に免除させることが妥当であると考えられることによる。

（ⅱ）要　件

　売主に供託権・競売権が認められるための要件として，①当該契約が商人間の売買であること，②買主が目的物の受領を拒むか，または，受領不能であること，③競売に付するにあたり，買主に対し，目的物の受領について相当の期間を定めて催告することが必要とされる（524条1項前段）。ただし，損傷その他の事由による価格の低落のおそれがある物は，買主に対する催告をしないで競売に付することができる（524条2項）。

　要件①について，当事者の一方の代理人が無権代理人で，非商人であるとき，相手方がこの者に民法117条の無権代理人の責任を追及する場合にも524条は適用されると解される。商人間の売買が附属的商行為（503条）であってもよい。

　要件②について，買主が目的物の受領を拒んでいるか，受領が不能であるとの事実があればよく，売主による履行の提供（民493条）は，商取引の迅速性の観点から，これを必要としないと解される。

　要件③について，「相当な期間」とは，買主が目的物を受領すべきか否かを判断するのに必要な相当な期間をいう。「催告」は口頭でもよく，競売に言及する必要はない。当事者間で催告を不要とする合意をすることは可能である。

　売主は，目的物の供託または競売を行ったときは，遅滞なく，買主に対してその旨の通知をしなければならない（524条1項後段）。通知がなされなかった場合，競売は無効にはならないが，通知がなされなかったことによって買主が被った損害について，売主は買主に対して賠償義務を負担する。

（ⅲ）効　果

　売主は，目的物を供託し，または競売に付した場合，引渡義務を免れ，目的物の引渡債務は消滅する。供託手続は民事執行法による。売主が目的物を供託または競売した後，買主に対して通知をする場合（524条1項後段），民法497条に定める競売の前提としての裁判所の許可は不要である。目的物が，損傷その他の事由により価格の低落するおそれがある場合は，売主は買主に対する催告をしないで競売に付すことができる（524条2項）。「価格の低落のおそれ」には，市場での価格の変動が激しく，暴落するような場合などが該当する。

　目的物の供託権・競売権は売主における法定の権利であることから，売主は競売を行うことなく，売買契約を解除して，買主の受領拒絶により目的物の市場価格が下落したことによる損害について，買主に対して賠償請求をすることができる。しかし，売買契約を解除した場合は，売主は供託権・競売権を行使

できない。供託権・競売権は，売主の売買契約上の義務を早期に免除することを目的とするものであり，売主の義務は売買契約の解除により免除されているからである。

売主は，目的物の競売により生じたその対価を供託しなければならないが (524条3項本文)，売買代金の弁済期が到来している場合は，競売代金の全部または一部を売買代金に充当することができる (524条3項ただし書)。この権利を充足権といい，これにより，売主は迅速に債権を回収できる。この場合，不足額があれば，その分は買主に請求できる。

(2) 定期売買の履行遅滞による解除
(i) 趣　旨

クリスマス用品や年賀状の売買などのように，当該売買の性質により (絶対的定期売買)，または，当事者の意思表示により (相対的定期売買)，特定の日時または一定の期間内に履行をしなければ，注文者にとっては当該売買契約の目的を達成することができない取引 (525条) がある。このような取引を，定期売買という。

民法には，定期売買と同じく確定期契約の一種である定期行為が定められており，定期行為において当事者の一方がその債務を履行しないで履行時期を徒過したときは，相手方は，催告をすることなく，ただちに当該契約を解除することができるとされているが (民542条・541条)，契約を解除するためには相手方に対して解除の意思表示を必要する (民540条)。したがって，当事者の一方が解除の意思表示をしない間は当該契約の効力は存続することから，買主は，目的物の価格が上昇期にあるときは履行を請求し，下降期にあるときは解除することによって，売買契約上の危険を売主に負担させることができる。これに対して，商法では，商取引の迅速性および売主保護の観点から，商人間の定期売買において，当事者の一方が履行をしないでその時期を経過したときは，相手方は，ただちにその履行の請求をした場合を除き，契約の解除をしたものとみなすとして (525条)，民法の求める解除の意思表示を必要としていない。

(ii) 要　件

525条により，解除の効果が発生するためには，①当該契約が商人間の売買であること，②当該契約が定期売買であること，③当事者の一方が履行しないで履行期を徒過したこと，④相手方がただちに履行の請求をしなかったことが必要とされる。

要件②に関して、当該契約が定期売買であるか否かについては、売買を巡る当事者の意思を総合的に解釈することによって判断されるが、商人間の売買で目的物の引渡期日を特定することは一般的に行われていることなので、定期売買であるか否かの判断は難しい。また、当事者が契約の履行について期限を厳守するというだけでは定期売買とはならない。しかし、契約締結時に目的物の利用時期や転売時期を限定したり、明示している場合には、定期売買であるか否かの判定は容易であり、当事者の一方の意図を相手方が了知していたか否かも、判断の要素となると解される。

大審院の判例には、中元の進物用団扇の売買契約は、性質上、約定の時期に履行するのでなければ、当該契約の目的を達成できないとするもの（大判大正9・11・15民録26輯1779頁）、桑苗の売買契約は、その植付の時期に対応する時期に履行しなければ、その目的を達成できないとの意思表示を包含する契約にあたるとするもの（大判大正15・11・15新聞2647号15頁）などがある。

(iii) 効　果

定期売買では、その不履行が債務者の責めに帰すべき事由に基づくか否かという履行遅滞の有無にかかわりなく、所定時期の経過という客観的事実によって当該契約は解除されたとみなされる（最判昭和44・8・29判時570号49頁〔百選50〕）。

3　買主の権利義務

買主は、目的物の引渡請求権を有し、代金を支払う義務を負うが、買主の義務につき、商法は次のように定めている。

(1) 検査義務・通知義務

(i) 趣　旨

民法上、売買の目的物に数量不足がある場合や、抵当権が設定されているなどの場合には、買主は売主に対し、追完請求、代金減額請求、損害賠償請求および契約の解除、担保責任の追及、費用の償還請求などをすることができる（民562条～566条・570条）。

商人間の売買では、売主は、買主から目的物の不適合や数量不足についてただちに通知があったならば、目的物を交換したり、第三者に転売するなどして営業上の危険を回避・軽減する機会を確保できるはずである。また、民法の原則によれば、買主は市場の動向をみながら、売主に担保責任を負わせることが可能であることから、商人間の売買における売主保護の原則を維持することが

できないおそれがある。

そこで，商法は，商人間の売買において，買主に対し，目的物の検査義務と通知義務を課している。すなわち，買主は，売買の目的物を受領したときは，遅滞なく，目的物を検査する義務を負い（526条1項），その検査によって，目的物が種類，品質または数量に関して契約の内容に適合しないことを発見したときは，「直ちに」売主に対してその旨の通知を発しなければならず，これに違反したときは，その不適合を理由とする履行の追完の請求，代金の減額の請求，損害賠償の請求および契約を解除することができない（526条2項前段）。「直ちに」とは，当該取引において，買主が取引常識からみて目的物を検査するのに要すると思われる時間や，売主への通知が遅れたことによって売主が損害を被る危険性，売主に早期に瑕疵の調査の機会を与える必要性等を比較検討して決定される（東京地判昭52・4・22下民集28巻1～4号399頁）。

さらに，売買の目的物が種類または品質に関して契約の内容に適合しないことをただちに発見することができない場合において，買主は，6カ月以内にその不適合を発見したときも通知義務を負い，これに違反したときもまた，前述の請求や契約の解除ができなくなる（526条2項後段）。

検査の方法については，目的物の種類・数量等によって異なるが，目的物に不適合があるか否かを判断できる相当な検査を必要とすると解される。

通知の内容については，目的物に瑕疵がある旨を通知するだけでは十分でなく，売主が適切な善後策をとられるように，瑕疵の種類および大体の範囲等を明らかにする必要があるが，それ以上の詳細かつ正確な内容の通知であることを要しない（大判大正11・4・1民集1巻155頁，東京地判昭和56・8・19判時1035号123頁，東京地判平成3・3・22判時1402号113頁等）。

商人間の売買では目的物が不特定物のことが多いと思われるから，526条は不特定物の売買についても適用される（最判昭和35・12・2民集14巻13号2893頁〔百選51〕。商人間の不特定物売買と完全履行請求権について，最判昭和47・1・25判時662号85頁〔百選52〕を参照）。

(ⅱ) 要 件

買主に目的物の検査義務・通知義務が発生するためには，①当該売買契約が商人間の売買であり，当事者双方にとり商行為であること，②買主が目的物を受領していること，③目的物が種類，品質または数量に関して契約の内容に適合していないこと，④売主が目的物の不適合について善意であること（526条3

項）が必要である。

　要件②について，「受領」とは，買主側において目的物の検査が，事実上，可能となる状態に置くことをいうことから，売主が占有代理人として商品を保管占有していたときも，買主が検査のためいつでも目的物の返還を請求することができるのであれば，売主が占有代理人として商品を保管占有していた時から目的物を受け取ったものと解される（東京地判平成3・3・22前掲）。

　要件③について，数量超過の場合には526条の適用はなく，買主は，超過分については検査・通知をしなくとも代金の支払義務を負うことがなく，売主からの返還請求に応じる義務があるにすぎない。目的物と異なる種類ではあるが，同様の物が引き渡された場合（異種物引渡）について，異種物と不適合物との区別が困難であること，この場合にも買主の検査義務・通知義務を認めなければ売主の保護が十分でないことなどの理由から，526条の類推適用を認めるべきであると解されている。

　要件④について，売主が目的物の不適合について悪意の場合には，買主は検査義務・通知義務を負わない（大判昭和16・6・14判全8巻22号8頁を参照）。これは，売主保護の必要がないからである。

（ⅲ）効　　果

　検査義務・通知義務に反した買主は，目的物の不適合を理由として，履行の追完の請求，代金の減額の請求，損害賠償の請求および契約の解除をすることができない（526条2項）。したがって，売主の不完全履行を理由として完全な物の給付を請求することができない（最判昭和47・1・25前掲）。

　526条は，民法で認められた売買の担保責任に基づく請求権を保存するための要件に関する規定であって，民法の規定とは別に新たな請求権を定めたものではなく（最判昭和29・1・22民集8巻1号198頁），買主の行使できる権利の内容およびその消長については，民法の一般原則の定めるところによる（最判平成4・10・20民集46巻7号1129頁〔百選53〕）。

（2）保管義務・供託義務

（ⅰ）趣　　旨

　買主が目的物の検査義務・通知義務を履行し，目的物の不適合・数量不足を理由として売買契約を解除したとき（526条），目的物の処理をどうするのかという問題がある。

　民法では，買主の原状回復義務が定められていることから，買主は，契約を

解除した場合は目的物を返送すればよい（民545条1項）。しかし，商人間の売買では，目的物が売主に返送されるとすると，その間に，売主は転売の機会を失ったり，目的物が破損するおそれがあり，また，目的物が腐敗しやすい物であるときには，返送は必ずしも適当とはいえず，売主が不利益を被る危険がある。

　そこで，商法は，売主の不利益を回避するために，次のように定めている。買主は，売買契約を解除したときであっても，売主の費用をもって売買の目的物を保管し，または供託しなければならない（527条1項本文）。さらに，売主から買主に引き渡した物品が注文した物品と異なる場合には，当該物品について，および売主から買主に引き渡した物品の数量が注文した数量を超過した場合には，その超過した部分の数量の物品について，買主は同様の義務を負う（528条）。

(ⅱ) 要　件

　527条において買主が負担する目的物の保管義務・供託義務は，526条を受けていることから，527条が適用されるためには，①当該売買契約が商人間の売買であり，当事者双方にとり商行為であること，②売買の目的物に不適合があり売買契約が解除されたこと（527条1項），注文した物品とは異なること，および注文した数量を超過していること（528条），③売買契約が，売主および買主の営業所（営業所がない場合には，その住所）が同一の市町村の区域内でない送付売買であること（527条4項）が必要である。

　ただし，売買の目的物が種類，品質または数量に関して契約の内容に適合しないことにつき売主が悪意であった場合は，527条による目的物の保管義務・供託義務は生じない。527条は526条を前提としており（527条1項），このような売主を保護する必要はないからである。

　さらに，売主および買主の営業所または住所が同一の市町村の区域内にある場合も，売主保護の必要はなく，買主について保管義務・供託義務は生じない（527条4項）。物品をすぐに引き渡すことで，原状回復ができると考えられるからである。しかし，527条4項に関して，目的物を送付する先が重要な意味を持つ。すなわち，527条の趣旨が返送による不利益の回避であることからすると，売主と買主の営業所または住所が同一の市町村の区域内にある場合であっても，目的物をこれとは異なる場所に送った場合は，買主に保管義務・供託義務を課すことが衡平であるし，売主と買主の営業所または住所が同一の市町村の区域内にない場合でも，売主の営業所または住所と同一市町村内に目的物を

送付した場合は，買主に保管義務・供託義務を認めるべきであると解される。
 (ⅲ) 効　果
　買主は，売主の費用をもって売買の目的物を保管または供託しなければならない（527条1項本文）。保管か供託のどちらを行うかについては買主が選択できる。保管は，売主が適当な措置をとることができるのに相当な期間に行えば足り，相当期間を経過したときは，売主に目的物を返還できる。保管費用が価額よりも高い場合であっても，510条ただし書との比較において，買主は保管義務を負う。527条は商人間の売買に関する規定であるからである。
　売買の目的物について滅失または損傷のおそれがあるときは，売買の目的物の所在地を管轄する地方裁判所の許可を得て競売に付し，かつ，その代価を保管し，または供託しなければならない（527条1項ただし書・527条2項）。これを緊急売却義務という。買主が売買の目的物を競売に付したときは，買主は，遅滞なく，売主に対してその旨の通知を発しなければならない（527条3項）。
　買主は売主に対して返送までの保管費用（527条1項）のほか，報酬も請求することができる（512条）。買主が保管義務・供託義務および緊急売却義務を履行しなかった結果，売主に損害が発生した場合は，買主は売主に対して損害賠償責任を負う（民415条）。

第3節　消費者売買

　消費者売買では，企業と消費者との間に知識や情報の質量および交渉力に著しい格差があることから，消費者を保護するために特別法が定められており，このうち，消費者契約法，特定商取引に関する法律（特定商取引法），割賦販売法が消費者三法とされる。
1　消費者契約法
　消費者契約法は，消費者（消契2条1項）が事業者（消契2条2項）との間で締結した消費者契約（消契2条3項）の取消しや契約条項の無効を主張できる場合を民法よりも拡大し，消費者を保護している。
（1）事業者および消費者の努力
　事業者は，（ⅰ）消費者契約の条項を定めるに当たって，消費者の権利義務その他の消費者契約の内容が，解釈について疑義が生じない明確なもので，かつ，消費者にとって平易なものになるよう配慮する措置，（ⅱ）消費者契約の

勧誘をするに際して，消費者の理解を深めるために，物品，権利，役務その他の消費者契約の目的となるものの性質に応じ，個々の消費者の知識および経験を考慮した上で，契約の内容についての必要な情報を提供する措置をそれぞれ講ずるように努めなければならない（消契3条1項）。

これに対して，消費者は，消費者契約を締結する際，事業者からの情報を活用し，契約の内容について理解するよう努めるものとする（消契3条2項）。

（2）消費者契約の申込みまたはその承諾の意思表示の取消し

消費者は，以下の場合には，不当な勧誘として契約の申込みまたはその承諾の意思表示（契約の申込み等）を取り消すことができる。

（i）消費者が，重要事項（消契4条5項）について事実と異なることを告げられ（不実告知），または契約の目的に関し，将来における価額，将来において消費者が受け取る金額その他の将来における変動が不確実な事項につき断定的判断を提供され（断定的事実の提供），その内容が確実であるとの誤認をしたとき（消契4条1項）

（ii）事業者が消費者に対し不利益となる事実（告知により存在しないと消費者が通常考える事実）を告げようとしたにもかかわらず，消費者が拒んだときを除き，事業者が，重要事項等について消費者の利益となる旨を告げ，かつ，重要事項等について消費者の不利益となる事実を故意・重過失によって告げなかったこと（不利益事実の不告知）により，消費者が事実が存在しないと誤認し，契約の申込み等をしたとき（消契4条2項）

（iii）（ア）事業者に対し，消費者が住居または業務を行っている場所から退去すべき旨の意思を示したにもかかわらず，事業者が退去しない行為（不退去），または，勧誘をしている場所から消費者が退去する旨の意思を示したにもかかわらず，事業者が退去させない行為（退去妨害）をしたことにより，消費者が困惑し，契約の申込み等をしたとき，（イ）消費者が，社会生活上の経験が乏しいことから，進学・就職・結婚・生計その他の社会生活上の重要な事項，容姿・体型その他の身体の特徴または状況に関する重要な事項等に対する願望の実現に過大な不安を抱いていることを知りながら，不安をあおり，裏付けとなる合理的な根拠がある場合その他の正当な理由がある場合でないのに，契約の目的となるものが願望を実現するために必要である旨を告げること，（ウ）消費者が，社会経験が乏しいことから，勧誘を行う者に対して恋愛感情その他の好意の感情を抱き，勧誘を行う者も消費者に対して同様の感情を抱いているも

のと誤信していることを知りながら，これに乗じ，契約を締結しなければ勧誘を行う者との関係が破綻することになる旨を告げること，(エ) 消費者が，加齢または心身の故障により判断力が著しく低下していることから，生計，健康その他の事項に関し生活の維持に過大な不安を抱いていることを知りながら，不安をあおり，裏付けとなる合理的な根拠がある場合その他の正当な理由がある場合でないのに，契約を締結しなければ生活の維持が困難となる旨を告げること，(オ) 消費者に対し，霊感その他の合理的に実証することが困難な特別な能力による知見として，そのままでは重大な不利益を与える事態が生ずる旨を示して不安をあおり，契約を締結することにより確実に重大な不利益を回避できる旨を告げること，(カ) 消費者が，契約の申込み等をする前に，契約上の義務の内容の全部または一部を実施し，実施前の原状の回復を著しく困難にすること，(キ)(カ)のほか，契約の申込み等をする前に，事業者が調査，情報の提供，物品の調達その他の契約の締結を目指した事業活動を実施した場合において，活動が消費者からの特別の求めに応じたものであったことその他の取引上の社会通念に照らして正当な理由がある場合でないのに，活動が消費者のために特に実施したものである旨および活動の実施により生じた損失の補償を請求する旨を告げること（消契4条3項）。

(iv) 事業者が，勧誘に際し，契約の目的となるものの分量，回数または期間（分量等）が消費者にとり通常の分量等（契約の目的となるものの内容・取引条件および事業者が勧誘をする際の消費者の生活の状況およびこれについての消費者の認識に照らして契約の目的となるものの分量等として通常想定される分量等）を著しく超えるものであること（過量契約）を知っていた場合，消費者が勧誘により契約の申込み等をしたとき（消契4条4項）。

取消権（消契4条1項～4項）は，追認できる時から1年間行わないとき，契約の締結の時から5年を経過したときは，時効によって消滅する（消契7条1項）。

(3) 契約条項の無効

消費者契約の中にある以下の条項は，不当な契約条項として無効となる。

(i) 事業者の債務不履行または不法行為により消費者に生じた損害を賠償する責任の全部または一部を免除し，または事業者に責任の有無を決定する権限を付与する条項，および，消費者契約が有償契約の場合，契約の目的物に隠れた瑕疵があるときに，瑕疵により消費者に生じた損害を賠償する事業者の責

任の全部を免除し，または事業者に責任の有無を決定する権限を付与する条項（消契8条1項）
　（ⅱ）事業者の債務不履行により生じた消費者の解除権を放棄させ，または事業者に解除権の有無を決定する権限を付与する条項，および，消費者契約が有償契約の場合，契約の目的物に隠れた瑕疵があることにより生じた消費者の解除権を放棄させ，または事業者に解除権の有無を決定する権限を付与する条項（消契8条の2）
　（ⅲ）事業者に対し，消費者が後見開始，保佐開始，補助開始の審判を受けたことのみを理由とする解除権を付与する消費者契約等の条項（消契8条の3）
　（ⅳ）消費者が支払う損害賠償額を予定する条項等（消契9条）
　（ⅴ）民法や商法等の公の秩序に関しない規定による場合に比し，消費者の権利を制限し，または義務を加重する契約の条項であって，民法1条2項の信義誠実の原則に反して消費者の利益を一方的に害する条項（消契10条）
　（4）適格消費者団体による差止
　消費者の利益のために消費者契約法による差止請求権を行使するのに必要な適格性を有する消費者団体（消基8条）として，内閣総理大臣の認定を受けた適格消費者団体がある（消契2条4項）。この団体は消費者契約について被害の未然防止，拡大防止を目的とし（消契13条〜40条），特定商取引法に定める七つの取引について差止請求権が定められている。

2　特定商取引法
　（1）特定商取引法の適用対象
　特定商取引法は，八つの取引を対象とする。このうち，訪問販売，通信販売および電話勧誘販売を無店舗販売と総称することがあり，これらは，消費者が営業所以外の場所で販売の勧誘を受けることにおいて共通する。この場合，消費者は，契約内容について十分確認することなく契約を締結するおそれがあり，また，交渉する方法も場所も不明なことがあるので，特定商取引法には，消費者をこのような危険から保護する規定が定められている。
　（2）訪問販売
　「訪問販売」とは，（ア）販売業者または役務提供事業者（販売業者等）が，営業所等以外の場所で，売買契約・役務を有償で提供する契約（役務提供契約）の申込みを受け，もしくは締結して行う商品・指定権利（特商2条4項）（商品等）の販売，もしくは役務の提供（特商2条1項1号），または，（イ）販売業者等が，

営業所等において，営業所等以外の場所で呼び止めて，営業所等に同行させた者（特定顧客）から売買契約・役務提供契約の申込みを受け，もしくは売買契約を締結して行う商品等の販売，もしくは役務提供契約を締結して行う役務の提供（特商2条1項2号）をいう。

訪問販売では，消費者は，販売業者等が消費者宅を訪問したり，路上で呼び止められ，突然，商品等の説明を受けるので，買いたくない商品を買ってしまうように，適切な判断ができないまま契約を締結するおそれがある。

(3) 通信販売

「通信販売」とは，販売業者等が郵便等により売買契約または役務提供契約の申込みを受けて行う商品等の販売または役務の提供であって，電話勧誘販売に該当しないものをいう（特商2条2項）。

通信販売では，対象となる商品等を手にしたり，役務を経験することなく，商品等を購入したり，役務の提供を受けるという特徴がある。

(4) 電話勧誘販売

「電話勧誘販売」とは，販売業者等が，電話勧誘行為により，顧客から売買契約・役務提供契約の申込みを郵便等により受け，または，顧客と売買契約・役務提供契約を郵便等により締結して行う商品等の販売・役務の提供をいう（特商2条3項）。

電話勧誘販売では，消費者は，突然，電話を通じて商品等の説明を受けるので，買いたくない商品を買ってしまうように，適切な判断ができないまま契約を締結するおそれがある。

(5) 連鎖販売取引

「連鎖販売取引」とは，物品の販売または有償の役務の提供の事業であって，物品の再販売，受託販売もしくは販売の斡旋（商品の販売等）または役務の提供・提供の斡旋（役務の提供等）をする者を，特定利益（商品の販売等または同種役務の提供等をする他の者が提供する取引料その他の主務省令で定める要件に該当する利益の全部または一部）を収受できると誘引し，その者と特定負担（商品の購入・役務の対価の支払または取引料の提供）を伴う商品の販売・販売の斡旋または役務の提供等に係る取引をするものをいう（特商33条）。「入会すると，商品を半額で購入できるので，他人に転売すれば儲かります」，「他人を勧誘して入会させると，紹介料がもらえます（特定利益）」などと言って消費者を勧誘し，1円以上の負担をさせる（特定負担）場合などがある。

連鎖販売取引では，特定利益が受け取ることができるとして，取引について販売員になるよう他人を誘引し，誘引した相手と特定負担を伴う取引をすることが行われることから，取引による被害者が増えるおそれがある。

（6）特定継続的役務提供

「特定継続的役務」とは，日常生活に係る取引において有償で継続的に提供される役務であって，（ア）役務の提供を受ける者の身体の美化，知識・技能の向上等に関する目的を実現させることをもって誘引が行われるもの，（イ）役務の性質上，（ア）の目的が実現するかどうかが確実でないものであって，特定商取引法施行令で定めるものをいう（特商41条2項）。エステティック（指定期間1カ月超・指定金額5万円超），語学の教授，家庭教師等，学習塾，パソコン教室，結婚相手紹介サービス（以上，同1カ月超，同5万円超）がある。

「特定継続的役務提供」とは，（ア）役務提供事業者が，特定継続的役務を所定の期間を超える期間にわたり提供することを約し，相手方が所定の金額を超える金銭を支払うことを約する契約（特定継続的役務提供契約）を締結して行う特定継続的役務の提供，（イ）販売業者が，特定継続的役務の提供を受ける権利を所定の金額を超える金銭を受け取って販売する契約（特定権利販売契約）を締結して行う特定継続的役務の提供を受ける権利の販売をいう（特商41条1項）。

特定継続的役務提供には，契約の期間が継続することから，その期間中に契約を解除する場合，解除前に支払った契約金の処理等を巡って問題が生じる可能性があるという特徴がある。

（7）業務提供誘引販売取引

「業務提供誘引販売業」とは，物品の販売・有償で行う役務の提供（商品の販売等）の事業であって，販売の目的物たる物品（商品）・提供される役務を利用する業務に従事することで得られる利益（業務提供利益）を得ることを理由に相手方を誘引し，その者と特定負担（商品の購入・役務の対価の支払・取引料の提供）を伴う商品の販売等に係る取引（業務提供誘引販売取引）をするものをいう（特商51条）。「内職・副業商法」や「モニター商法」などにおいて行われる取引を対象としている。

業務提供誘引販売取引には，事業者が仕事を提供する前提として，機械や材料を購入することなどの出費を伴うという特徴がある。

（8）訪問購入

「訪問購入」とは，購入業者が営業所等以外の場所において，売買契約の申

込みを受け，または締結して行う物品（売買契約の相手方の利益を損なうおそれがないと認められる物品等）の購入をいう（特商58条の4）。適用除外品には，自動車（二輪を除く），家庭用電気機械器具，家具，書籍，有価証券，レコードプレーヤー用レコードおよび磁気的方法または光学的方法で音，影像またはプログラムを記録したものなどがある（特商令16条の2）。

訪問購入には，消費者にとって訪問販売と同じような危険があるが，訪問購入の固有の危険もある。

（9）ネガティブオプション

商品を購入する申込みをしていない消費者に対して，販売業者が商品を送り付け，一定期間に購入しない旨の返事をしなければ，購入を承諾したものとみなすとする取引をネガティブオプションという（特商59条1項）。しかし，販売業者は，（ア）売買契約の申込者および購入者（申込者等）以外の者に対して売買契約の申込みをし，かつ，申込みにかかる商品を送付した場合，または，（イ）申込者等に対して売買契約に係る商品以外の商品につき売買契約の申込みをし，かつ，申込みに係る商品を送付した場合において，商品が送付された日から起算して14日を経過する日までに，送付を受けた者が承諾をせず，かつ，販売業者が商品の引取りをしないときは，送付した商品の返還を請求できない（特商59条1項）。

3　割賦販売法

（1）割賦販売法の意義・機能

売買や役務提供の際，代金や対価が分割払いされる販売方法を割賦販売という。これによれば，買主は高額な商品を購入しやすく，売主側には，商機を拡大したり，売上を増大できるという利点がある。その一方で，割賦販売では，代金等の支払が複雑で，消費者がこれについて明確に理解することが難しい。

（2）割賦販売法の適用対象

（ⅰ）対象取引

割賦販売法が適用される取引には，割賦販売，ローン提携販売（割賦2条2項），包括信用購入あっせん，個別信用購入あっせん（割賦2条4項），前払式特定取引（割賦2条6項・35条の3の61～35条の3の62）がある。

（ⅱ）対象品目

割賦販売法が適用される売買または役務の提供等は，定型的な条件で販売するのに適する商品であって政令（割賦販売法施行令）で定める「指定商品」（割賦

令1条1項，別表第1），施設を利用しまたは役務を受ける権利のうち日常生活に係る取引において販売されるものであって政令で定める「指定権利」（割賦令1条2項，別表第1の2），日常生活にかかる取引において有償で提供される役務であって政令で定める「指定役務」（割賦令1条3項4項，別表第1の3・第2）である（割賦2条5項）。

（3）割賦販売
（ⅰ）割賦販売の意義
割賦販売法上，「割賦販売」の定義は次のようである。

（ア）①購入者から指定商品・指定権利（指定商品等）の代金または役務を受ける者から役務の対価（代金等）を，②2月以上の期間にわたり，3回以上に分割して受領することを条件として，③指定商品等を販売することまたは指定役務を提供すること（販売等）（割賦2条1項2号）

（イ）①商品・権利（商品等）を購入し，または有償で役務の提供を受けることができるカードその他の物または番号，記号その他の符号（カード等）を，商品等を購入しようとする者または役務の提供を受けようとする者（利用者）に交付または付与（交付等）し，②約定時期ごとに，カード等の提示・通知を受けて，またはそれと引換に代金等の合計額を基礎として，約定の方法で算定した金額を利用者から受領することを条件として，③指定商品等の販売等をすること（割賦2条1項2号）（リボルビング方式）。

（ⅱ）開示規制
割賦販売業者は，割賦販売に関する内容を利用者に示さなければならない。

（ア）割賦販売の方法で販売等をしようとするときは，相手方に対して，指定商品等に関する所定の事項を提示しなければならない（割賦3条1項）。

（イ）カード等を利用者に交付等をするときは，商品等の販売条件・役務の提供条件（販売条件等）に関する所定の事項を記載した書面を利用者に交付しなければならない（割賦3条2項3項）。

（ウ）販売条件等について広告をするときは，広告に所定の事項を表示しなければならない（割賦3条4項）。

（エ）販売等する契約を締結したときは，遅滞なく，所定の事項について契約の内容を明らかにする書面を購入者等に交付しなければならない（割賦4条）。

（オ）利用者等の承諾を得て，書面に記載する事項を電磁的方法で提供することができ，この場合，書面を交付したものとみなす（割賦4条の2）。

(ⅲ) 契約内容規制

割賦販売業者は，指定商品等を販売等する契約について賦払金の支払義務が履行されない場合，20日以上の相当な期間を定めて支払を書面で催告し，期間内に義務が履行されないときでなければ，賦払金の支払の遅滞を理由として，契約を解除し，または支払時期の到来していない賦払金の支払を請求できない（割賦5条1項）。割賦販売業者は，契約が解除された場合，損害賠償額の予定・違約金の定めがあるときにおいても，所定の額に法定利率による遅延損害金の額を加算した金額を超える額の金銭の支払を購入者等に請求できない（割賦6条1項）。

(4) 包括信用購入あっせん

(ⅰ) 意　義

割賦販売法上，「包括信用購入あっせん」の定義は次のようである。

(ア) ①カード等を利用者に交付・付与し，②利用者がカード等を提示・通知して，③特定の販売業者から商品等を購入するか，特定の役務提供事業者から役務の提供を受けるときは，④販売業者等に商品等の代金・役務の対価（代金等）に相当する額を交付し，⑤利用者から代金等に相当する額を所定の時期までに受領すること（契約締結後2カ月を超えない範囲内と定めたものを除く）（割賦2条3項1号）。

(イ) ①から④の後，⑤利用者から所定の時期ごとに商品等の代金等の合計額を基礎として所定の方法で算定された金額を受領すること（リボルビング方式）（割賦2条3項2号）。

(ⅱ) 業者に対する抗弁の接続

購入者等が包括信用購入あっせん，個別信用購入あっせんまたはローン提携販売（『包括信用購入あっせん等』）の方法で購入した商品等について，クレジット業者から毎回の支払分・弁済金の請求を受けたとき，購入者等は，販売業者等に対する抗弁事由をもって，クレジット業者の支払請求に対抗（支払拒絶）することができる（割賦30条の4）。商品等の販売契約と代金の支払で構成されるクレジット契約は相手方の異なる別個の契約なので，両契約の効力関係は別個独立であるため，販売契約について販売業者等との間で解除・取消などの問題が生じても，購入者等はクレジット業者からの支払請求を受けるという問題が生じやすいことから，消費者保護の観点から本条が設けられている。

抗弁の対抗の要件は，①包括信用購入あっせん等を利用した取引であること，

②商品等購入または役務の提供契約であること，③販売業者等に対して生じている抗弁事由があること，④支払総額が4万円未満の場合，またはリボルビング式では現金販売価格が38,000円未満でないことである（割賦30条の4）。

4 クーリング・オフ制度
(1) クーリング・オフ制度の意義

販売業者等の勧誘によって顧客が熟慮することなく契約の申込等を行い，不要な契約や不当な内容の契約を締結することを防ぐために，一定期間内であれば，顧客が理由を示すことなく申込みを撤回したり，契約を解除できる権利をクーリング・オフという。

(2) 訪問販売におけるクーリング・オフ制度
(i) 訪問販売における契約の申込みの撤回等
(ア) 申込撤回等の要件

販売業者等が，営業所等以外の場所で商品等につき売買契約等の申込みを受けた場合，営業所等で特定顧客から商品等につき売買契約等の申込みを受けた場合における申込みをした者，または，販売業者等が，営業所等以外の場所で商品等につき売買契約等を締結した場合，営業所等で特定顧客と商品等につき売買契約等を締結した場合における購入者・役務の提供を受ける者（申込者等）は，訪問販売に関する書面（特商5条）を受領した日から起算して8日の間，書面により売買契約等の申込みの撤回または解除（申込みの撤回等）を行うことができる（特商9条1項）。

(イ) 申込撤回等の効果

申込みの撤回等は，それに係る書面を発した時に効力を生ずる（特商9条1項2号）。撤回等があった場合，販売業者等は，撤回等に伴う損害賠償・違約金の支払を請求できず（特商9条1項3号），売買契約に関する商品の引渡・権利の移転がされているときは，引取等の費用は販売業者が負担する（特商9条4項）。販売業者等は，売買契約等につき撤回等があった場合には，商品が使用されていたとしても，申込者等に対し，使用により得られた利益等に相当する金銭・対価等の支払を請求できない（特商9条5項）。役務提供事業者は，撤回等があった場合，役務提供契約に関連して金銭を受領しているときは，申込者等に対し，速やかに返還しなければならない（特商9条6項）。役務提供契約・指定権利の売買契約（役務提供契約等）の申込者等は，役務提供契約等につき申込みの撤回等を行った場合において，役務提供契約等に関する役務の提供に伴

い申込者等の土地・建物等の現状が変更されたときは，役務提供事業者等に対し，原状回復に必要な措置を無償で講ずることを請求できる（特商9条7項）。

(ⅱ) 日常生活で通常必要とされる分量を著しく超える（過量）商品の売買契約等の申込みの撤回等

申込者等は，以下の売買契約または役務提供契約（売買契約等）の申込みの撤回等を行うことができる（特商9条の2第1項）。

（ア）過量な商品・指定権利（商品等）の売買契約，回数・期間・分量（回数等）を著しく超えて役務の提供を受ける役務提供契約

（イ）販売業者または役務提供事業者が，売買契約等に関する債務を履行することにより，申込者等にとって，売買契約に関する商品と同種の商品の分量が過量となること，もしくは過量を知りながら，または，役務提供契約に関する役務と同種の役務の提供を受ける回数等が，日常生活において通常必要とされる回数等を著しく超えること（過量）となること，もしくは過量等を知りながら，申込みを受け，または締結した売買契約等

取消権は，売買契約等の締結の時から1年以内に行使しなければならない（特商9条の2第2項）。

(ⅲ) 訪問販売における契約の申込み・承諾の意思表示の取消

申込者等は，販売業者等が訪問販売に関する売買契約等の締結について勧誘をするに際し，①不実のことを告げる行為により，告げられた内容が事実であるとの誤認，②故意に事実を告げない行為により，事実が存在しないとの誤認をし，それによって売買契約等の申込みまたは承諾の意思表示をしたときは，これを取り消すことができる（特商9条の3第1項）。取消権は，追認できる時から6カ月間行わないとき，および，売買契約等の締結の時から5年を経過したときは，時効によって消滅する（特商9条の3第4項）。

第3章 交互計算

第1節　交互計算の意義等

1　交互計算の意義

相互乗り入れしている鉄道会社間では，通常，乗客がその鉄道を利用するたびに鉄道会社間で運賃が配分されるとすると，各鉄道会社にとっては煩雑さや危険などが生じることもあることから，各鉄道会社において乗客の利用状況をコンピュータに記録しておき，定期的に，鉄道会社間で支払うべき差額を計算し，決済を行っている。このように，商人間または商人と商人でない者との間で平常取引をする場合において，一定の期間内の取引から生ずる複数の債権および債務の総額について相殺をし，その残額の支払をすることを約することによって，その効力を生ずる制度を交互計算という（529条）。

2　交互計算の機能

商人間の取引は継続性を有することが多いので，相互に債権および債務を有する当事者が取引のたびに決済を行うとすると，当事者において代金等の支払の煩雑さ，送金の危険あるいは費用等が発生し，その結果，資金の効率的な利用が妨げられるおそれがある。そこで，商人は，交互計算によって，これらの煩雑さや危険等を回避することができる。

交互計算では，当事者間で互いに取引ごとの支払を猶予して，期末に債権および債務の総額について相殺することで差額だけを支払うことになるので，その主たる機能は，（ⅰ）支払に備えて現金を準備しておく必要がないなど，決済を簡易化できること，（ⅱ）債権が，互いに相手方に対して負っている債務，または将来に負うことになる債務について担保的機能を果たすことなどにある。このように，交互計算では，債権および債務を個別に行使したり，処分することがないところに特質がある。

銀行が顧客と締結する当座勘定契約では，預金や小切手の支払あるいは貸付のたびに残額および利息が計算される。これを段階的交互計算という。段階的

交互計算は，債権および債務が発生した段階で自動的に相殺されるので，決済を簡易化できるが，担保的機能は持たないことから，交互計算不可分の原則は適用されない。しかし，債権および債務を一括して決済するという機能に交互計算の趣旨があると考えられるので，段階的交互計算も529条の交互計算に含まれると解される。

ICカードの普及に伴い，1枚のICカードで複数の交通機関での利用が可能となっている。

3 交互計算の要件

（1）当事者の一方が商人であること

交互計算の当事者について，一方は商人であることを要する（529条）。小商人であってもよい。非商人間での交互計算は民事交互計算となり，商法の規定は適用されない。交互計算は，商人にとり自己の営業のためにするものなので，附属的商行為である（503条1項）。交互計算をするにあたっては，当事者間で交互計算契約が締結される。

（2）平常取引であること

「平常取引」（529条）とは，交互計算の当事者間において継続的な関係にある取引をいう。したがって，交互計算の対象となる債権および債務は継続性を有するものでなければならない。継続性は交互計算契約の締結以前に存在する必要はないが，当事者間に債権および債務を生ずる関係がなければならない。

顧客が小売商や卸売商から継続的に商品を購入するような場合であっても，顧客と小売商等との間における売買代金等の債権は小売商等から顧客に対して一方的にしか生じないのが一般的なので，この場合には交互計算は成立しない。

（3）一定の期間の取引から生ずる債権および債務であること

交互計算の対象となる債権および債務は，「一定の期間」（交互計算期間）内の取引から生ずるものでなければならない（529条）。交互計算期間は交互計算契約において当事者で定めることができるが，交互計算期間について定めがないときは，6カ月とされる（531条）。

（4）金銭債権および債務であること

交互計算では，当事者間における継続的取引から生ずる債権および債務を相殺するので，その対象となるのは金銭債権および債務と解される。ある営業所においてのみ生ずる債権および債務に限定するなどの特約がない限り，交互計算は継続的取引から通常生じる一切の金銭債権および債務に及ぶ。ただし，金

銭債権および債務であっても，相殺の対象として適切でないものは交互計算から除外される。これには以下の五つがある。
　①**金銭債権および債務以外の債権および債務**　総額について相殺をするのには適さないからである。
　②**取引以外の関係から生ずる債権**　第三者から譲り受けた債権，事務管理，不当利得あるいは不法行為から生じた債権などがある。
　③**現実に履行されなければならない債権**　消費貸借の予約から生ずる債権がある。
　④**特別な権利行使を必要とする債権**　有価証券上の債権があり，それを行使するためには証券の呈示が必要であるからである。ただし，手形の割引債務は，有価証券を対象とした取引なので，除外されない。
　⑤**担保付債権**　特約のない限り，相殺の対象とすることは当事者の意思に反すると考えられるからである。ただし，521条による商人間の留置権については，当事者の意思にかかわらないことから，交互計算の対象となる。

第2節　交互計算の効果

1　消極的効果
（1）交互計算不可分の原則
　交互計算の効果として，交互計算期間中に発生した債権および債務は，独立性および個性を失い，交互計算に組み入れられて不可分に融合し，以後，総額において一括相殺され決済される。これは交互計算の消極的効果であり，交互計算不可分の原則という。したがって，個々の債権および債務は譲渡・質入・相殺等の個別的な処分ができなくなり（民505条1項ただし書参照），また，支払猶予の状態に置かれるので，時効消滅や履行遅滞も生じない。しかし，債権および債務は交互計算に組み入れられただけでは消滅しないので，これらに関する確認の訴えを提起したり，基礎となっている契約の解除や売買の目的物の引渡は請求することができる。
　交互計算不可分の原則は当事者間に関するものであるが，第三者との関係について，大審院の判例は，交互計算に組み入れられた債権に対する差押を無効として，この原則の効力は第三者に及ぶとしている（大判昭和11・3・11民集15巻320頁〔百選80〕）。すなわち，このような債権を譲渡できないのは，当事者間に

おける譲渡禁止の特約によるものではなく，交互計算契約の下における取引によって生じたことの当然の結果であり，その結果，債権の譲渡性を定める民法466条2項ただし書は適用されず，第三者の善意・悪意を問わず対抗できるということになる。

これに対して，学説には，交互計算不可分の原則について，善意の第三者には対抗できると解する立場（通説）と対抗できないと解する立場とがある。前者の立場では，交互計算は商法上の制度であって債権譲渡禁止の特約とは異なり，交互計算に関する担保的機能を保護すべきであることから，交互計算に組み入れられた債権は譲渡性を有さず（民466条1項ただし書），譲渡・質入・差押等はすることができないと解する。これに対して，後者の立場では，交互計算は当事者間の契約関係に関するものなので第三者に対抗できず，当事者の一方が債権を処分した場合であっても，他方の当事者は損害賠償を請求できるにとどまると解する。債権譲渡または譲渡担保の場合には，債務者は譲渡人に対して主張できる相殺の抗弁をもって譲受人または譲渡担保権者に対抗できるから，両立場の違いは差押の場合に生ずることとなる。

（2）交互計算からの除去

交互計算に組み入れられた債権および債務は，原則として，相手方の同意がなければ，交互計算の対象から外すことはできないが，手形その他の商業証券から生じた債権および債務を交互計算に組み入れた場合において，その商業証券の債務者が弁済をしないときは，当事者は，その債務に関する項目を交互計算から除去することができる（530条）。これは，交互計算不可分の原則の例外として位置づけられる。

2 積極的効果

交互計算期間の満了により，債権および債務の総額について一括相殺が行われ，残額債権へと更改される。その際，残額債権については，計算書類を作成し，承認することによって確定する。すなわち，その承認により，交互計算に組み入れられた債権および債務は消滅し，給付の内容について重要な更改（民513条1号）によって新たに残存債権が発生する。

交互計算の当事者は，債権および債務の各項目を記載した計算書類の承認をしたときは，当該計算書の記載に錯誤または脱漏がない限り，当該各項目について異議を述べることはできない（532条）。これは交互計算の積極的効果である。

「錯誤又は脱漏」とは，債権および債務の各項目に関する錯誤または脱漏をいう。ただし，異議を述べられるものについて，それにより利得した当事者に対しては，不当利得返還請求権を取得すると解される。したがって，不当利得を理由とする請求は他の条文（民703条等）によっても可能であることから，計算書の記載の錯誤または脱漏について定める532条ただし書は，注意的に定めたものと解される。

交互計算では，計算書の承認により更改が行われることから，特約がない限り，債権に付着していた担保や保証は相殺によって生じた残存債権に引き継がれず，消滅時効についても新たに進行する。

相殺によって生じた残額については，債権者は，計算の閉鎖の日以後の法定利息を請求することができる（533条1項）。ただし，組み入れられた個々の債権および債務について利息が付いていたときは，交互計算に組み入れられた日からこれに利息を付けることができる（533条2項）。これは，民法における利息の元本への組入れ（民405条）の例外として認められる。

第3節　交互計算の終了

交互計算契約は，存続期間の満了，および，催告による解除（民541条）や債権者の責めに帰すべき事由による場合（民543条）などのように，契約の一般終了原因により終了する。交互計算期間の終了は債権および債務の相殺期間の到来を意味し，これにより残額が確定する。したがって，約定された交互計算期間が終了しても，特約がない限り，交互計算契約は当然に終了するものではない。

商法では，この他，交互計算契約の終了として解除の告知権を認めており，交互計算契約の存続期間が定められている場合においても，各当事者は，いつでも交互解散の解除をすることができ，これを解除した場合には，ただちに計算を閉鎖して，残額の支払を請求することができる（534条）。これは，交互計算は，その前提において継続的取引関係にある当事者につき互いの信用に基づいたものであり，相手方の信用状態の変化に対応することを可能にしたものである。したがって，相手方の信用状態が悪化したときは，ただちに交互計算契約を解除し，決済することができる。当事者の信用状態の悪化に関し，破産法では，当事者の一方について破産手続が開始されたとき（破59条1項），会社更

生法では，当事者の一方について更生手続が開始されたとき（会更63条，破59条1項），それぞれ交互計算が終了する。

　交互計算契約が終了した場合は，計算は閉鎖され，計算書類の承認を要せず残額債権が成立する。

第4章 匿名組合

第1節　匿名組合の意義・特色

　当事者の一方（匿名組合員）が，相手方（営業者）の営業のために出資をし，相手方が，その営業から生ずる利益を分配することを約することによって，その効力を生ずる契約を匿名組合契約という（535条）。営業者は商人でなければならないが，出資者である匿名組合員は非商人でもよい。

　匿名組合員の出資は，営業者の財産に属するとともに（536条1項），匿名組合員は，営業者の行為について，営業者にとって取引の相手方である第三者に対して権利および義務を有さず，直接の関係には立たない（536条4項）。匿名組合は，内部関係では，営業者と匿名組合員との共同企業であるが，対外的には，匿名組合員の名前は現れないことから，営業者の単独企業であると解されている（大判大正6・5・23民録23輯917頁〔百選（第3版）65〕）。このように，匿名組合という制度は，匿名組合員にとっては，その社会的地位などの理由から匿名による出資が便利であると考える出資者としての意図に沿うものであり，営業者にとっても，匿名組合員の干渉を受けることなく営業を遂行することができるなどの利点を有する（536条3項）。

　匿名組合を活用する事業形態については，たとえば，不動産特定共同事業法で，匿名組合型契約の不動産特定共同事業契約が定められている（不特2条3項2号）。また，投資家を保護するために，匿名組合契約に基づく権利については（535条），有価証券とみなされ，金融商品取引法の規制対象となる（金商2条2項5号）。

第2節　匿名組合契約の法律関係

1　匿名組合契約
（1）内部関係

　匿名組合契約は，諾成・有償・双務の契約である（535条）。匿名組合契約は，商法により認められた特殊な契約であり，営業者にとっては附属的商行為（503条）である。

　匿名組合契約は，営業者と出資者である匿名組合員の二当事者間の契約であることから，営業者が複数の匿名組合員と匿名組合契約を締結したとしても，匿名組合員相互には法律関係は生じない。

　匿名組合は，民法の組合とは異なる。すなわち，民法の組合では，各組合員の出資その他の組合財産は，総組合員の共有に属するのに対して（民668条），匿名組合では，営業者の財産が存在するにすぎない（536条1項）。また，匿名組合には，民法の組合にみられる組合員の持分という概念も，組合の営業という概念もなく，営業者の営業があるにすぎない。組合員が組合から離れる場合，民法上，組合員の脱退（民678条）となるのに対して，匿名組合では，匿名組合員は団体の構成員ではないので，匿名組合契約の解除（540条）となる。

（2）自己の氏名等の使用を許諾した匿名組合員の責任

　民法上，組合員が無限責任を負うのとは異なり，匿名組合員は，営業者の行為について，第三者に対して権利および義務を有しない（536条4項）。しかし，匿名組合員は，自己の氏もしくは氏名を営業者の商号中に用いること，または，自己の商号を営業者の商号として使用することを許諾したときは，その使用以後に生じた債務については，営業者と連帯してこれを弁済する責任を負う（537条）。これは，名板貸責任（17条，会22条・24条）と同様に，権利外観理論あるいは禁反言の原則に基づくものであり，氏名等の使用の許諾は明示または黙示を問わない。

2　匿名組合員の権利義務
（1）出資義務

　匿名組合員は，金銭その他の財産のみをその出資の目的とすることができる（536条2項）。信用や労務の出資は認められていないが，物の利用権や無体財産権の出資でもよいと解される。匿名組合契約は有償契約なので，匿名組合員は，

出資に関する他人の権利の売買における売主の義務（民561条），抵当権等がある場合の買主による費用の償還請求（民570条）などの責任を負う。匿名組合員は，営業者の財産となった出資財産について権利を有しない（536条1項）。

（2）営業請求権

匿名組合員は営業から生ずる利益の分配を受けるために出資することから，営業者に対し，契約に従って営業を営むことを請求することができる。営業者がこの請求に対応しなかった場合には，匿名組合員は営業者に対して，損害賠償を請求したり（民415条），匿名組合契約を解除することができる（540条2項）。

（3）利益分配請求権

匿名組合員は，営業者にその営業から生じる利益を分配するよう請求することができる。この利益分配請求権は匿名組合に営業利益が存在する場合に限られる（535条）。「利益」とは，営業年度の開始時と終了時の財産額を比較し，当該年度の営業により増加した額をいい，その額は，各営業年度の終わりに作成される貸借対照表によって確定する。分配は，当事者がその割合を定めなかったときは，各匿名組合員の出資の割合に応じてなされる（民674条1項を参照）。

（4）損失てん補義務

匿名組合員は，出資が損失によって減少したときは，その損失をてん補した後でなければ，利益の配当を請求することができない（538条）。この場合，特約がない限り，匿名組合員は損失を分担する義務を負うと解され，営業で得られた利益で損失をてん補していき，出資がプラスになるまで利益配当を得られないということになる。「損失」とは，営業年度における営業による財産の減少額をいい，損失を「てん補する」とは，出資額から分担損失額を減じることをいう。てん補の割合については，当事者間の約定により決定されるが，約定がないときは，利益の分配割合に比例して割合が決定される（民674条1項を参照）。538条は，匿名組合員が利益配当請求権とともに損失てん補義務も有することを意味しているが，この義務は特約で排除することができる。

（5）貸借対照表の閲覧等ならびに業務および財産状況に関する検査

匿名組合では，営業から生ずる利益を分配することから（535条），匿名組合員は，営業に多大な利害関係を有するので，貸借対照表を閲覧または謄写したり，営業を検査する権利を有する。すなわち，匿名組合員は，営業年度の終了時において，営業者の営業時間内に，（i）営業者の貸借対照表が書面をもって作成されているときは，当該書面の閲覧または謄写の請求をすることができ，

（ⅱ）営業者の貸借対照表が電磁的記録（電子的方式，磁気的方式その他人の知覚によっては認識できない方式で作られる記録であって，電子計算機による情報処理の用に供されるもので法務省令〔商法施行規則〕で定めるものをいう）をもって作成されているときは，当該電磁的記録に記載された事項を法務省令で定める方法により表示されたものの閲覧または謄写の請求をし，または営業者の業務および財産の状況を検査することができる（539条1項，商施規9条）。

さらに，匿名組合員は，重要な事由があるときは，いつでも，裁判所の許可を得て，営業者の業務および財産の状況を検査することができる（539条2項）。裁判所の許可に係る事件は，営業所の所在地（営業所がない場合には，営業者の住所地）を管轄する地方裁判所が管轄する（539条3項）。

（6）出資価額返還請求権

匿名組合契約が終了したときは，匿名組合員は，営業者に対してその出資の価額の返還を請求することができる（542条本文）。この請求権は債権なので，匿名組合員は営業者の一般債権者と同じ順位で弁済を受けることができる。

3　営業者の権利義務

（1）出資請求権

匿名組合契約は有償・双務の契約であることから（535条），匿名組合員が出資をし，営業者が匿名組合員に営業利益を分配するので，営業者は匿名組合員に対して出資を請求する権利を有する。

（2）業務執行義務

匿名組合員は，営業者の業務を自ら執行し，または営業者を代表することができないのに対して（536条3項），営業者は，匿名組合の営業を運営する義務を負うとともに，善良な管理者の注意義務を負う（民671条類推・644条）。

最高裁の判例では，匿名組合契約の営業者が，新たに設立される株式会社に出資するなどし，同社が営業者の代表者とその親族から売買により株式を取得した事案において，営業者の一連の行為は，営業者らと匿名組合員との間に実質的な利益相反関係を生ずるものであり，匿名組合員の利益を害する危険性が高いため，匿名組合員の承諾を得ていない限り，営業者の匿名組合員に対する善管注意義務違反にあたると判示している（最判平成28・9・6判時2327号82頁）。

また，営業者は，匿名組合員の同意がない限り，営業廃止や譲渡をすることはできず，特約がない限り，匿名組合と同種の営業をしてはならない競業禁止義務（23条・28条，会12条・17条等）を負うと解される。営業者がこれに違反し，

損害が発生した場合，匿名組合員は営業者に損害賠償を請求することができる。

第3節　匿名組合契約の終了

1　匿名組合契約の終了

匿名組合契約の終了事由として，契約一般の終了事由，契約期間の満了の他に，商法は次のように定めている。

（1）匿名組合契約の解除

匿名組合契約で匿名組合の存続期間を定めなかったとき，または，ある当事者の終身の間，匿名組合が存続すべきことを定めたときは，各当事者は，6カ月前に解除の予告をした上で，営業年度の終了時において，契約を解除することができる（540条1項）。

匿名組合について存続期間を定めているときはそれに従うが，定めていない場合を含め，やむを得ない事由があるときは，各当事者は，いつでも匿名組合契約の解除をすることができる（540条2項）。「やむを得ない事由」には，営業者が営業利益を分配せず，その意思を有していない場合など（大阪地判昭和33・3・13下民集9巻3号390頁），匿名組合契約を存続することが難しい重要な義務違反が該当する。

（2）匿名組合契約の終了事由

商法は，匿名組合契約の終了事由について定めており，（ⅰ）匿名組合の目的である事業の成功またはその成功の不能（541条1号），（ⅱ）営業者の死亡または営業者が後見開始の審判を受けたこと（541条2号），（ⅲ）営業者または匿名組合員が破産手続開始の決定を受けたこと（540条3号）がある。

（ⅰ）については，営業者が営業を廃止したり，譲渡した場合，これらは解約原因にすぎず，当然に解除されるものではない。（ⅱ）については，匿名組合契約では，営業者の個人的な能力や信用が重要な要素であり，当然である。（ⅲ）については，営業者が破産手続開始の決定を受けた場合には，営業能力を失い，匿名組合員がこの決定を受けた場合には，債権債務関係を清算する必要が生じるからである。

2　匿名組合契約の終了に伴う出資の価額の返還

匿名組合契約の終了は営業の存続に影響を及ぼすものではないので，営業者は営業を継続させたり，廃止することができる。商法上，匿名組合契約が終了

したときは，営業者は，匿名組合員にその出資の価額を返還しなければならず，出資が損失によって減少したときは，その残額を返還すれば足りる（542条）。

　現物出資の場合，特約がない限り，出資の目的物を金銭的に評価した価額で返還がなされ，匿名組合員は出資した財産の返還を請求することはできない。この財産は出資により営業者の財産に帰属するからである（名古屋地判昭和53・11・21判タ375号112頁）。これに対して，匿名組合員が物の使用権のみを出資していたときは，匿名組合員は所有権に基づいて物の返還を請求できる。

　匿名組合に損失が出ていた場合には，特約で匿名組合員が損失を負担しない旨を定めている場合を除き，出資額から損失を減額した残額が返還される。また，計算によってマイナスが生じ，かつ，匿名組合員の出資が履行されていない場合には，当該匿名組合員は履行していない残額を上限としてマイナス部分を払い込まなければならない。

第5章
仲立営業・問屋営業

　企業取引において，企業の外部から企業を補助するものを仲介業者といい，商法では，代理商，仲立営業（仲立人），問屋営業（問屋）について規定されている。このうち，商法「第2編　商行為」では，特定の商人への従属性を持たないこともある仲立営業と問屋営業について規定している。

第1節　仲立営業

1　仲立人の意義

　他人間の商行為の媒介をすることを業とする者を仲立人といい（543条），この業を仲立営業という。仲立人に該当するものとして，旅行業者，商行為として宅地や建物の売買や賃貸等の取引を媒介する宅地建物取引業者（宅建業者）（宅建2条2号3号・3条1項），海上物品運送契約等の締結を媒介する海運仲立業者（海運2条1項4号），金融商品仲介業者（金取2条12項・66条），外国為替ブローカー等がある。

　「他人間の商行為」は，仲立人が媒介する他人のうちいずれか一方にとって商行為であることを要する。したがって，宅建業者が非商人間で宅地や建物の売買や賃貸を仲介する場合，商行為でない法律行為（民事行為）の媒介を行うので，商法でいう（商事）仲立人ではなく，民事仲立人となる（最判昭和44・6・26民集23巻7号1264頁〔百選41〕）。

　「媒介をする」とは，仲立人が契約の当事者となることなく，他人間において契約の締結等の法律行為が成立するよう，仲介・斡旋・勧誘等の事実行為をすることをいう。契約の締結について，仲立人であると同時に，代理人であることはできない（大判大正4・10・9民録21輯1624頁）。両者が行なう仲介業務の内容が異なるからである。

　「業とする」とは，仲立人について，他人間の事実行為に関して仲立ちをすることを引き受ける法律行為を営業としてする営業的商行為（502条11号）をいい，その限りにおいて，仲立人は商人である（4条1項）。

2 仲立契約

仲立人とこの者に商行為の媒介を委託する者（委託者）との間で仲立契約が締結される。仲立人と委託者の相手方との間には契約関係は存在しない。仲立営業が特定の商人への従属性を持たず，継続性がないことから，仲立契約は個別的関係にある契約である。

仲立契約は，仲立人が委託者から商行為の媒介の依頼を受けて，それを引き受けることによって成立する。仲立契約は，委託者が仲立人に媒介という事実行為をすることを委託するものであるから，その性質は準委任であり，民法の委任に関する規定（民643条〜655条）が準用される（民656条）。

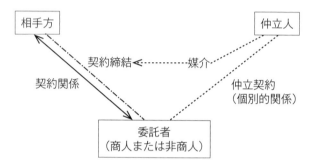

仲立契約には，双方的仲立契約と一方的仲立契約とがある。双方的仲立契約では，仲立人が，委託者のために他人間における法律行為の成立に尽力する義務を負い，委託者は，法律行為の成立により，仲立人に報酬として仲立料を支払う義務を負う。通常，委託者は，仲立人の媒介によって法律行為の成立を期待することから，仲立契約は特段の事情がある場合を除き，双方的仲立契約である。

一方的仲立契約では，仲立人は，他人間における法律行為の成立に尽力する義務を負わないが，尽力した結果，法律行為が成立したとき，委託者は仲立人に仲立料を支払う義務を負う。一方的仲立契約では，仲立人は他人間の法律行為の成立に尽力する義務を負わないので，この契約は請負（民632条）に類似した特殊な契約である。

商法上の仲立契約は双方的仲立契約である。

3 仲立人の権利義務

（1）善良な管理者の注意義務

仲立契約では民法の委任の規定が準用されることから，仲立人は，委託の本

旨に従い，委託者のために善良な管理者の注意をもって媒介を行い，法律行為の成立に尽力すべき義務を負う（民656条・644条）。さらに，仲立人は，法律行為の当事者間においてその成立に尽力する者であるから，委託者だけでなく，相手方に対しても公平誠実にその利益を図る義務を負うものと解される。

民事仲立人も，相手方に対して，直接の委託関係はなくとも，権利者の真偽につき格別の注意をするなどの業務上の一般的注意義務として，善管注意義務を負う（最判昭和36・5・26民集15巻5号1440頁）。宅建業法は，宅地建物取引業者に対して，取引の関係者に対し，信義を旨とし，誠実にその業務を行うように求めている（宅建31条1項）。

（2）当事者間の紛争を防止するための義務
（ⅰ）当事者のために給付を受けることの制限

仲立人は，当事者の別段の意思表示または別段の慣習がない限り，その媒介により成立させた行為について，当事者のために支払その他の給付を受けることができない（544条）。仲立人は媒介という事実行為を引き受けただけであるから，一方当事者が仲立人に給付しても，この者は他方当事者に対する債務を履行したことにはならない（最判昭和25・9・22刑集4巻9号1766頁等を参照）。しかし，自己の氏名または名称を黙秘するように命令した当事者は，仲立人に給付受領権限を与えたものと解される。

（ⅱ）見本保管義務

仲立人がその媒介に係る行為について見本を受け取ったときは，その行為が完了するまで，これを保管しなければならない（545条）。これは，仲立人が当該見本を保管することによって，法律行為の当事者である委託者・相手方間における取引の目的物が見本と同一の種類・品質のものであることが証明されることから，法律行為の成立後，委託者・相手方間で目的物について紛争が生じた場合の証拠としての機能を果たすために，仲立人に目的物を保管させるという趣旨である。見本保管義務は，法律行為の目的物が見本と同一の種類・品質を有することを担保する見本売買において，仲立人が見本を受け取ったときに生じるものであり，委託者だけでなく，相手方から見本を受け取ったときにも生ずる。仲立人は法律行為の当事者双方のために公平に媒介し，双方の利益を平等に考慮すべき義務を負うからである。保管は，善良な管理者の注意をもってなされなければならないが（民656条・644条），第三者に保管を委託することもできる。

「その行為が完了するまで」(545条)とは，媒介に係る行為が完了するまでをいうが，委託者・相手方間で法律行為が成立し，目的物が給付された時ではなく，その後，買主が完全な給付があったことを承認する，または，買主が担保責任を追及することができる期間が経過する(526条，民562条)など，目的物の種類・品質等について紛争が生じないことが確実になった時までをいう。

見本保管義務は商法に定められた法律上の当然の義務であるから，仲立人は，見本の保管について，報酬(550条)とは別に保管料を請求できない。

(iii) 結約書の交付義務等

当事者間において媒介に係る行為が成立したときは，仲立人は，各当事者がその氏名または名称を相手方に示してはならない旨を仲立人に命じた場合(548条)を除き，遅滞なく，各当事者の氏名または名称，当該行為の年月日およびその要領を記載した書面(結約書)を作成し，かつ，署名をし，または記名押印した後，これを各当事者に交付しなければならない(546条1項)。結約書は，当事者間で，法律行為が成立した事実およびその内容等を明らかにして，それについて紛争などが生じることを防ぐためのものであり，その限りにおいて，証拠書類である。したがって，仲立人は，結約書を正確に記載する義務を負い，不実の記載をしたときは，各当事者に対して損害賠償責任を負う。「要領」とは，目的物の名称・種類・品質・数量，履行の方法・場所・時期，損害賠償額などをいう。

法律行為が期限付契約や条件付契約などのように，当事者がただちに履行をすべきときを除き，仲立人は，各当事者に結約書に署名させ，または記名押印させた後，これをその相手方に交付しなければならない(546条2項)。これにより，各当事者は法律行為の内容等を確認できる。

結約書を作成し，交付した場合において，当事者の一方が結約書を受領しないか，またはこれに署名もしくは記名押印をしないときは，仲立人は，遅滞なく，相手方に対してその旨の通知を発しなければならない(546条3項)。結約書を受領しない，または署名をしない当事者には，法律行為の成立あるいはその内容について異議があるのではないかと考えられ，他方の当事者に必要な措置を速やかに講ずる機会を与えるためである。ただし，仲立人が作成した結約書に誤りがあるにもかかわらず，それを受領した各当事者が相手方または仲立人に対して異議を述べなかったときは，通常，当事者が法律行為の内容を結約書に記載された通りに変更することを黙示的に承認したものと解される。取引

の迅速性の要請によるものである。そして，結約書に誤りがあった結果，または，仲立人が，当事者の一方が結約書の受領を拒絶したこと，もしくは署名を拒絶したことを相手方に通知しなかった結果，当事者が損害を被ったときは，仲立人は当事者に対して賠償責任を負う。ただし，当事者が変更を黙示的に承認したと思われる場合には，仲立人による過失相殺が認められる。

(ⅳ) 帳簿記載義務等

仲立人は，帳簿を作り，自己の媒介で成立した法律行為につき結約書に記載した事項（546条1項1号2号）をその帳簿（仲立人日記帳）に記載しなければならない（547条1項）。この義務は，仲立人の媒介で委託者と相手方間で成立した法律行為に関する証拠を仲立人に保存させ，証拠の保全を図るためのものである。当事者がその氏名または名称を相手方に黙秘することを命じた場合（548条）であっても，仲立人は仲立人日記帳にそれらを記載して，保存しなければならない。仲立人日記帳は，仲立人自身の営業および財産の状況を記載するものではないので，商業帳簿（19条）ではないが，その趣旨から，保存には19条3項の規定が類推適用され，保存期間は帳簿閉鎖の時から10年間と解される。

当事者は，いつでも，仲立人がその媒介により当該当事者のために成立させた行為について，仲立人日記帳の謄本を交付することを請求することができる（547条2項）。ただし，当事者が氏名または名称を相手方に示してはならない旨を仲立人に命じたときは，仲立人は，結約書および仲立人日記帳の謄本にその当事者の氏名または名称を記載することができない（548条）。このような当事者の営業上の意思を重視することによる。仲立人が仲立人日記帳を作成しないとき，または，これを作成してもその謄本の交付請求に応じないときには，仲立人は，当該当事者に対してそれによって生じた損害を賠償する責任を負う。

(ⅴ) 当事者の氏名等を相手方に示さない場合

当事者がその氏名または名称（氏名等）を相手方に示してはならない旨を仲立人に命じたときは，仲立人は，結約書および仲立人日記帳の謄本に，その氏名等を記載することができない（548条）。仲立人は，取引当事者が氏名等の黙秘を命令すれば，客観的にその必要性があるか否かを問わず，命令に従わなければならない。これは，企業取引では，当事者の個性を重視しないで取引が行われることがあること，当事者が駆け引きのため氏名等を相手方に黙秘するよう命ずることがあることなどの理由で，市場を円滑に運営するために，法律行為の成立前に相手方を照会できないことが取引上のルールとされる場合がある

ことなどによる。

　仲立人は，当事者の一方の氏名等をその相手方に示さなかったときは，それが当事者の黙秘の命令によるものであるか否かを問うことなく，当該相手方に対して自ら履行する責任を負う（549条）。これを仲立人の介入義務といい，当事者の氏名等を黙秘された相手方の利益を保護するためになされる。それゆえに，これによって仲立人が相手方に対して行為の当事者となることはなく，匿名の当事者と他方当事者との間に法律行為が成立するので，問屋の介入権行使の場合とは異なる（555条）。

　仲立人は，介入義務を履行したときは，相手方に対して反対給付の履行を請求できないが，履行によって責任を免れた黙秘を命じた当事者に対して求償することができる。しかし，この場合であっても，仲立人は，法律行為の当事者として法律行為上の権利を相手方に請求することはできない。これに対して，相手方は，法律行為の成立後，氏名等が示されなかった当事者が判明したときは，当事者に対して履行を請求することができる。

（3）仲立人の報酬

　仲立人は商人であるから（543条），特約がなくとも委託者に相当な報酬として仲立料を請求することができるが（512条），仲立料は，仲立人が自己の媒介により当事者間に法律行為が成立し，結約書に関する義務の手続を終了した後でなければ，その媒介行為について報酬を請求することができない成功報酬である（550条1項）。

　民事仲立行為を行った宅建業者からそれぞれ相手方を紹介された当事者間で，不動産の賃貸契約ないし売買契約について合意がなされるまでになっておきながら，当事者双方が，業者への報酬の支払義務を免れるために途中から仲立契約を解除し，その後，当事者間で契約を成立させた場合，業者が自己の媒介によって契約が成立したとして報酬の支払を請求できるか否かという問題がある。最高裁の判例は，当事者の行為は，民事仲立人の媒介による契約成立を故意に妨げた停止条件成就の妨害にあたり，民事仲立人は条件の成就の妨害に関する規定（民130条）に基づいて報酬を請求することができると判示している（最判昭和45・10・22民集24巻11号1599頁〔百選83〕）。また，当事者間で法律行為が成立している限り，結約書の受領が拒絶されたり，氏名等の黙秘命令がなされた場合であっても，これらは法律行為の成立を否定するものではないことから，仲立人は報酬として仲立料を請求できる。

法律行為が成立すれば，当事者がそれを履行するか否かを問わないが，報酬には，仲立人が媒介にあたって支出した費用も含まれると解されることから，仲立人は，特約がない限り，報酬とは別に費用の償還を請求できない。
　仲立人の報酬は，当事者双方が等しい割合で負担する（550条2項）。これは，報酬の支払に関する当事者の内部分担を定めたものではなく，当事者間で報酬の分担を定めることは可能であるが，それを仲立人には対抗できないという趣旨である。これは，仲立人は相手方に対しても公平に利益を図るものであること，仲立人による媒介の利益が相手方にも及ぶこと，仲立人は紛争防止のための義務，氏名等の黙秘義務，介入義務などを負担するということによる。また，相手方は仲立契約の当事者ではないが，仲立人は相手方の利益をも考慮することが求められることから，仲立人はこの者に対しても報酬を請求することができる（550条2項）。
　民事仲立人もまた商人なので，仲立人と同様に，自己の媒介によって当事者間に法律行為が成立した場合に限り，委託者に対して相当の報酬を請求することができる（512条）（最判昭和38・2・12判時325号6頁）。ただし，民事仲立人は，委託者の相手方に対して報酬を請求する権利がない（最判昭和44・6・26前掲）。民事仲立人は，相手方の委託により，またはこの者のためにする意思をもって媒介をするものではないからである。これに関して，最高裁の判例は，民事仲立人による委託者のためにする意思をもってした媒介によって法律行為が成立し，その媒介の反射的利益が相手方に及ぶだけでなく，委託を受けた民事仲立人が，事務管理が成立している場合には，512条に基づき相手方に対して報酬を請求できる余地があると考えている（最判昭和44・6・26前掲，最判昭和50・12・26民集29巻11号1890頁）。これに対して，学説では，民事仲立人が相手方のためにする意思をもって媒介をしたと認められるという基準によって，報酬を請求できるとすることには疑問があり，民事仲立人は相手方に対する特別の義務が課されていないことなどから，550条2項は類推適用されないと解するか，あるいは，客観的にみて，相手方のためにする意思をもって媒介をしたと認められる場合に限るべきであるとする見解がある。

第2節　問屋営業

1　問屋の意義
（1）意　義
　自己（受託者）の名をもって他人（委託者）のために法律行為をすることを引き受けることを取次ぎといい，これを業としてなす者には，問屋，準問屋（558条），運送取扱人（559条）などがある。このうち，問屋とは，自己の名をもって他人のために物品の販売または買入れをすることを業（問屋営業）とする者をいう（551条）。

　問屋には，証券会社（有価証券の売買の取次ぎ〔ブローカー業務〕を行う場合），商品取引所の商品取引員などがある。これらに対しては，商法の規定の他に，金融商品取引法や商品取引所法などの特別法の規制が及ぶ。

　「とんや」は卸売商人であり，生産者から仕入れた物品を小売商に売却する仲買人であって，問屋ではない（大判明治44・5・25民録17輯336頁）。

（2）取次ぎを行う
　「自己の名をもって」（551条）とは，自分が当該法律行為の当事者となり，その行為から生ずる権利義務の主体となること，つまり，問屋が物品の販売または買入れ（売買）の契約の当事者となることをいう。

　「他人のために」するとは，他人（委託者）の計算において委託された法律行為をするという意味であり，法律行為上の経済的な損益を他人に帰属させることをいう。

　「取次ぎ」では，問屋が売買契約の当事者となるので，相手方は，代理人の場合とは異なり代理権の有無等を調べなくともよく，委託者は，相手方に自己の名前を知られないまま取引ができる。委託者は，問屋の信用を利用できるほか，遠隔地にいる問屋に依頼して取引ができるなど，委託者にとって問屋は使い勝手が良いといえる。委託者は非商人でも，不特定人でもよい。

　問屋は，自己の名をもって他人の計算において，委託された売買契約を締結することから（551条），本人の名をもって契約を締結する締約代理商（27条）や，他人間の商行為の媒介を行う媒介代理商（27条）・仲立人（543条）とは異なる。これらの者は商人の使用人でない点において共通する（27条・543条・551条）。

（3）物品の販売または買入れの取次ぎを行う

取次ぎの対象となる行為は物品の販売または買入れに限定される。「物品」とは，動産および有価証券をいう（最判昭和32・5・30民集11巻5号854頁）。物品の売買は委託者にとって商行為である必要はなく，委託行為が商行為であることも必要としない。

（4）取次ぎの引受けを業とする

問屋は，物品の売買それ自体ではなく，その取次ぎの引受けを行うことを業とする者（取次商）である。問屋にとって，物品の売買の取次ぎの引受けは基本的商行為を構成する営業的商行為（502条11号）であり，その実行行為として行う物品の売買は，問屋が会社または外国会社でない場合は附属的商行為（503条1項）であり，会社または外国会社の場合にも商行為（会5条）である。それゆえに，問屋は商人である（4条1項）。

2　問屋の内部関係（問屋と委託者との関係）

問屋が委託者から物品の売買の取次ぎを引き受ける場合，問屋と委託者との間で取次委託契約（問屋契約）が締結される。その結果，問屋が委託者のためにした販売または買入れにより，相手方に対して自ら権利を取得し，義務を負うこととなり，売買契約の効果は問屋に帰属することになる（552条1項）。取次委託契約は，問屋が物品の売買という法律行為を行うことを引き受ける契約であることから，その性質は委任（民643条）である。また，委託者と問屋との間で，委託者が委託する毎に締結されるのが一般的であることから，仲立契約と同じように個別的関係の契約である。

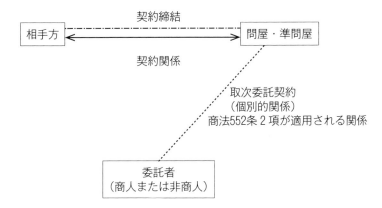

商法は，問屋と委託者の間の関係については，商法の規定（551条〜558条）の

ほか，委任および代理に関する規定を準用すると定めている（552条2項）。これについて，最高裁は，委任の規定は適用し，代理の規定は準用する趣旨であると判示している（最判昭和31・10・12民集10巻10号1260頁〔百選（第3版）67〕）。これは，取次ぎと代理では，物品の売買は委託者または本人の計算でなされており，問屋または代理人の行為の経済的効果が委託者または本人に帰属することにおいて共通するので，問屋と委託者との間には代理に関する規定が準用されるという趣旨である。すなわち，問屋と委託者という内部関係においては，民法99条の準用を認めて，問屋による譲渡またはその他の権利移転手続を経ることなく，問屋が行った売買の効果が当然に委託者に帰属するということになる。

問屋が委託者の指図に従わず売買した場合（最判平成4・2・28判時1417号64頁〔百選85〕），委託者は売買の効果の帰属を拒否できる。ただ，売買取引の効力は相手方と問屋の間で生じているので，委託者は当該取引を無効にすることはできない（最判昭和49・10・15金法744号30頁〔百選（第3版）68〕）。

3 問屋の対外関係
（1）問屋と相手方との関係

問屋は，他人（委託者）のためにした販売または買入れにより，相手方に対して，自ら権利を取得し，義務を負う（552条1項）。問屋は，相手方との間で，自己の名をもって売買契約を締結することから，法律上，当然に，当該売買契約の権利義務の主体となる。このように，問屋と相手方との関係は通常の売買契約の当事者間の関係と同じであることから，問屋が行う売買契約の成立あるいは効力に影響を及ぼす事情（詐欺・強迫等）は，委託者の事情を考慮せず，問屋について判断される。また，委託者と相手方の間に存在する抗弁事由や反対債権は，問屋と相手方は援用できない。

（2）委託者と相手方との関係

委託者と相手方は，問屋が締結した売買契約について直接的な法律関係を持たない。それゆえに，委託者は，問屋から相手方に対する債権を譲り受けない限り，相手方に対して直接的に履行を請求できない。また，相手方に債務不履行があったときは，契約当事者である問屋には損害が生じないが，委託者は，自分に損害が生じたとしても，相手方に対してその賠償を請求できない。この場合，問屋が契約当事者として損害賠償を請求することを認める必要があろう。というのは，この損害賠償は，問屋と相手方との間で締結された売買契約の履行に代わるものであると解されるからである。

問屋が委託者の指図に従って売買契約を締結したときは，目的物の瑕疵などに関して問屋が善意であったとしても，委託者の悪意あるいは過失によって知らなかった事情が考慮される（民101条3項）。

（3）問屋の一般債権者と委託者との関係

委託者から物品の買入委託を受けた問屋が，相手方との間で売買契約を締結し，委託者に対する目的物の引渡義務を履行する前に破産した場合，委託者と問屋の一般債権者のいずれを優先するかということが問題となる。すなわち，問屋の権利は破産財団に組み込まれるから，552条2項の解釈に従えば，委託者は，委託した売買契約が成立していることから問屋に対して報酬および立替金支払義務を負うが，売買代金や目的物について，問屋の一般債権者に対して取戻権（破62条）を有しないし，第三者異議の訴え（民執38条）も提起できない。

最高裁の判例では，証券会社が委託者の預託した金銭で取得した株券を委託者に引き渡す前に破産宣告を受けた事案において，売買契約上の権利は委託者の計算において取得されたもので，これについて実質的利益を有するのは委託者であり，かつ，問屋は，その性質上，自己の名においてではあるが，他人のために物品の販売または買入れをなすを業とするものであることに鑑みれば，問屋の債権者は，問屋が委託の実行としてした売買により取得した権利についてまでも自己の債権の一般的担保として期待すべきではないとして，問屋がこの権利を取得した後にこれを委託者に移転しない間に破産した場合においては，委託者はこの権利につき取戻権を行使することができると判示している（最判昭和43・7・11民集22巻7号1462頁〔百選86〕）。

学説では，通説は委託者の取戻権を認める。すなわち，問屋の債権者は，問屋が委託に基づく売買によって取得する権利についてまで自分の債権の一般的担保として期待すべきではなく，実質的な利益状態に基づいて，委託者は問屋およびその債権者に対して自分に属する権利につき取戻権を行使できると解すべきであり，552条2項にいう問屋については，問屋の債権者をも含むものと解し，委託者は，問屋が売買の目的物について所有権を取得すると同時に，問屋およびその債権者に対する関係で所有権を取得することになり，取戻権を有すると解している。

4 問屋の権利義務
（1）善良な管理者の注意義務

取次委託契約は委任の一種であるから，商法（551条〜558条）に規定がないと

きは，民法の委任および代理に関する規定を準用する（552条2項）。問屋は，一般的義務として，善良な管理者の注意をもって委託者のために物品の売買契約を実行し（民644条），委託者に売買代金や目的物などの引渡しをなし（民646条），目的物の保管，委託者に帰属する権利の保全（526条・527条等）などの措置を講じなければならない。

（2）問屋の担保責任

問屋は，委託者のためにした物品の販売または買入れにつき，相手方が問屋に対して負担すべき債務を履行しないときは，委託者に対して自らその履行をする責任（担保責任）を負う（553条本文）。というのは，委託者は，相手方とは直接的な法律関係がないものの，問屋が相手方との間で行う物品の売買による経済的効果を受けることから，相手方が債務を履行しない場合には損害を被るおそれがあるので，問屋を信頼して委託した委託者を保護し，問屋制度の信用を確保する必要があるからである。ただし，取次委託契約の当事者である問屋と委託者と間に別段の意思表示，または別段の慣習がある場合には，問屋は担保責任を負わない（553条ただし書）。問屋の手数料が低く定められているような場合には，別段の意思表示があったものと推定される。

問屋の担保責任は，代替給付が可能な債務に関するものである。その内容は，相手方が問屋との間で締結した売買契約において負担するものと同一であり，売買代金支払や目的物引渡等の義務，売買契約に関連する代金減額や損害賠償等の義務などが含まれる。相手方が問屋に対して有する抗弁は，問屋は委託者に対して主張できるが，問屋の委託者に対する善管注意義務（民644条）違反により生じたものである場合には，問屋は委託者に対抗できない。

（3）問屋が委託者の指定した金額との差額を負担する場合の販売または買入れの効力

問屋は，委託者に対して善管注意義務を負っているので（552条2項，民644条），委託者の指示に従わなければならない。それゆえに，委託者が，物品の販売または買入れの委託をする際に特定の価格を下回る価格では販売しない旨を指示した場合，特定の価格を超える価格では買入れしない旨を指示した場合，つまり，指値による売買を委託した場合，問屋はこの指示に従わなければならない。これを指値遵守義務という。したがって，これに反して，問屋が指定された金額（指値）より低い価格で販売をしたり，高い価格で買入れをした場合には，委託者は売買の効果を自分に帰属させることを拒否できる。

しかし，この場合において，問屋が自らその差額を負担するときは，その販売または買入れは，委託者に対してその効力を生ずる（554条）。というのは，このような場合には，委託者は指定された金額で売買がされた場合と同じ経済的効果を得ることができるし，問屋としても，差額を負担したとしても報酬のほうが多ければ利益になることもあるからである。ただ，問屋はつねに差額を負担する義務はなく，委託者は問屋に差額を負担するよう請求できない。したがって，問屋が指定された金額に反した契約をした場合，委託者は契約の効果の帰属を拒否し，問屋に対して善管注意義務違反に基づく損害賠償を請求できるにすぎない。問屋の差額負担は，無条件で差額全額についてなされる必要があり，負担の意思表示は，遅くとも，売買の通知と同時に委託者に到達しなければならない。

　これに対して，指定された金額より高い価格での販売または低い価格での買入れといった，委託者のために委託者に有利な物品の売買契約がなされた場合については，商法に規定はないが，その効果は委託者に帰属するものと解される。

　問屋が委託者のために物品の販売または買入れをしたときは，遅滞なく委託者に対してその通知をしなければならない（557条・27条）。この場合，委任に関する民法の一般原則の規定（民645条）の適用が排除され，代理商の通知義務の規定（27条）が準用されるが，というのは，民法645条によれば，受任者は，委任者の請求があるときは，いつでも委任者に委任事務の処理に関する報告をする義務を負うものとするのに対して，問屋については，代理商と同じく，商人であることから取引の迅速性が求められ，委託者からの請求がなくとも迅速に通知する義務が課せられるからである。この義務を怠った問屋は，委託者に対して損害賠償責任を負う。委託者に対する通知は，問屋と相手方との間でなされた売買契約の結果を委託者に帰属させるための要件ではない。

（4）報酬請求権・費用償還請求権

　問屋は，商人であるから（502条11号・4条1項），特約がない場合においても，営業として，委託者のためにした物品の販売または買入れにつき，委託者に対して相当な報酬を請求することができる（512条）。報酬は，原則として，委託された物品の販売または買入れ（受託業務）を履行した後でなければ請求することができない（民648条2項）。問屋は，委託者の責めに帰することができない事由によって受託業務の履行をすることができなくなったとき，または，委任

が履行の中途で終了したときは，すでにした履行の割合に応じて報酬を請求することができる（民648条3項）。問屋と委託者の間で，受託業務の履行により得られる成果に対して報酬を支払うことを約束した場合において，その成果が引渡しを要するときは，報酬は，その成果の引渡しと同時に支払われなければならない（民648条の2第1項）。民法634条の規定は，受託業務の履行により得られる成果に対して報酬を支払うことを約した場合に準用する（民648条の2第2項）。

問屋が，受託業務を処理するについて費用を要するときは，問屋は，委託者に対して，その前払を請求することができる（民649条）。問屋は，受託業務に関する事務を処理するのに必要と認められる費用（関税・倉庫保管料等）を立て替えたときは，委託者に対し，その費用の償還，および立替の日以後の法定利息を請求することができる（民650条1項，商法513条2項）。

(5) 介 入 権

問屋は委託者から物品の販売または買入れを委託されているのであるから，問屋が自ら買主または売主となって売買契約を成立させることは，一般的に，委託の趣旨から認められない。問屋は善管注意義務を負っているが（民644条），このような場合，委託者の利益を害するなどして自己の利益を優先させる危険があるからである。しかし，問屋が自ら買主または売主となって売買契約を締結しようとする場合であっても，委託者の利益を害するおそれがない場合には，委託者にも有利なこともあることから，商法はこれを認めている。すなわち，問屋は，取引所の相場のある物品の販売または買入れの委託を受けたときは，自ら買主または売主となることができる（555条1項前段）。これを問屋の介入権という。

(i) 介入の要件

①**物品について取引所の相場があること**　取引所の相場という客観的な基準があり，物品の価格面において委託者の利益が害されるおそれがない。問屋が委託を受ける際に売買をする場所の指定がされているときには，その場所に取引所の相場があること，指定がないときには，問屋の営業所所在地において取引所の相場があることを必要とする。

②**委託者が介入を禁止していないこと**　委託者が物品の販売または買入れについて特定の相手方を指定した場合，あるいは，一般的に介入を禁止した場合には，問屋は介入できない。委託者の意思を優先する必要があるからである。

③**問屋が委託を受けた物品について売買契約を締結していないこと**　問屋が売

買契約を締結した後では，当該契約上の権利義務は委託者に帰属しているからである。

(ⅱ) 介入の方法

介入は，委託者に対する問屋の一方的意思表示によりその効力が発生すると解される。それゆえに，問屋は，委託者に対して，自分が買主または売主となったことの通知を発しなければならず，この通知が委託者に到達した時に，介入の効力が生ずる。問屋の介入は，善管注意義務をもって適切な時期になされなければならない（民644条）。介入があった場合，販売または買入れの代価は，問屋が買主または売主となったことの通知を発した時における取引所の相場によって定められる（555条1項後段）。

(ⅲ) 介入の効果

介入は商法が定めた委託の実行方法であるから，問屋は，介入権を行使すると，問屋として委託された内容を実行したこととなり，報酬請求権（555条2項）などの権利を行使できる。さらに，委託者に対して買主または売主と同様の地位に立つ。

（6）供託権・競売権

問屋が委託者から買入れの委託を受けた場合において，委託者が買い入れた物品の受領を拒み，またはこれを受領することができないときは，問屋は，その物品を供託し，または相当の期間を定めて催告した後に競売に付することができる（556条・524条1項前段）。これは，物品の買入れの委託を受けた問屋の地位と商人間の売買における売主の地位が類似していることから，問屋の利益を保護するためのものである。この場合，問屋がその物品を供託し，または競売に付したときは，遅滞なく，委託者に対してその旨の通知を発しなければならない（556条・524条1項後段）。商人間の売買と同じ趣旨である。

（7）留 置 権

問屋は，委託者に対して報酬請求権（512条），費用償還請求権（民650条1項）および利息請求権（513条2項）を有するが，これらの債権を担保するために，別段の意思表示がない限り，委託者のために販売または買入れをしたことによって生じた債権の弁済期が到来しているときは，その弁済を受けるまでは，委託者のために問屋が占有する物品または有価証券を留置することができる（557条・31条本文）。企業の信用取引を円滑にし，その安全を図るために認められたものである。また，一般的には，取次行為は頻繁に行われ，委託者との委

託関係が密接かつ継続的なので，問屋の利益を保護するためでもある。問屋に，商人間の留置権に関する規定（521条）を準用せず，代理商の留置権に関する規定（31条）を準用するのは，委託者が商人でないこともあるからである。

問屋の留置権は，商人間の留置権よりも有利であるといえる。すなわち，留置権の当事者については，商人間の留置権では当事者は商人に限るのに対して，問屋の留置権では委託者は商人であることは要しない。債権の発生事由については，商人間の留置権では，商行為により債権者の占有に帰したものに限るのに対して，問屋の留置権では，商行為により問屋の占有に帰したことを要しない。また，留置の目的物については，商人間の留置権では債務者の所有する物または有価証券であることを要するのに対して，問屋の留置権では，委託者のために問屋の占有する物または有価証券に限らない。

6　準問屋

自己の名をもって他人のために販売または買入れ以外の行為をすることを業とする者を準問屋といい，551条から557条の問屋営業に関する規定がこの者について準用される（558条）。準問屋には，広告主から受託する広告業者（東京地判平成3・11・26判時1420号92頁），旅客運送または宿泊などの取次ぎを営業とする場合の旅行業者などが含まれ，物品運送の取次ぎを業とする運送取扱人については，559条以下に定めがある。これらの者は，自己の名をもって他人のために契約をすることを業とする取次商に属するという点においては，問屋と異ならない。

準問屋も「業とする者」であることから商人である（502条11号・4条1項）。

第6章 運送営業

第1節 総　説

1　総　則

　物品または旅客を場所的に移動させることを運送というが，個人や企業が運送から享受する利益は大きく，運送は社会において必需的な要素の一つである。

　商法は，このような運送の重要性を考慮し，運送契約当事者間の利益を調整することを目的として，運送契約に関する規定を設けている。また，運送は，個人や企業への役務の提供という公共的任務をも担っていることから，さまざまな取締法規が制定され，運送で使用される普通取引約款に対して厳格な監督規制がなされている。その意味で運送営業に関する商法の規定は，一般法として補充的に適用されるにすぎない。

　運送を巡っては運送営業の他に運送取扱営業（第2編第7章）や倉庫営業（第2編第9章第2節）があり，これらは物流（ロジスティックス）に関する基本的営業であることで共通するが，商法はそれぞれを独立して定めている。

2　運送人・運送の意義

（1）運送人

　商法上，陸上運送，海上運送または航空運送の引受けをすることを業とする者を運送人という（569条1号）。物品または旅客の運送を委託する者との間で運送契約を締結した上で，実際の運送を第三者（下請運送人）に委託する者も運送人に含まれる。商法が対象とするのは運送に関する行為を営業としてするときであるから（502条4号），運送の引受けをすることを業とする運送人は商人である（4条1項）。運送人は，個人または企業の抱える場所的・時間的な隔たりを巡る課題を運送で克服するものであることから，補助商である。

（2）陸上運送

　陸上における物品または旅客の運送を陸上運送という（569条2号）。商法は，第2編第8章に運送営業として陸上運送（物品運送・旅客運送）を規定する。

「陸上」とは，原則として，地理上の陸上および地中をいう。陸上運送は，場所的・時間的な隔たりの長短，動力や運送用具を問わず，自動車の回送のように運送の目的物の動力による移動も含む。

「物品」は種類による区別はないが，物品運送は，運送人が物品をその管理下に置いて場所的な移動を行うものであることから，陸上運送に含まれる場合の曳船契約のように，曳航される船舶の船長が曳航中に当該船舶を自己の管理下に置くような場合は，物品運送とはいえない。「旅客」とは，自然人をいう。

（3）海上運送

684条に規定する船舶（747条に規定する非航海船を含む）による物品または旅客の運送を海上運送という（569条3号）。「船舶」とは，（ⅰ）商行為をする目的で航海の用に供する船舶（684条），（ⅱ）商行為をする目的でもっぱら湖川，港湾その他の海以外の水域において航行の用に供する船舶（747条）をいい，これらに該当する船舶以外の船舶には陸上運送に関する法令が適用される。ただし，（ⅰ）（ⅱ）とも，端舟その他ろかいのみをもって運転し，または主としてろかいをもって運転する舟を除く。これらの船舶は商法の規定を適用するにはその所有者に厳しいからである。商法は第3編に海上運送を規定するが，船舶による海上物品運送で船積港または陸揚港が日本国外にあるものについては，国際海上物品運送法が適用され（国海1条），第3編の規定は国内海上物品運送に適用される。

（4）航空運送

航空法2条1項に規定する航空機による物品または旅客の運送を航空運送という（569条4号）。

「航空機」とは，人が乗って航空の用に供することができる飛行機，回転翼航空機，滑空機，飛行船その他政令（航空法施行令）で定める機器をいう（航空2条1項）。航空運送については，569条4号に定義規定が定められているにとどまり，特別の私法法令がないことから，実際の航空運送は，航空法や，自動執行条約である1929年ワルソー条約，1955年ハーグ改正ワルソー条約，1999年モントリオール条約等に依拠した航空運送約款の規律による。

第2節　物品運送

1　物品運送契約の意義等
(1) 物品運送契約の意義

　物品運送を行うにあたり，荷送人と運送人との間で物品運送契約が締結される。商法上，物品運送契約は，運送人が荷送人からある物品を受け取り，これを運送して荷受人に引き渡すことを約し，荷送人がその結果に対してその運送賃を支払うことを約することによって，その効力を生ずる(570条)。

　物品の到達地(目的地)において運送人から運送品を受け取る者を荷受人という。荷受人は，物品運送契約の当事者ではないが，運送品が到達地に到達した後，重要な役割を果たす。

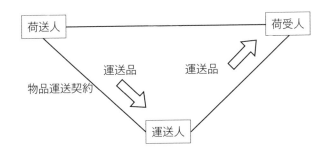

(2) 物品運送契約の性質

　物品運送契約は，運送人が他人の物品を到達地まで運送するという仕事を完成することをその内容とすることから請負契約(民632条)であり，完成すべき仕事が物品の場所的な移動であることに特徴がある。物品運送契約は，運送賃の支払を伴うことから有償契約であり，荷送人が物品の運送を委託する形で申込みをなし，運送人のこれに対する承諾によって成立することから諾成契約であり(570条)，契約の成立に特別な様式が求められていないことから不要式契約である(571条を参照)。

2　運送契約当事者の権利義務等
(1) 送り状の交付義務等

　荷送人は，運送人の請求により，所定の事項を記載した書面(送り状)を作成し，運送人に交付しなければならない(571条1項)。「所定の事項」とは，運

送品の種類，運送品の容積もしくは重量または包もしくは個品の数および運送品の記号，荷造りの種類，荷送人および荷受人の氏名または名称，発送地および到達地である（571条1項1号～5号）。

送り状は，運送人に対して，運送品の種類や到達地等の契約内容を知らせるとともに，荷受人に運送品と到着品が同一であることを確認させるという機能を持つ書面であるが，証拠書面にすぎない。荷送人は，故意または過失により運送状に不実または不正確な記述をし，その結果，運送人に損害が生じた場合には損害賠償責任を負うものと解される。

荷送人は，送り状の交付に代えて，法務省令（商法施行規則）で定めるところにより，運送人の承諾を得て，送り状に記載すべき事項を電磁的方法（電子情報処理組織を使用する方法その他の情報通信の技術を利用する方法であって法務省令で定めるもの）により提供することができる（571条2項前段）。この場合，荷送人は，送り状を交付したものとみなす（571条2項後段）。

送り状には，商法上，荷送人の署名もしくは記名押印または電子署名などは求められていないが（571条1項2項を参照），荷受人が運送品の受取を拒否した場合などに運送品を荷送人に返送することも考えられるので，実際の運送では，荷送人の署名等がなされるのが一般的である。

（2）危険物に関する通知義務

荷送人は，運送品が引火性，爆発性その他の危険性を有するものであるときは，その引渡しの前に，運送人に対し，その旨および当該運送品の品名，性質その他の当該運送品の安全な運送に必要な情報を通知しなければならない（572条）。この通知義務は，運送人が，運送品が危険物であることを認識したうえで，運送を拒否したり，運送にあたって，割増運送賃を請求したり，当該運送品について適切な運送方法や積付けなどの保管方法を検討・実施して運送の安全を確保し，事故の発生を未然に防止するなどの対応をするための前提となる義務である。危険物とは，引火性，爆発性その他の危険性を有するものをいう（国海11条1項3号を参照）。最高裁は，海上物品運送の事案において，海上運送人が，通常尽くすべき調査により，危険物の危険性の内容，程度および取扱上の注意事項を知り得るときは，危険物の製造業者および販売業者は，海上運送人に対し，その事項を告知（通知）する義務を負わないと判示している（最判平成5・3・25民集47巻4号3079頁）。しかし，運送契約上の当事者の利益のバランスを考えれば，572条のように荷送人に危険物に関する通知義務を課すととも

に，運送人が運送品の危険性を知ることができた場合であっても，荷送人は通知義務を負うと解するのが合理的であろう。

荷送人がこの通知義務に違反し，運送人に損害が生じた場合，運送人に対して賠償責任を負う。陸上運送では荷送人が消費者であることが多く，この者が運送品の危険性を十分に認識することなく運送を委託する場合もあるので，572条は荷送人の無過失責任を定めたものであると解することは難しい。その限りにおいて，572条は任意規定であることから，通知義務の内容については特約が優先する。特約には，通知義務違反が荷送人の責めに帰すことのできない事由によるものであるときは，荷送人はこの義務違反による損害賠償責任は免れると定めることも可能であろう。免責事由の主張立証責任は荷送人が負うと解される。

（3）運送賃等

運送人は，運送という仕事を完成したときは，特約がない場合であっても，相当な報酬として運送賃を請求することができる（512条）。運送契約は請負契約であるので，特約がなければ運送賃の前払いを求めることはできない（民633条）。商法は，570条に「荷送人がその結果に対してその運送賃を支払うことを約することによって」と明記することで運送賃の後払いを原則とするとともに，573条1項に，「運送賃は，到達地における運送品の引渡しと同時に，支払わなければならない」と定め，後払いであることを確認している。「到達地」とは，送り状記載の到達地をいうが，運送の途中で荷送人または荷受人が指定した新しい地もこれに該当する。「引渡し」とは，現実の引渡し，占有改定，指図による占有移転等をいう。

運送品が不可抗力によって滅失し，または損傷したときは，運送人は，その運送賃を請求することができず，運送人がすでにその運送賃を受け取っていたときは，これを返還しなければならない（573条2項）。この場合，運送人が運送という仕事を完成できなかったことの要因は不可抗力にあるからである。「不可抗力」とは，民法536条1項の「当事者双方の責めに帰すことができない事由」にあたると解され，一般的に，当該事業の外部から生じたでき事で，事業者が通常必要と認められる予防方法を尽くしても防止できない危害を意味する（東京地判平成8・9・27判時1601号149頁を参照）。

運送品がその性質もしくは瑕疵または荷送人の過失によって滅失し，または損傷したときは，運送人は，運送賃の全額を請求することができる（573条3

項)。この場合，運送人が運送という仕事を完成できなかったことの要因は，荷送人側にあるからである。

運送人は，運送に関する費用を立て替えたときは，荷送人に対し当然にその費用の償還を請求できる。「費用」には，保険料，倉庫保管料，包装費等が含まれる。

（4）運送人の留置権等

運送人は，運送品に関して受け取るべき運送賃，付随の費用および立替金についてのみ，その弁済を受けるまで，その運送品を留置することができる（574条）。商法は，被担保債権について「運送品に関して受け取るべき運送賃，付随の費用および立替金」（運送賃等）と定めることで，留置物と被担保債権との個別的な関係を求めている。運送品を受け取る荷受人を保護するためである。というのは，運送契約では荷送人と荷受人が異なることが多いことから，運送人が，荷送人に対して有する債権であるが，運送品と関係のない債権のために運送品を留置することになれば，当該運送品を受け取るはずの荷受人が不測の損害を被るおそれがあるからである。運送人は，留置権を行使するためには，当該運送品を占有するとともに，債権が弁済期にあることが必要であると解される。

運送人は，旅客または荷物の運送賃および付随の費用に関し，運送人の占有する荷物について運輸の先取特権を有する（民318条）。

（5）運送人の損害賠償責任

（i）責任の原則

運送契約において，運送人は，運送という債務の本旨に従った履行をしないときまたは債務の履行が不能であるときは，債務不履行となり，荷送人等に対して損害賠償責任を負う（民415条）。商法は，この一般原則を前提として，以下のような特則を定め，債務不履行責任原則を物品運送契約に応じて具体的に規定している。

運送人は，運送品の受取から引渡までの間にその運送品が滅失しもしくは損傷し，もしくはその滅失もしくは損傷の原因が生じ，または運送品が延着したときは，これによって生じた損害を賠償する責任を負う（575条本文）。ただし，運送人がその運送品の受取，運送，保管および引渡しについて注意を怠らなかったことを証明したときは，損害賠償の責任を免れる（575条ただし書）。

運送人は，運送を行う際に，使用人あるいは運送取扱人などの履行補助者を

使用することがある。このような運送の実態を考慮すると，575条の「運送人」には，履行補助者などが含まれ，運送人は自己およびこれらの者の故意または過失について責任を負うものと解される。このように，商法は，運送人は，一連の運送行為について注意を怠らなかったことを証明しなければ，運送品の損害について賠償責任を負うとして，過失責任主義をとっている。それゆえに，運送人が責任を免れるためには，自己および履行補助者などの無過失を立証しなければならず，履行補助者などに対する選任または監督につき注意を怠らなかったことを立証したとしても損害賠償責任を免れないと解される（大判昭和5・9・13新聞3182号14頁）。575条は，運送人は運送品について，受領という事実のみによって法律上当然に責任を負うとしていたローマ法上のレセプツム（receptum〔受領〕）責任に由来する。

「保管」とは，運送人が運送品を受け取ってから，運送人に引き渡すまでの保管をいう。

(ⅱ) **損害賠償の額**
①**運送品の滅失または損傷の場合**　商法上，運送品が滅失または損傷した場合において運送人が賠償すべき額は，大量の運送品を扱う運送営業の性質から，特別の事情によって生じた損害は除外され（民416条2項），通常損害に対して（民416条1項），賠償額を定型化している。すなわち，運送品の滅失または損傷の場合における損害賠償の額は，その引渡しがされるべき地および時における運送品の市場価格（取引所の相場がある物品については，その相場）によって定めることとし（576条1項本文），市場価格がないときは，その引渡しがされるべき地および時における同種類で同一の品質の物品の正常な価格によって定める（576条1項ただし書）。

「その引渡しがされるべき地及び時」とは，運送品が滅失した場合は，運送品の約定引渡地における約定引渡予定日をいう。また，市場価格がないときの損害賠償の額は，運送品が損傷した場合は，運送品を引渡した日における引渡地の価格を基準とし，損傷を受けることがなかったならば有していたであろう運送品の価額と，引き渡された日における引渡地の価格によって算定した損傷状態における運送品の価額との差額になる。「その引渡しがされるべき地及び時における」には，損傷を受けた運送品が延着した場合も含んでいると解されることから，この場合の損害賠償額は，約定引渡予定日における引渡地の価格によって算定した，損傷を受けることがなかったならば有していたであろう運

送品の価額と，引き渡された日における引渡地の価格によって算定した損傷状態における運送品の価額との差額になる。

運送品の滅失または損傷のために支払うことを要しなくなった運送賃その他の費用は，576条1項の損害賠償の額から控除する（576条2項）。

576条1項および2項の規定は，運送人の故意または重大な過失によって運送品の滅失または損傷が生じたときは，適用しない（576条3項）。「重大な過失」とは，ほとんど故意に近い注意欠如の状態をいい，運送人または履行補助者等の故意または重過失については損害賠償の請求者が主張立証する責任を負う。裁判例には，重過失の立証が困難なことから，運送人の支配下に移った運送品の紛失原因が不明で，運送人側が立証に協力しなかった場合に，運送人の重過失を推認したものがある（東京地判平成元・4・20判時1337号129頁）。

②運送品の延着の場合　運送品が滅失または損傷することなく完全な形で延着したにすぎない場合については，商法に規定がないことから，運送人は民法の一般原則に従って責任を負うことになり（民416条），すべての損害を賠償する責任を負うと解される。

（6）高価品の特則

貨幣，有価証券その他の高価品については，荷送人が運送を委託するに当たりその種類および価額を通知した場合を除き，運送人は，その滅失，損傷または延着について損害賠償の責任を負わない（577条1項）。「高価品」とは，運送人の予見可能性からみて，貴金属などのように，容積または重量に比べて著しく高価な物品をいう（最判昭和45・4・21判時593号87頁〔百選98〕）。ただ，当該運送品が高価品であることの判断は難しいことから，一般的には，運送約款などで高価品の範囲を具体的に定めることが多い。

高価品は損害発生の危険が大きく，損害額も高額になることから，危険物の場合と同じように（572条），荷送人が高価品であることを通知すれば，運送人はその危険に見合った割増運送賃を請求できるし，危険に相応した注意を払うことができるはずであり，通知がなければ，運送人に苛酷な損害賠償責任等を負わせることにもなることから，荷送人に対して通知義務を負わせている。

577条1項によれば，高価品について，荷送人が種類および価額の通知義務を負うが，同項の趣旨は運送人において賠償をする場合の最高額を予知させることにあり，当該運送品について種類および価額の通知を受けない限り，運送人は普通品としての損害賠償責任についても負わないとするものであると解さ

れる。というのは，運送人に普通品としての損害賠償責任を負わせようとしても，どのような品を普通品とするかの判断は容易ではないからである。

　商法によれば，（ⅰ）物品運送契約の締結の当時，運送品が高価品であることを運送人が知っていたとき，および，（ⅱ）運送人の故意または重大な過失によって高価品の滅失，損傷または延着が生じたときは，577条1項の規定は適用されず，運送人は損害賠償責任を負う（577条2項）。（ⅰ）の場合，運送人は普通品として運送しており，その限りにおいて，損害額も予知していたわけであるから，普通品としての注意義務に違反するような場合には，運送人は責任を負うことになる。損害賠償額は576条によって処理される。また，運送人が高価品であることを知って高価品の運送に対応したそれに対応する措置を取ったときは，荷送人等に対して相当の報酬を請求することができると解される（512条）。（ⅱ）について，577条1項のように損害賠償責任に関して運送人を保護する規定は，運送人の通常の企業活動を保護する趣旨であるので，荷送人との比較において公平の観点からして，（ⅱ）のような場合に運送人を免責することは妥当ではない。それゆえに，運送人は，その故意または重過失によって生じたすべての損害について賠償責任を負い，損害賠償額は民法416条により決定されると解される。運送人の故意または重過失を主張立証する責任は債権者側が負う。

　運送品の種類および価額を通知することが荷送人の義務とされるが，運送人が種類の通知を受けたことによりその価額を推定できるときは価額の通知は不要であると解される。価額が通知された場合でも，それがただちに賠償額となるのではなく，実損額が通知された価額よりも低い場合は，運送人は実際の価額と損害額を主張立証して，実損額を賠償すれば足りる。これに対して，荷送人等の荷主は通知価額に拘束され，実損額が通知価額より高くても，通知価額以上の賠償を請求できない。577条1項の趣旨からして，荷主が通知された価額以上の損害賠償を請求することは禁反言の法理に反するからである。

　577条は，高価品は損害発生の危険が大きく，損害額も多額なので，高価品であることが分かれば運送人はその危険に相応した注意を払う代わり，それに見合った割増運送賃を請求することに着目している。このことから，通知は責任発生原因であり，高価品であることの通知がなされたうえで割増運送賃が支払われない限り，運送人は責任を負わないと解される（最判昭和63・3・25判時1296号52頁〔百選（第3版）81〕）。

(7) 複合運送人の責任
(ⅰ) 複合運送の意義
　物品をトラックで空港まで運送し，航空機で運んだ後，空港から到達地までトラックで運送する場合がある。このように，陸上運送，海上運送または航空運送のうち二つ以上の運送を一つの契約で引き受けた場合の運送を複合運送という (578条1項)。

　物品運送では，コンテナを使うことでトラックや鉄道などの運送用具への積み下ろしが容易になり，物流における時間の短縮や経費の削減が可能になることから，海に囲まれたわが国においては，とりわけ海上複合運送が不可欠である。

(ⅱ) 複合運送人の損害賠償責任
　複合運送において，運送品の滅失等 (運送品の滅失，損傷または延着をいう) についての運送人の損害賠償の責任は，それぞれの運送においてその運送品の滅失等の原因が生じた場合に当該運送ごとに適用されることとなるわが国の法令またはわが国が締結した条約の規定に従う (578条1項)。というのは，複合運送では，運送用具の違いによって各運送に適用される法令等が異なるので，複合運送人は，各運送区間について適用される法令の規定または条約が定める強行規定に基づく責任を負うことが必要であるからである。運送区間のいずれかで運送品の滅失等が生じたことが特定されるときは，578条1項の規定によることになり，特定されないときは，商法の一般原則による。

　陸上物品運送では，トラックや鉄道などの運送用具が使用され，運送別に私法法令があるので，陸上運送であってその区間ごとに異なる二つ以上の法令が適用されるものを一つの契約で引き受けた場合について，578条1項の規定を準用する (578条2項)。

(8) 相次運送人の権利義務
(ⅰ) 相次運送の種類
　長距離の運送では，複数の運送人が関与する場合がある。このように，同一の運送品につき，数人の運送人が相次いで陸上運送をすることを相次運送といい (579条1項)，次のように分類される。①数人の運送人が独立して特定区間の運送を順次引き受ける場合 (部分運送)，②1人の運送人が全区間の運送を引き受け，その全部または一部について他の運送人を下請けとして使用する場合 (下請運送)，③数人の運送人が全区間の運送を引き受け，その内部において各

自の担当区間を定める場合（同一運送），④数人の運送人が順次に各特定区間の運送を行うが，各運送人は一通の通し運送状によって運送を各自引き継いでいく場合（連帯運送）がある。

(ⅱ) 相次運送人の権利義務

相次運送の場合，運送人は，次の運送人に運送品を引き渡してしまうと，運送品を占有していないことになるので，荷送人などに対して運送賃や立替金などの請求権およびこれに関連する留置権や先取特権などを有していても，自ら行使することが難しくなる。そこで，商法は，数人の運送人が相次いで陸上運送をするときは，後の運送人は，前の運送人に代わってその権利を行使する義務を負うとして（579条1項），前の運送人の権利を代位行使する義務と定めるとともに，後の運送人が前の運送人に対して運送賃や立替金その他の費用を弁済したときは，後の運送人は，前の運送人の権利を取得するとする（579条2項）。579条1項および2項の規定は，複数の運送人が相次いで運送をするすべての場合（①～④）に適用されるものと解される。

ある運送人が引き受けた陸上運送についてその荷送人のために他の運送人が相次いで当該陸上運送の一部を引き受けたときは，各運送人は，運送品の滅失等につき連帯して損害賠償の責任を負う（579条3項）。この相次運送形態は連帯運送を意味するものと解されることから，579条3項の規定は連帯運送（④）のみに適用される。

579条1項から3項までの陸上の相次運送人の権利義務に関する規定は，海上運送および航空運送の相次運送人について準用する（579条4項）。これらの規定が海上運送および航空運送に準用される根拠には，特定の運送手段に関して他の運送人が相次いで運送の引受けをした場合，当該運送手段の規律に従って各運送人の責任を連帯責任とすることは合理的であること，これらの規律は任意規定であり，当事者間では別段の定めをすることができることなどの理由がある。

(9) 荷送人による運送の中止等の請求

荷送人は，運送人に対し，運送の中止，荷受人の変更その他の処分を請求することができる（580条1項前段）。これは，運送品を巡る市場の状況（価格の変動等）や買主である荷受人の信用状態の変化等に対処するという，荷送人の利益を考慮したものである。したがって，運送人と荷送人との間の運送契約上の法律関係と，荷送人と荷受人との間の取引上の法律関係（通常，売買契約）とは別

個なものであるということもあり，運送人は，運送品が目的地に到達して荷受人が引渡しを請求するまで，この命令に従う義務を負うが，この命令に従い運送品を処分したときは，すでにした運送の割合に応じた運送賃，付随の費用，立替金およびその処分によって生じた費用の弁済を請求することができる (580条1項後段)。ただし，運送人の義務を不当に加重してはならないから，荷送人は，運送人が引き受けた本来の義務に本質的な変更を加えてはならない。

3　荷受人の権利義務等

運送契約の当事者は荷送人と運送人であるが，運送契約の性質上，到達地において運送品を受け取る荷受人が必要である。荷受人は，運送契約の当事者ではないが，運送の進み具合に伴って運送人に対して権利を取得し，義務を負う。

荷受人の運送人に対する権利は，運送品が到達地に到着する以前には存在しない。しかし，荷受人は，運送品が到達地に到着し，または運送品の全部が滅失したときは，物品運送契約によって生じた荷送人の権利と同一の権利を取得する (581条1項)。この場合において，荷受人が運送品の引渡しまたはその損害賠償の請求をしたときは，荷送人は，その権利を行使することができず (581条2項)，荷受人の権利が優先する。陸上運送では，運送品に関する危険負担は買主（通常，荷受人）への引渡しによって移転することが多いが，運送品が損害を受けた場合，運送人に対して損害賠償請求をするのは荷送人であることが多く，合理的である。そこで，581条2項は，荷受人の損害賠償請求の機会を確保するための規定であるといえる。ただし，荷受人が損害賠償請求をしても，荷送人の損害賠償請求権は消滅することなく，荷受人と荷送人がともに権利を有することになり，荷受人は権利行使ができないだけであることから，荷送人と荷受人との間で調整をし，その結果，荷送人が権利行使をすることもできると解される。

荷受人は，運送品を受け取ったときは，運送人に対し，運送賃等を支払う義務を負う (581条3項)。この場合，運送賃が後払いとされていれば，運送人は運送という仕事を完成させたのであることから，荷受人に義務を負うことになる。運送賃や費用の支払は，運送品の引換えと交換になされるわけであるが，これは，運送人は運送品に対して留置権を有するからである (574条)。荷受人がこの義務を負う場合でも，荷送人は義務を免れるわけではなく，両者の義務は不真正連帯債務となり，荷送人が運送賃等を支払う義務を負うこともある。

第 6 章　運送営業　175

4　運送品の供託および競売

　運送人は，荷受人を確知することができないとき，および，荷受人が運送品の受取りを拒み，またはこれを受け取ることができないときは，運送品を供託することができる（582条1項・583条）。582条1項は民法494条2項に該当し，583条は民法494条1項に該当する。海上運送および航空運送においてこれらの事態が発生したときにも，582条1項および583条の規定が適用され，荷受人があらかじめ運送品の受取りを拒んでいるときにも，583条が適用されると解される。

　運送品を供託する場合において，運送人は，荷受人を確知することができないときには，運送人が荷送人に対し，相当の期間を定めて運送品の処分につき指図をすべき旨を催告したにもかかわらず，荷送人がその指図をしないとき，および，荷受人が運送品の受取りを拒み，またはこれを受け取ることができないときは，その運送品を競売に付することができる（582条2項・583条）。ただし，損傷その他の事由による価格の低落のおそれがある運送品は，582条2項の催告をしないで競売に付することができる（582条3項・583条）。582条2項および3項の規定により運送品を競売に付したときは，運送人は，その代価を供託しなければならないが，その代価の全部または一部を運送賃等に充当することができる（582条4項・583条）。

　運送人は，582条1項から3項までの規定により運送品を供託し，または競売に付したときは，遅滞なく，荷受人が確知することができない場合には荷送人に，その他の場合には荷送人および荷受人に対してその旨の通知を発しなければならない（582条5項・583条）。

5　運送人の責任の消滅

（1）特別消滅事由

　運送人の損害賠償責任は，免除その他の一般的消滅事由によって消滅するが，多数の運送関係を処理する運送人を保護するため，商法は特別消滅事由を定めている。

　運送品の損傷または一部滅失（損傷等）についての運送人の責任は，荷受人が異議をとどめないで運送品を受け取ったときは，消滅する（584条1項本文）。したがって，荷受人は，運送品を受け取り，運送賃その他の費用を支払う場合，まず，運送品を検査し，損傷等が見つかったときは，運送人に対して運送品が損傷等をしていること，および，その概要を知らせることによって運送人の責

任の追及を留保する必要があり，それをすることを怠ってしまうと損害賠償請求ができなくなる。ただし，運送品にただちに発見することができない損傷または一部滅失があった場合において，荷受人が引渡しの日から2週間以内に運送人に対してその旨の通知を発したときは，この限りでない（584条1項ただし書）。このことは，商人間の売買における買主の検査通知義務（526条）に類似するが，荷受人が商人でないときもあることから，運送人は商事売買における売主よりも保護されている。これに対して，荷受人が商人でないとき，当該荷受人は，民事売買における目的物の種類または品質に関する担保責任の期間の制限に関する買主の立場（民566条）よりも厳しい。

584条1項の規定は，運送品の引渡しの当時，運送人がその運送品に損傷または一部滅失があることを知っていたときは，適用しない（584条2項）。

運送人がさらに第三者に対して運送を委託した場合において，荷受人が584条1項ただし書の期間内に運送人に対して同項ただし書の通知を発したときは，運送人に対する第三者の責任に係る同項ただし書の期間は，運送人が当該通知を受けた日から2週間を経過する日まで延長されたものとみなす（584条3項）。

（2）短期出訴期間

運送品の滅失等についての運送人の責任は，運送品の引渡しがされた日（運送品の全部滅失の場合にあっては，その引渡しがされるべき日）から1年以内に裁判上の請求がされないときは，消滅する（585条1項）。運送人の責任を追及する者の出訴期間を定めたものである。運送人が引き受けた運送について責任を負うのは，運送品の滅失等という事実が存在し，かつ，運送品の受取り，運送，保管および引渡しについて注意を怠らなかったことを証明できなかったという主観的態様が存在する場合である（575条参照）。585条1項において出訴期間を定めた理由には，運送人が運送品を引き渡してから1年が経過した時に，運送人の主観的態様が争われることは望ましくないこと，荷主が損害賠償請求を準備する期間は，運送人の主観的態様によって異なるものではないことなどがある。運送人が運送品を供託した場合（582条・583条），出訴期間は供託をした日から進行する。「裁判上の請求」とは，支払督促の申立て（民訴382条以下），仲裁人選任（仲裁17条），調停の申立て（民調4条の2）などをいう。

出訴期間は，運送品の滅失等による損害が発生した後に限り，合意により，延長することができる（585条2項）。延長期間の長さは制約がない。

運送人がさらに第三者に対して運送を委託した場合において，運送人が585

条1項の期間内に損害を賠償しまたは裁判上の請求をされたときは，運送人に対する第三者の責任に係る同項の期間は，運送人が損害を賠償しまたは裁判上の請求をされた日から3カ月を経過する日まで延長されたものとみなす（585条3項）。

（3）運送人の債権の消滅時効

運送人の荷送人または荷受人に対する債権は，これを行使することができる時から1年間行使しないときは，時効によって消滅する（586条）。

6　運送人の不法行為責任

運送人は，運送品を滅失または損傷させた場合，運送契約上の債務不履行責任（民415条）を負うが，運送品に関する荷主の所有権を侵害したことになるので，不法行為責任の要件（民709条）が充足されると考えられる。この二つの責任の関係について，主な考え方としては，同一の事実が二つの責任のそれぞれを満たす場合に，相手方はどちらの責任をも追及できるとする考え方（請求権競合説）と，債務不履行の規定は不法行為の規定の特則であり，不法行為とは異なって契約関係を前提としているから，債務不履行責任が成立する場合には不法行為責任は排除されるとする考え方（法条競合説）とがある。

損害賠償責任に関するこのような考え方の違いを前提として，商法は，運送人の不法行為責任について定めている。すなわち，576条，577条，584条および585条の規定は，運送品の滅失等についての運送人の荷送人または荷受人に対する不法行為による損害賠償の責任について準用する（587条本文）。587条の規定は，荷主等が運送人に対して不法行為責任を追及することを認めるが，その場合，損害賠償額の定額化，高価品の特則および運送人の損害賠償責任の消滅に関する商法の規定が準用されるということを意味しており，基本的に請求権競合説に立っていると解される。また，587条の規定は，荷受人に対する不法行為責任についても及ぶとしているが，これは，最高裁が，宅配便の荷物の紛失について，荷受人が運送会社に対して運送契約上の責任限度額を超えて損害賠償を請求した事案において，荷受人も，宅配便によって荷物が運送されることを容認していたなどの事情があるときは，信義則上，責任限度額を超えて運送人に対して損害の賠償を請求することはできない（最判平成10・4・30集民188号385頁〔百選99〕）と判示したことによるものであろう。このような事情があるときには，荷受人は運送品に関して不利益を享受しなければならないことになるが，商法は，荷受人があらかじめ荷送人の委託による運送を拒んでいたに

もかかわらず荷送人から運送を引き受けた運送人の荷受人に対する責任については，この限りでないとして（587条ただし書），587条本文が及ばない旨を明示している。

7 運送人の被用者の不法行為責任

587条の規定により運送品の滅失等についての運送人の損害賠償の責任が免除され，または軽減される場合には，その責任が免除され，または軽減される限度において，その運送品の滅失等についての運送人の被用者の荷送人または荷受人に対する不法行為による損害賠償の責任も，免除され，または軽減される（588条1項）。このような規定を定めた理由としては，運送人の被用者が運送人の責任を上回る責任を負うことは望ましくないこと，被用者が重い責任を負うとした場合，最終的な負担者は運送人に転嫁され，運送人の責任の減免を定めた商法の立法趣旨に合わないことなどがあげられる。

運送人の被用者の責任の減免を定める588条1項の規定は，運送人の被用者の故意または重大な過失によって運送品の滅失等が生じたときは，適用しない（588条2項）。

「被用者」には，運送人の使用人のほか，運送人が運送契約上の義務を履行するために使用する履行補助者，相次運送契約における中間運送人などが含まれると解される。

第3節 旅客運送

1 旅客運送契約

運送人が旅客を運送することを約し，相手方がその結果に対してその運送賃を支払うことを約することによって，その効力を生ずる契約を旅客運送契約という（589条）。

旅客運送契約は，運送の対象である旅客自身と運送人との間で締結されるのが通常であるが，親が未成年の子の運送を運送人に託す場合などのように，旅客（子）とは異なる第三者（親）と運送人との間で締結されることもあることから，「相手方」とは，このような場合の第三者を含める。

旅客運送契約は，運送人が旅客を目的地まで運送するという仕事の完成を目的とする契約であることから，物品運送契約と同じく，請負契約の一種である（民632条）。旅客運送契約は，運送人が旅客を運送することを約し，相手方がそ

の結果に対して運送賃を支払うことを約することによって効力を生ずることから諾成契約であり，相手方が運送賃を支払うことから有償契約である。589条において旅客運送契約とは，相手方が運送という結果に対して運送賃を支払う契約であるとしていることから，運送賃は後払いであると解されるが，特段の取決めがあれば，前払いも可能であり，それが一般的である。旅客運送契約では，通常，乗車券が発行されるが，商法上，契約の成立に特別の要式を求めておらず，乗車券が発行される場合であっても，乗車券の発行は契約の成立要件ではないことから，旅客運送契約は不要式契約である。したがって，契約成立時期は，通常は乗車券購入の時であるが，乗車後に乗車券を購入する場合は乗車時である。

2 乗車券の法的性質

乗車券には，普通乗車券，回数乗車券および定期乗車券がある。特定区間の個別的運送について発行される普通乗車券は無記名が通例であり，運送賃が表章された有価証券であると解する見解がある。この見解によると，旅客運送契約は乗客が普通乗車券を購入した時に成立し，普通乗車券が他人に譲渡されると運送賃もその譲受人に移転する。

回数乗車券も無記名であることが多く，大審院の判例は，運送賃の前払いを証明し運送賃に代用される一種の票券と解しているのに対して（大判昭和14・2・1民集18巻77頁），学説では，一般的に，回数乗車券の購入により包括的な運送契約または予約が成立し，このような運送契約上の債権を表章する有価証券であると解している。

定期乗車券は記名式で発行されるので譲渡性がないことから，有価証券ではなく証拠証券とする見解が有力であるが，定期乗車券も有価証券であり，譲渡性がないだけであるとする見解もある。

3 旅客運送人の責任

（1）旅客の損害についての責任

（i）旅客運送人の責任

旅客運送人は，自己が運送に関し注意を怠らなかったことを証明しない限り，旅客が運送のために受けた損害を賠償する責任を負う（590条）。旅客運送人の責任は，旅客が，乗車券を購入した時，または乗車券を購入する前に電車やバス等の運送用具に乗車した時に始まり，これらに乗車し，その後，下車するまで継続するが，物品運送人と同様の責任を負う。つまり，この規定は，物品運

送人の責任を定める575条と同じように，民法上の損害賠償に関する一般原則を運送関係に即して具体的にした注意規定である。この規定は，旅客の保護を厚くするための規定であるが，旅客運送人にとっては負担が大きいため，この者の責任保険等の保険制度が利用される。損害賠償請求権は，旅客が死亡した場合は相続人が相続する。

（ⅱ）**特約禁止**

旅客の生命または身体の侵害による運送人の損害賠償の責任（運送の遅延を主たる原因とするものを除く）を免除し，または軽減する特約は，無効とされ（591条1項），このような旨の特約は禁止されている。

「生命の侵害」とは，旅客が死亡することであり，「身体の侵害」とは，旅客が負傷することである。

ただし，①大規模な火災，震災その他の災害が発生し，または発生するおそれがある場合において運送を行うとき，②運送に伴い通常生ずる振動その他の事情により生命または身体に重大な危険が及ぶおそれがある者の運送を行うときは，591条1項の規定は適用されない（591条2項）。①は，旅客運送人の能力をもってしても対応できない状況の事故または災害であることから，旅客運送人に責任を負わすことは苛酷であることによる。②は，電車やバス等の運送用具は運送中に振動等が生ずるのは常態であることから，これら通常の動きの作用について旅客運送人に責任を負わすことは厳しいということによる。

（2）手荷物の損害についての責任

（ⅰ）**引渡しを受けた手荷物に関する運送人の責任等**

旅客運送人は，旅客から引渡しを受けた手荷物（託送手荷物）については，運送賃を請求しないときであっても，物品運送契約における運送人と同一の責任を負う（592条1項）。この場合，旅客運送に付随した形で託送手荷物について物品運送が行われていると考えてよいことから，このような責任が認められる。

運送人の被用者は，託送手荷物について，物品運送契約における運送人の被用者と同一の責任を負う（592条2項）。

託送手荷物が到達地に到着した日から1週間以内に旅客がその引渡しを請求しないときは，運送人は，その手荷物を供託し，または相当の期間を定めて催告をした後に競売に付することが可能であり，この場合において，運送人がその手荷物を供託し，または競売に付したときは，遅滞なく，旅客に対してその旨の通知を発しなければならない（592条3項）。

損傷その他の事由による価格の低落のおそれがある託送手荷物は，593条3項の催告をしないで競売に付することができる（592条4項）。

592条3項および4項の規定により手荷物を競売に付したときは，運送人は，その代価を供託しなければならないが，その代価の全部または一部を運送賃に充当することができる（592条5項）。

旅客の住所または居所が知れないときは，592条3項の催告および通知は，することを要しない（592条6項）。

(ⅱ) 引渡しを受けていない手荷物に関する運送人の責任等

①**損害賠償責任を負わない場合**　運送人は，旅客から引渡しを受けていない手荷物（身の回り品を含む）（持込手荷物）の滅失または損傷については，故意または過失がある場合を除き，損害賠償の責任を負わない（593条1項）。持込手荷物の場合は，旅客がそれを保管するのであり，それは旅客運送の一部にとどまるから，運送人または履行補助者等の故意または過失がある場合にのみ損害賠償責任を負うにとどまる。ただし，運送人またはその履行補助者等の故意または過失については，旅客の側に主張立証する責任がある。

②**損害賠償の額**　持込手荷物の滅失または損傷の場合における損害賠償の額は，その運送が終了すべき地および時における当該手荷物の市場価格（取引所の相場がある物品については，その相場）によって定め，市場価格がないときは，その地および時における同種類で同一の品質の物品の正常な価格によって定める（593条2項→576条1項）。この規定は，運送人の故意または重大な過失によって持込手荷物の滅失または損傷が生じたときは，適用しない（593条2項→576条3項）。

③**運送人の責任の消滅**　持込手荷物の損傷または一部滅失についての運送人の責任は，旅客が運送の終了の時までに異議をとどめなかったときは，消滅するが，持込手荷物にただちに発見することができない損傷または一部滅失があった場合において，旅客が運送の終了の日から2週間以内に運送人に対してその旨の通知を発したときは，この限りでない（593条2項→584条1項）。

持込手荷物の滅失等についての運送人の責任は，運送の終了の日から1年以内に裁判上の請求がされないときは，消滅する（593条2項→585条1項）。この期間は，運送品の滅失等による損害が発生した後に限り，合意により，延長することができる（593条2項→585条2項）。

④**運送人およびその被用者の不法行為責任**　576条1項・3項，584条1項お

よび585条1項・2項の規定は，持込手荷物滅失等についての運送人の旅客に対する不法行為による損害賠償の責任について準用する（593条2項→587条本文）。

　587条本文（593条2項で準用）の規定により持込手荷物の滅失等についての運送人の損害賠償の責任が免除され，または軽減される場合には，その責任が免除され，または軽減される限度において，その持込手荷物の滅失等についての運送人の被用者の旅客に対する不法行為による損害賠償の責任も，免除され，または軽減される（593条2項→588条1項）。588条1項の規定は，運送人の被用者の故意または重大な過失によって運送品の滅失等が生じたときは，適用しない（593条2項→588条2項）。

（3）運送人の債権の消滅時効

　旅客運送人の旅客に対する債権は，これを行使することができる時から1年間行使しないときは，時効によって消滅する（594条→586条）。

第7章
運送取扱営業

第1節　意　義　等

1　運送取扱営業の意義

　荷物をコンビニエンスストア（コンビニ）から発送する場合，客（荷送人）は，コンビニとの間で，運送会社（運送人）に対して荷物を荷受人まで運送するように依頼する旨の契約を締結し，荷物をコンビニに引き渡すことが日常的に行われている。この契約を運送取扱契約という。その後，コンビニは，客から預かった荷物を運送会社に引き渡し，運送会社が荷物を荷受人まで運送する旨の契約を締結する。この契約を運送契約という。コンビニのように，自己の名をもって物品運送の取次ぎをすることを業とする者を運送取扱人といい（559条1項），この行為を運送取扱営業という。運送取扱人は，自分が当事者となって，委託者である荷送人の費用（運送賃）負担で，運送人との間で物品運送契約を締結する者である。

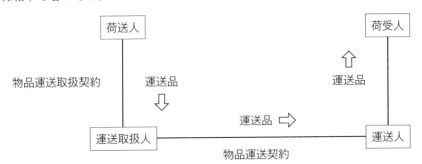

　企業間でなされる運送の実際では，運送取扱人は，フレートフォワーダー（freight　forwarder）あるいは通運事業者と呼ばれ，一般的に，荷送人のために，運送人や運送経路の選定，書類の作成，国際取引における通関手続をするなど，運送に関する手続を行う。また，運送取扱人は，物品運送の取次ぎだけでなく代理や媒介なども行うこともあることから，荷送人は自分でこれらの業務をす

る必要がない。運送取扱人は、交通機関の発達や複雑化に伴って問屋から分化し、荷送人に代わって運送に関する業務を適確かつ迅速に行うことを目的とする企業である。

2 他業に関する規定の準用

商法は取次ぎに関する行為を営業的商行為としているので（502条11号）、運送取扱人は商人であり（4条1項）、補助商である。運送取扱人は、取次商であることにおいて問屋と共通するので、運送取扱人について、運送取扱営業を定める商法第2編第7章（559条～564条）に別段の定めがある場合を除き、551条に規定する問屋に関する規定を準用する（559条2項）。商法は551条の規定だけを明示しているが、準用するのは、551条から558条までの規定であると解される。さらに、運送取扱人は、物品運送に関連することにおいて運送営業者と共通するので、物品運送に関する規定の一部を準用する（564条）。

第2節　運送取扱人の義務・責任等

1 善管注意義務

運送取扱契約は、荷送人が運送取扱人に対して物品運送の取次ぎを委託する契約であり、委任の一種であることから（民643条）、運送取扱人は、委任の本旨に従い、善良な管理者の注意をもって、自らの義務を履行しなければならない（民644条）。運送取扱人の注意義務の程度は、運送取扱契約の内容や商慣習によって決まる。

2 運送取扱人の責任

（1）損害賠償責任

（i）原　　則

運送取扱人は、運送品の受取から荷受人への引渡までの間にその運送品が滅失しもしくは損傷し、もしくはその滅失もしくは損傷の原因が生じ、または運送品が延着したときは、これによって生じた損害を賠償する責任を負う（560条本文）。ただし、運送取扱人がその運送品の受取り、保管および引渡し、運送人の選択その他の運送の取次ぎについて注意を怠らなかったことを証明したときは、損害賠償の責任を免れる（560条ただし書）。

560条は、運送人の責任を定める575条と同じく、民法の債務不履行責任の原則を具体的に規定し、過失責任を定めている。560条の「運送取扱人」には、

使用人のほか，運送取扱人が運送取扱契約上の義務を履行するために使用する履行補助者，相次運送取扱契約における中間運送取扱人や到達地運送取扱人などが含まれる。それゆえに，運送取扱人は，自己の行為について無過失の立証責任を負うとともに，履行補助者等の行為について，その選任および監督に関する自己の無過失を立証し，かつ，これらの者の無過失を立証しなければならない。「保管」とは，運送取扱人が荷送人から運送品を受け取ってから，運送人に引き渡すまでの保管をいう。「その他の運送の取次ぎ」とは，中継地における中間運送取扱いや到達地運送取扱いなどのことである。560条は任意規定なので，免責約款が公序良俗や信義則に反しない限り認められる。

運送取扱人は委託者のために運送に必要な注意を払わなければならないが，最高裁の判例によれば，荷受人が運送品の受取りを拒否したときに，荷送人に通知することなく荷受人でない者に運送品を引き渡した場合は，運送取扱人としての注意義務を尽くしたことにはならないとされる（最判昭和30・4・12民集9巻4号474頁）。

(ⅱ) 損害賠償額

損害賠償の額については，運送人に関して576条の規定はあるが，運送取扱人に関してこの規定は準用されておらず（564条を参照），また，商法に特段の規定がないので，民法の一般原則によることになる。

(ⅲ) 高価品の特則

貨幣，有価証券その他の高価品の運送については，荷送人が運送取扱人に対して運送の取次ぎを委託するに当たり，その種類および価額を通知した場合を除き，運送取扱人は，その滅失，損傷または延着（滅失等）について損害賠償の責任を負わない（564条→577条1項）。しかし，物品運送取扱契約の締結の当時，運送品が高価品であることを運送取扱人が知っていたとき，および，運送取扱人の故意または重大な過失によって高価品の滅失等が生じたときには，運送取扱人は損害賠償の責任を負う（564条→577条2項）。

これらの他に，運送取扱人が運送品を運送人に引き渡す時，運送品が高価品である旨を通知せず，その滅失等が生じた場合も，運送取扱人は損害賠償の責任を負うものと解される。運送取扱人が運送人に運送品が高価品である旨を通知しなかった結果，運送人が高価品の運送に適応した手段を講ずる機会を失わせたことになるからである。

(ⅳ) **損害賠償請求権者**

560条に基づき運送取扱人に対して損害賠償を請求できるのは、運送取扱契約の当事者である委託者である荷送人である。また、運送品が到達地に到達すると、荷受人も運送取扱人に対して損害賠償請求権を行使できる。

(2) 不法行為責任

損害賠償の額 (576条)、高価品の特則 (577条)、および運送人の責任の消滅 (584条・585条) に関する規定は、運送品の滅失等に関する運送取扱人の荷送人または荷受人に対する不法行為による損害賠償の責任について準用する (564条→587条本文)。ただし、荷受人があらかじめ荷送人の委託による運送を拒んでいたにもかかわらず荷送人から運送を引き受けた運送取扱人の荷受人に対する責任については、この限りでない (564条→587条ただし書)。

このように、運送人の不法行為責任に関する規定 (587条) を運送取扱人に準用することにより、運送品の滅失等についての運送取扱人の損害賠償の責任が免除され、または軽減される場合には、その責任が免除され、または軽減される限度において、その運送品の滅失等についての運送取扱人の被用者の荷送人または荷受人に対する不法行為による損害賠償の責任も、免除され、または軽減される (564条→588条1項)。このような規定を定めた理由としては、運送人の場合と同じように、運送取扱人の被用者が運送取扱人の責任を上回る責任を負うことは望ましくないこと、被用者が重い責任を負うとした場合、最終的な負担者は運送取扱人に転嫁され、運送取扱人の責任の減免を定めた商法の立法趣旨に合わないことなどがあげられる。

588条1項の規定は、運送取扱人の被用者の故意または重大な過失によって運送品の滅失等が生じたときは、適用しない (564条→588条2項)。

「被用者」には、運送取扱人の使用人のほか、運送取扱人が運送取扱契約上の義務を履行するために使用する履行補助者、相次運送取扱契約における中間運送取扱人や到達地運送取扱人などが含まれると解されよう。

不法行為責任と債務不履行責任との関係について、最高裁は請求権競合説をとる (最判昭和38・11・5民集17巻11号1510頁〔百選 (第3版) 70〕)。

3 運送取扱人の責任の消滅

運送取扱人の責任の消滅については、運送人の責任の消滅 (585条)、運送人の債権の消滅時効 (586条) に関する規定を準用する (564条)。すなわち、運送品の滅失等についての運送取扱人の責任は、運送品の引渡しがされた日 (運送

品の全部滅失の場合にあっては，その引渡しがされるべき日）から1年以内に裁判上の請求がされないときは，消滅する（564条→585条1項）。この期間は，運送品の滅失等による損害が発生した後に限り，合意により，延長することができる（564条→585条2項）。

　運送取扱人がさらに第三者に対して運送取扱いを委託した場合において，運送取扱人が585条1項の期間内に損害を賠償し，または裁判上の請求をされたときは，運送取扱人に対する第三者の責任に係る586条1項の期間は，運送取扱人が損害を賠償しまたは裁判上の請求をされた日から3カ月を経過する日まで延長されたものとみなす（564条→585条3項）。

　運送取扱人の荷送人または荷受人に対する債権は，これを行使することができる時から1年間行使しないときは，時効によって消滅する（564条→586条）。ただし，運送取扱人が，運送品を故意に滅失等をさせたときは，これらの消滅時効は適用されない。

第3節　運送取扱人の権利

1　報酬請求権

　運送取扱人は商人なので（501条11号・4条1項），営業の範囲内において他人のために行為をしたときは，契約上定めがなくとも，報酬を請求することができるが（512条），運送品を運送人に引き渡したときは，ただちにその報酬を請求することができる（561条1項）。というのは，運送取扱人としては，運送人との間で運送契約を締結し，運送人に物品を引き渡した時に，荷送人から委託された仕事を完了したことになるからである。ただし，運送取扱人が到達地での運送取扱人を兼ねる場合には，到達地において運送人から受け取った運送品を荷受人に引き渡さなければならないことから，荷受人に引き渡した時に報酬を請求できることになる。

　また，運送取扱契約において運送賃の額を定めたとき，これを確定運送賃運送取扱契約というが，この場合には，運送取扱人は，特約がなければ，別に報酬を請求することができない（561条2項）。この場合，報酬を含めて運送賃がすでに決定されているからである。

2　費用償還請求権

　運送取扱人には，559条から564条（第2編第7章）までに別段の定めがある場

合を除き，問屋に関する規定を準用するので，運送取扱人は，受託者として，運送契約により運送人に支払った運送賃その他の費用を委託者である荷送人に請求することができる（559条2項→552条，民650条）。

運送取扱人が複数の委託者から運送の委託を受け，運送品を一括して運送人に運送させることを混載運送（混載便）という。この場合，運送品を個別に運送する場合に比べて運送賃が安くなるとすると，その安くなった部分を運送取扱人が取得できるか否かということに関しては，運送取扱人が介入権を行使したことになり，利得として取得できるとする見解と，運送取扱人は委託者にとってもっとも有利な条件で運送契約を締結すべきであって，安くなった部分は委託者に返還すべきであるとする見解がある。

3 運送取扱人の留置権

運送取扱人は，運送品に関して受け取るべき報酬，付随の費用および運送賃その他の立替金（報酬等）についてのみ，その弁済を受けるまで，その運送品を留置することができる（562条）。

商法は，被担保債権について，運送品に関して受け取るべき報酬等と定めることで，留置物（運送品）と被担保債権との個別的な関係を求めている。到達地で運送品を受け取る荷受人を保護するためである。というのは，運送取扱契約では，委託者である荷送人と荷受人が異なることが多いことから，運送取扱人が荷送人に対して有する債権ではあるが，荷受人が受け取る運送品と関係のない債権のために当該運送品を留置することになれば，荷受人が不測の損害を被るおそれがあるからである。

運送取扱人の留置権は商法上の留置権なので，更生担保権（会更2条10項），別除権（破65条2項・66条1項）を有し，民法上の留置権（民295条1項）よりも強い。562条は，目的物である運送品の所有権の帰属者について明示しておらず，民法上の留置権と同じであると解される。

運送取扱人は，留置権を行使するためには，運送品を占有していなければならない。運送人が運送品を占有しているときには，運送取扱人は運送人に対して荷送人の地位に立つと考えられるから，運送品を間接占有し，562条により，留置権を行使することになる。留置権を行使するためには，債権が弁済期にあることが必要であると解される。

4 介 入 権

運送取扱人は，特約がない限り，自ら運送をすることができる（563条1項前

段)。これを運送取扱人の介入権という。これは取次ぎの一つの方法であるが，563条では，問屋の介入権のように (555条1項)，取引所の相場のある物品の売買の委託を受けたことなどという条件は付されていない。運送の場合，運送賃や運送方法が定型化しており，このような条件がなくとも弊害が生じることはないと考えられるからである。

運送取扱人は，介入権を行使すると，委託者に対して運送人と同一の権利義務を有する (563条1項後段)。この場合，運送取扱人が運送人に運送させるときは，当該運送人は履行補助者になる。運送取扱人は運送賃と運送取扱人としての報酬や費用償還を請求することができる。報酬請求権は介入の意思表示をした時に発生する。

介入権は形成権の一種であり，委託者に対して介入をなす旨の意思表示を明示または黙示にすることになるが，その意思表示が委託者に到達した時に介入の効果が生じる。また，運送取扱人が委託者の請求によって船荷証券または複合運送証券を作成したときは，介入が擬制され，自ら運送をするものとみなす (563条2項)。というのは，船荷証券または複合運送証券は運送人が作成すべきものであるからである。

第4節　荷送人・荷受人の権利義務

1　荷送人の権利義務

荷送人は，運送取扱契約を締結する場合，運送取扱人に対して送り状を交付しなければならないと解され (571条を参照)，さらに，運送品を運送取扱人に引き渡し，運送賃を前払する条件の場合にはそれを支払う義務を負う。荷送人は，運送品が引火性，爆発性その他の危険性を有する危険物であるときは，その引渡しの前に，運送取扱人に対し，その旨および当該運送品の品名，性質その他当該運送品の安全な運送に必要は情報を通知しなければならない (564条→572条)。というのは，運送取扱人を通じて，運送人が，運送品が危険物であることを認識したうえで，運送そのものを拒否したり，運送にあたって割増運送賃を請求したり，当該運送品について適切な運送方法や積付けなどの保管方法を検討・実施して運送の安全を確保し，事故の発生を未然に防止するなどの対応をする必要などがあるからである。「危険物」とは，引火性，爆発性その他の危険性を有するものをいう (国海11条1項3号を参照)。

荷送人は，運送取扱に関連して運送品に損害が生じた場合には，運送取扱人に対して債務不履行による損害賠償を請求できる。

2　荷受人の権利義務

運送取扱契約の当事者は運送取扱人と委託者（通常，荷送人）であるが，運送取扱いは，荷送人と荷受人という距離的に離れた者を結びつけるという点において運送と同じ機能を果たすことから，商法は，運送取扱人が到達地での運送取扱人を兼ねるなど，運送取扱人が到達地において運送品の引渡しに関与する場合には，運送取扱契約における荷受人について，運送契約における荷受人と運送人の関係に関する規定を準用し，運送契約の当事者ではないものの，これと同じ関係を認めている。すなわち，荷受人は，運送品が到達地に到着し，または運送品の全部が滅失したときは，物品運送契約によって生じた荷送人の権利と同一の権利を取得する（564条→581条1項）。この場合，荷受人が運送品の引渡しまたはその損害賠償の請求をしたときは，荷送人はその権利を行使することができない（564条→581条2項）。

荷受人は，運送品を受け取ったときは，運送取扱人に対し，運送賃等（報酬・費用等を含む）を支払う義務を負う（564条→581条3項）。

第5節　相次運送取扱人の権利義務

1　商法上の相次運送取扱い

複数の運送取扱人が，同一の運送品について，相次いで運送の取次ぎをすることがある。これを相次運送取扱いという。相次運送取扱いには，相次運送と同様に，下請運送取扱い，部分運送取扱い，中継運送取扱いなどがあるが，商法は，運送取扱営業について物品運送に関する規定を準用し，中継運送取扱いを規定する（564条→579条）。

中継運送取扱いは，第一の運送取扱人が，第1区間の運送の取次ぎを引き受け，同時に第2区間の運送につき運送取扱いの取次ぎを行うものをいう。この場合，第一の運送取扱人が，第1区間の運送について取次ぎを行うとともに，第2区間の運送について，自己の名をもって委託者の計算で，第二の運送取扱人と運送取扱契約を締結する。中継地運送取扱人を選択し運送取扱いを委託するか，到達地において運送品を受け取り，引渡しを受ける到達地運送取扱人を選択し，運送取扱いを委託する。第3区間の運送については，第二の運送取扱

人が第2区間の場合と同様の行為をする。

2 相次運送取扱人の権利義務

商法の定める相次運送取扱いにおいて，中継地運送取扱人と到達地運送取扱人を中間運送取扱人というが，中間運送取扱人は自己の直接の前者を委託者とする運送取扱契約を締結するから，数人の運送取扱人が相次いで陸上運送をするときは，後の運送取扱人は，前の運送取扱人（自己に対する委託者たる運送取扱人）に代わって，報酬・費用等の請求権や留置権などの権利を行使する義務を負う（564条→579条1項）。

この場合，後の運送取扱人が前の運送取扱人に弁済をしたときは，後の運送取扱人は，前の運送取扱人または運送人の権利を法律上当然に取得する（564条→579条2項）。

これらの規定は，海上運送取扱いおよび航空運送取扱いについて準用する（564条→579条4項）。

第8章 寄託

第1節　商法典の構成

　商法典は，第2編第9章で寄託について定めている（595条～617条）。その中で，「第1節　総則」に寄託を受ける者（受寄者）に共通する注意義務（595条）を一般的原則として定めるとともに，場屋営業者の責任（596条～598条）について規定し，「第2節　倉庫営業」に，受寄者のうち倉庫業者について定めている（599条～617条）。

第2節　受寄者の注意義務

　イベントの主催者（受寄者）が参加者（寄託者）の携帯したバッグ等の物品を無償で預かる場合がある。この場合，民法上は，受寄者は，寄託者に預った物品を引渡すまで，善良な管理者の注意をもって寄託物を保存する義務を負う（民400条）のではなく，無報酬の受寄者の注意義務として，自己の財産に対するのと同一の注意をもって，寄託物を保管する義務を負うとされ（民659条），その注意義務の程度は軽減される。

　これに対して，商法では，受寄者が商人の場合における寄託に関する一般原則を定め，受寄者としての商人の信用を高めるために，その責任をより厳格にしている。すなわち，商人がその営業の範囲内において寄託を受けた場合には，報酬を受けないときであっても，善良な管理者の注意をもって，寄託物を保管しなければならない（595条）。595条が適用されるためには，受寄者が保管場所を提供していることのほかに，寄託者と受寄者との間で寄託契約が成立していることが求められる。ただ，特約によって責任を軽減または免除することができる。「商人」には，この者の使用人あるいは履行補助者などが含まれる。

第3節　場屋営業者の責任

1　場屋営業の意義・種類

　旅館（ホテル）・飲食店（レストラン）・浴場など，客の来集を目的とする場屋における取引を営業としてすること（502条7号）を場屋営業といい（大判昭和12・11・26民集16巻1681頁〔百選（第3版）25〕を参照），これを業としてする者を場屋営業者という（596条1項）。

　場屋営業の種類は多岐にわたるが，商法は，旅館・飲食店・浴場を示すにとどまり（596条1項），その意義に関する規定を設けていない。場屋営業には，これらの他，興行場営業（劇場，映画館，コンサートホールなど），遊戯場営業（ゲームセンター，パチンコ店，ボーリング場，マージャン店など），ゴルフ場の営業（名古屋地判昭和59・6・29判タ531号176頁〔客の滞在自体が営業の対象となっている点において旅館等と共通する〕）などがある。

　これらに対して，理髪店について，大審院は，理髪店での行為は請負または労務の提供にあたり，設備の利用を目的とする契約ではないとして，理髪業は場屋営業にあたらないとする（大判昭和12・11・26前掲）。美容院について，下級審の裁判例では，場屋取引とは，客をして一定の設備を利用させることを目的とする取引を意味するものと解されるが，美容院では客に設備を利用させる関係にはなく，他に美容院における行為につき商行為性を認める根拠は存在しないことから，これは場屋営業にあたらないとするものがある（東京地判平成2・6・14判時1378号85頁）。さらに，医療行為を営む社会福祉法人について，下級審の裁判例では，当該法人は，商行為を目的とする法人ではなく，患者を病院に入院させ，これに伴い一定期間病院内に宿泊させることはあっても，入院宿泊は医療行為に附随してこれと密接な関係を持つものであって，患者の宿泊を主な目的としてなされるものではないから，場屋営業にはあたらないとするものがある（大阪地判昭和58・11・15労民35巻6号669頁）。

2　場屋営業者の責任

　場屋営業では，場屋営業者が客の来集に適した物的設備や人的設備を設け，客がこれを利用するために出入りし，一定の時間その場所に滞留することから，その間，客が携帯した物品の安全を確保するために，場屋営業者がどのような責任を負担するのが適当であるのかということは，その営業全般に共通する。

商法は，場屋に客が携帯した物品の滅失または損傷に関する場屋営業者の責任につき，この者が客から物品の寄託を受けた場合と受けていない場合とに分けて，寄託に関する一般原則（595条）を強化する内容の規定を定めている（596条〜598条）。

(1)「客から寄託を受けた物品」に関する責任

場屋営業者は，客から寄託を受けた物品の滅失または損傷については，それが不可抗力によるものであったことを証明しなければ，損害賠償の責任を免れることができない（596条1項）。

「場屋営業者」には，その使用人が含まれる（大判昭和3・6・13新聞2864号6頁〔雇用関係の有無を問わず，事実上使用する者であれば，家族の過失についても場屋営業者は責任を負うものでありとして，両者の間に指揮命令関係の存在を求めている〕）。さらに，「客」の利益を考慮すれば，場屋営業者の履行補助者なども含まれると解される。

「客」とは，場屋営業設備の利用者をいうが，ホテルのロビーで友人と待合せをしている者のように，客観的にみて当該設備を利用する意思で場屋に入ったと認められる場合であれば，場屋について利用契約が成立したか否か，現実に設備を利用したか否かを問わず，客として認められると解される。場屋営業者の責任の内容を考えると，後で場屋営業者との間で場屋の利用契約を締結する意思を有している者，あるいは，他の者との間で締結されている利用契約に関連している者は客に該当すると考えられる。これに対して，下級審の裁判例では，ガソリンを給油後，ガソリンスタンドに数時間自動車を駐車している間に盗難にあった事案について，ガソリンスタンドの業務に伴って自動車が一定時間滞留することはあるが，それを超えて自動車を預かることは特段の事情がない限り営業とは関係ないとして，旧594条2項（596条2項）の適用を否定するものがある（東京高判平成14・5・29判時1796号95頁）。

客が場屋営業者にその携帯した物品を寄託した場合，商法上，物品を寄託したことで場屋営業者と客との間において寄託契約が成立している以上，場屋営業者は，寄託物に生じた損害が不可抗力によるものであることを証明しない限り，つまり，自己または使用人等が無過失であったことを立証しない限り免責されないわけであるが（596条1項），その責任は595条に定める寄託の一般原則よりも強化されている。これは，ローマ時代に客の荷物の安全を図るために認められていたレセプツム（receptum〔受領〕）責任，すなわち，運送人やホテル

の主人は，荷送人から受け取った運送品や客が預けた携帯品について，受領という事実のみによって法律上当然に負うとする結果責任を継受したものである。

「不可抗力」とは，一般的に，当該事業の外部から生じたでき事で，事業者が通常必要と認められる予防方法を尽くしても防止することができない危害を意味する（東京地判平成8・9・27判時1601号149頁を参照）。不可抗力の解釈については，この他に，事業の性質に従い最大の注意をもってしても避けられない場合と解する立場（主観説），客観的にみて，事業の外部から生じたでき事で，通常，その発生を予測できないものと解する立場（客観説）などがある。

（2）客から寄託を受けていない物品に関する責任

客が場屋の中に携帯した物品が，それを場屋営業者に寄託していないときであっても，場屋営業者が注意を怠ったことによって滅失し，または損傷したときは，場屋営業者は，損害賠償の責任を負う（596条2項）。これは，善管注意義務違反とされる（民644条）。客が場屋営業者に携帯した物品を寄託していない場合には，場屋営業者と客との間には当該物品について寄託契約は成立していないので，客は場屋営業者に対して債務不履行責任を追及できないし，不法行為責任も当然に生じないはずである。しかし，場屋営業者と客とは特殊な関係にあることから，商法は場屋営業者の責任を強化している。

「注意を怠った」とは過失のことであると解され，場屋営業者側の過失に関する立証責任は客が負う。

（3）「客から寄託を受けた物品」の意義

客の携帯した物品が滅失し，または損傷した場合，596条1項・2項のどちらが適用されるか，つまり，場屋営業者と客との間で寄託契約が成立したか否かは，客が場屋営業者に物品を寄託することによって当該物品の支配が場屋営業者に移ったか否かによって決まると解される。

寄託契約の成立の有無に関し，下級審の裁判例において肯定している事案として，（ⅰ）客から自動車の鍵を預かり，預かった自動車を従業員が駐車場に駐車させる方式をとっている場合，駐車場側は，その営業の範囲内において，客から自動車の寄託を受けたといえるとしたもの（東京地判平成元・1・30判時1329号181頁），（ⅱ）旅館に宿泊中，豪雨で丘陵が崩れ，宿泊客の自動車が土砂に埋もれ損傷した事案で，場屋営業者は，旧594条（596条）に基づき，その営業の範囲内において客から寄託を受けた自動車に損害が生じた以上，これを賠償する責任があるとし，丘陵部分に土留め設備があれば崩落事故が防げた可能

性を否定できないこと，従業員が事態に迅速に対応していれば被害を防止できた疑いがあることから，本件損傷は不可抗力によるものとは認められないとして，場屋営業者の損害賠償責任を認めたもの（東京地判平成8・9・27前掲），（ⅲ）ホテルが客から自動車の鍵を預かったことで，ホテル側は，その営業の範囲内において，客から自動車の寄託を受けたといえるとしたもの（大阪高判平成12・9・28判時1746号139頁）等がある。

これらに対して，寄託契約の成立を否定した事案として，（ⅰ）保養センターの客が駐車した自動車が車上荒らしにあった事案で，自動車の鍵は客が保管し，駐車場所は庭の一部であって管理された駐車場ではなく，敷地内には24時間出入りが自由になされていることから，自動車の支配がセンターに移ったとはいえず，寄託契約は成立していないとしたもの（高知地判昭和51・4・12判時831号96頁），（ⅱ）ゴルフ場のクラブハウス内にある貴重品ロッカーに保管していたゴルフ場の利用者の財布等について，利用者がゴルフ場に対し保管を申し込み，ゴルフ場がこれを承諾して利用者が受け取ったものと認められないから，寄託契約は成立していないとしたもの（東京高判平成16・12・22金商1210号9頁）等がある。

（4）責任減免の特約

596条1項・2項の規定は任意規定なので，場屋営業者の責任を免除または制限する特約を当事者間で結ぶことができる。しかし，場屋営業者が，客が場屋の中に携帯した物品につき責任を負わない旨を一方的に表示したときは，場屋営業者は596条1項・2項に定められた責任を免れることができない（596条3項）。この場合，客の意思が反映されていないからである。ただし，客がこのような表示を無視するときには，過失相殺の事由になりうると解される。

3　高価品の特則

貨幣，有価証券その他の高価品については，客がその種類および価額を通知してこれを場屋営業者に寄託した場合を除き，場屋営業者は，その物品の滅失または損傷によって生じた損害を賠償する責任を負わない（597条）。しかし，客から寄託物が高価品であることの通知はなかったが，場屋営業者が寄託契約の締結の時，受寄物が高価品であることを知っていた場合，あるいは，高価品の種類および価額の通知がなくても場屋営業者が故意に損害を生じさせた場合などの責任については，高価品に関する運送人の責任について定める577条2項1号と同じように，損害賠償の責任を負うと解される。

場屋営業者の不法行為についても597条が適用されるかということについて，近時の判例では次のように解されている。すなわち，ホテルの宿泊客がその従業員に種類および価額について明告（通知）することなく高価品を一時的に預けたところ，従業員の重大な過失で盗難にあったことから，宿泊客の携帯品等のうちホテルに預けなかった物については，あらかじめ種類および価格の明告がない限り，ホテル側が負担すべき損害賠償額の上限を定めた約款の解釈を巡り，ホテルの不法行為責任が問われた事案において，原審である高裁は，本件約款は旧595条（597条）と同じ趣旨であり，債務不履行についてのみならず，不法行為にも類推適用されると解し，場屋営業者またはその使用人に重大な過失がある場合にも免責されるとした（大阪高判平成13・4・11判時1753号142頁）。これに対して，上告審である最高裁は，本件約款の規定は，宿泊客が，ホテルに預けなかった物品，現金および貴重品について，ホテル側にその種類および価額の明告をしなかった場合には，ホテル側が物品等の種類および価額に応じた注意を払うことを期待するのが酷であり，かつ，損害賠償額が巨額に上ることがありうることなどを考慮して設けられたものと解される趣旨であることから，ホテル側に故意または重大な過失がある場合，約款の規定で，ホテル側の損害賠償義務の範囲を制限するということは，著しく衡平を害するものであって，当事者の通常の意思に合致しないとして，ホテル側に故意または重大な過失がある場合には適用されないと判示している（最判平成15・2・28判時1829号151頁〔百選108〕）。

4 場屋営業者の責任に係る債権の消滅時効

596条および597条の場屋営業者の責任に係る債権は，場屋営業者が寄託を受けた物を返還し，または，客が場屋の中に携帯した品を持ち去った時（物品の全部滅失の場合には，客が場屋を去った時）から1年間行使しないときは，時効によって消滅する（598条1項）。ただし，場屋営業者が，598条1項に定める物品の滅失または損傷につき悪意があった場合には，598条1項の規定は適用されない（598条2項）。「悪意」とは，故意に物品を滅失または毀損する行為をいうものと解される。

場屋営業者の責任には，運送人の責任の消滅について定める584条・585条のような特別消滅事由は定められていない。

第9章 倉庫営業

第1節　倉庫営業・倉庫営業者の意義・特色

1　倉庫営業・倉庫営業者の意義
（1）意　義

　他人（寄託者）のために物品（寄託物）を倉庫に保管することを業とする者を倉庫営業者（受託者・受寄者）という（599条）。物品を保管すること，つまり，物品の寄託の引受けを営業としてするとき，これを倉庫営業といい，その行為は営業的商行為となることから（502条10項），倉庫営業者は商人であり（4条1項），他人の営業を補助する補助商である。

　したがって，運送営業などのように，運送品の保管が運送という業務に含まれている場合や，倉庫での保管を業としない者が他人の物品の寄託を引き受ける場合には，倉庫営業に関する商法の規定（599条～617条）は適用しない。

（2）保管行為

　「保管」とは，倉庫営業者が他人の物品を自分の占有下に置くことをいう。というのは，寄託者にとって，寄託物が安全に保管されることが重要であり，どの倉庫営業者に委託するのか，あるいは，どのような倉庫に保管させるのかということが重要なので，物品の保管を引き受けた倉庫営業者が自ら保管することが求められるからである。したがって，自己が所有する倉庫を第三者に貸し付けて，第三者が寄託物を保管する場合，倉庫の所有者はここでいう倉庫営業者にはあたらない。

　倉庫営業者は他人の物品を保管するのであるから（599条），物品の所有権を取得する消費寄託（民666条）を行う受寄者は倉庫営業者ではない。

　商法の倉庫営業に関する規定は特定物の寄託を対象としているが，寄託する物品は特定物である必要はない。代替可能な物品を保管する場合，寄託後同質の物を同数量返還する契約を締結している場合であっても，その保管行為は倉庫営業に該当する。というのは，この場合，倉庫営業者に寄託物の所有権が移

転せず，寄託物は寄託者の共有となるからである。

　民法では，複数の者が寄託した物の種類および品質が同一である場合の混合寄託を認めている（民665条の2）。この場合，受寄者は，各寄託者の承諾を得たときに限り，これらを混合して保管することができ（民665条の2第1項），寄託者は，その寄託した物と同じ数量の物の返還を請求することができる（民665条の2第2項）。寄託者が寄託物の返還を請求する場合において，寄託物の一部が滅失したときは，寄託者は，混合して保管されている総寄託物に対するその寄託した物の割合に応じた数量の物の返還を請求することができ，また，損害賠償の請求を妨げない（民665条の2第3項）。

（3）保管場所

　倉庫営業者は物品を倉庫に保管するが（599条），倉庫について，港に隣接する大規模な倉庫や上屋などのように，一般的に，屋根のある堅牢な建造物をいう。しかし，保管場所は，寄託物の性質などから判断されることから，貯木場や砂利置き場などのように，寄託物の保管の用に供せられる工作が施されている水面や土地であってもよい。

2　倉庫営業・倉庫営業者の特色

（1）時間的障害の克服

　倉庫営業は，運送営業とともに物流（ロジスティクス）の中心を担っている。運送営業は，他人の物品や客を目的地まで運送する行為を行なうものであることから，企業などにおける空間的（距離的）障害を克服するものである。これに対して，倉庫営業は，他人の物品を一定期間保管する行為を行なうものであることから，企業における時間的障害を克服するものである。クリスマスケーキやお節料理などのように，特定の時期に販売しなればその価値が失われるような商品については（525条），倉庫営業において保管の技術が飛躍的に向上していることから，特定の時期の前から大量に作りおきし，倉庫に保管することで，特定の時期に当該商品の集中的な販売が可能になっている。

　企業にとってみれば，自分で倉庫を建設して物品を保管するよりも，倉庫営業者に保管を委ねたほうが，安全であり，費用や人員などを抑制できる。また，倉庫営業においては，倉荷証券（600条）などの有価証券が広く利用されており，寄託者は，このような有価証券を利用することで，物品を倉庫に保管したまま第三者に売却したり，担保として金融を受けるという資金調達上の利益を享受できる。

（2）倉庫業法

倉庫営業には，倉庫業法という取締法規が適用される。倉庫業法は，倉庫業の適正な運営を確保し，倉庫の利用者を保護するとともに，倉庫証券（預証券および質入証券または倉荷証券〔倉庫2条4項〕）の円滑な流通を確保することを目的としている（倉庫1条）。倉庫業法が取締法規として存在するのは，倉庫営業が公共性の高い業種であるということによる。倉庫業法によれば，倉庫業を営もうとする者は，国土交通大臣の行う登録を受けなければならず（倉庫3条），同大臣の許可を得た倉庫業者でなければ，倉庫証券を発行することができない（発券倉庫業者）（倉庫13条）などの制約がある。

（3）トランクルームサービスの拡大

消費者の購買力の増大とともに，消費者を対象とするトランクルームサービスが拡大している。物流で使用される標準倉庫寄託約款は，企業間の取引を対象としたものであることから，その内容はトランクルームサービスには必ずしも適切ではない。そこで，消費者保護の観点から，約款の適正さの確保，その認可に伴う行政手続の簡素化を図るため，標準約款の記載事項を標準トランクルーム寄託約款として定めて公示されている（倉庫8条3項）。この標準約款の制定によって事業者の責任やサービス内容が明確にされ，消費者である利用者は物流サービスを安心して利用できる。

第2節　倉庫寄託契約

物品を倉庫に保管することを委託する者（寄託者）と倉庫営業者（受寄者）との間で倉庫寄託契約が締結される。倉庫寄託契約は，倉庫営業者が寄託者のためにその物品を倉庫に保管することを引き受ける契約であることから（502条10項），民法上の寄託（民657条～666条）の一種である。

民法では，寄託は，当事者の一方がある物を保管することを相手方に委託し，相手方がこれを承諾することによって，その効力が生じることから（民657条），寄託契約は諾成契約と解されている。商法では，倉庫寄託契約を諾成契約とする旨の規定はないが，倉庫寄託契約において，倉庫業者による寄託の引受けは，委託者がその物品を倉庫営業者に引き渡す前から存在する行為であるから，委託者による物品の引渡しは当該契約の成立の要件ではなく，また，倉庫寄託契約は民法の定める寄託の一種であることから，民法657条に従って諾成契約で

あると解するべきであろう。この見解によると，物品の引渡しは倉庫寄託契約の成立要件ではないことから，倉庫営業者の寄託者に対する物品引渡請求権の根拠は，倉庫営業者が物品を保管することに関する承諾したことによってすでに成立している倉庫寄託契約にあると解される。

商法は，倉庫寄託契約の締結について方式を要求していないことから，倉庫寄託契約は不要式契約であると解される。

第3節　倉庫寄託契約の関係者の権利義務

倉庫寄託契約の関係者の権利義務については，寄託に関する民商法の一般規定が適用されるとともに（595条～598条，民657条～666条），この適用を前提として，商法に特別規定（599条～617条）が置かれている。

1　寄託物保管義務

商人である倉庫営業者がその営業の範囲内において物品の寄託を受けた場合には，報酬を受けないときであっても，受寄者として，善良な管理者の注意をもって，物品に適した倉庫で寄託物である物品の保存および管理をなす義務を負う（595条，民659条）。595条が適用されるためには，寄託者と倉庫営業者との間で倉庫寄託契約が成立していることを必要とする。ただ，特約によって倉庫営業者の責任を軽減または免除することができる。

「商人」には，倉庫営業者の使用人あるいは履行補助者などが含まれる。610条に倉庫営業者がこの義務に違反した場合の損害賠償責任が定められている。

2　倉荷証券の交付義務等

（1）倉荷証券の交付義務

（i）倉荷証券

倉庫寄託契約が締結されると，倉庫営業者は，寄託者の請求により，寄託物の倉荷証券を作成し，交付しなければならない（600条）。倉荷証券とは，寄託者が倉庫営業者に対して有する寄託物返還請求権を表章する有価証券である。

商法が倉荷証券を認めるのは，寄託物について，寄託者がその売買や担保等の処分を可能にするためである。この点，倉荷証券は運送品について発行される船荷証券などの運送証券と同じ機能を持ち，倉荷証券と運送証券は，基本的に同一の性質および効果を有する。したがって，倉荷証券は，指図証券（605条）であり，要因証券・要式証券（601条）であり，受戻証券（613条）である。

倉荷証券の効果として，債権的効力（604条）および物権的効力（606条）が認められる。

(ii) **荷渡指図書**

　倉庫営業の実際では，倉荷証券等に代わり，寄託物の引渡しを指図するために，荷渡指図書（Delivery Order・D／O）が利用されることが多い。荷渡指図書は，発行者が，寄託物の全部または一部を当該証券の所持人に引き渡すことを委託する趣旨の証券である。

　荷渡指図書には，次のようなものがある。①寄託者が署名し，発行するもの。この場合，寄託物を荷渡指図書の所持人に渡すことを倉庫営業者に委託するものと解される。倉庫営業者は，荷渡指図書の所持人に寄託物を引き渡せば免責され，荷渡指図書の所持人は寄託物を受領することができる。寄託者は，荷渡指図書の所持人が寄託物を受け取るまでは指図を取り消すことができる。②①の荷渡指図書に倉庫営業者が署名（副署）するもの。この場合，倉庫営業者は副署によって寄託物を自ら保管していることを証明したことになるので，荷渡指図書は，倉庫営業者が荷渡指図書の所持人に寄託物を引き渡す義務を記載したものと解される。③倉庫営業者が署名し，発行するもの。この場合，倉庫営業者が，その使用人または履行補助者などに宛てて物品の引渡しを指図する自己宛のものであり，荷渡指図書の所持人が寄託物の引渡請求権を有する有価証券であると解される。

　荷渡指図書に有価証券性を認めてもその機能は限定的であり，荷渡指図書による指図は，口頭での取消しや撤回できることから，倉荷証券とは異なり，その物権的効力もこれを認める商慣習がないことから，有価証券性は否定される（大阪地判昭和57・12・20判時1080号144頁）。また，その交付または呈示に占有移転を指図する効力は認められない（最判昭和48・3・29判時705号103頁）。

（2）倉荷証券の記載事項

　倉荷証券には，次に掲げる事項およびその番号を記載し，倉庫営業者がこれに署名し，または記名押印しなければならない（601条）。記載事項は，①寄託物の種類，品質および数量ならびにその荷造りの種類，個数および記号，②寄託者の氏名または名称，③保管場所，④保管料，⑤保管期間を定めたときは，その期間，⑥寄託物を保険に付したときは，保険金額，保険期間および保険者の氏名または名称，⑦作成地および作成の年月日である。このように，倉荷証券には寄託物に関する情報が記載されていることから，寄託後，寄託者と倉庫

営業者との間で倉庫寄託契約について紛争が生じた場合、倉荷証券が当該契約の内容を証明する証拠としての機能を果たす。

(3) 帳簿記載義務

倉庫営業者は、倉荷証券を寄託者に交付したときは、その帳簿に、記載事項のうちの①②④⑤⑥と、倉荷証券の番号および作成の年月日を記載しなければならない（602条）。このように、倉庫営業者は、自ら作成し、寄託者に交付した倉荷証券の内容を帳簿に記載することで、寄託後、自分と寄託者との間で倉庫寄託契約について紛争が生じた場合、この帳簿が当該倉荷証券の内容を証明する証拠としての機能を果たす。この帳簿は、営業上の財産や損益の状況を明らかにするものではないから、商業帳簿（19条）にはあたらない。

(4) 寄託物の分割請求

倉荷証券の所持人は、倉庫営業者に対し、寄託物の分割およびその各部分に対する倉荷証券の交付を請求することができるが、この場合、所持人は、その所持する倉荷証券を倉庫営業者に返還しなければならない（603条1項）。所持する倉荷証券は寄託物全体のものであるからである。寄託物の分割および倉荷証券の交付に関する費用は、倉荷証券の所持人が負担する（603条2項）。

(5) 倉荷証券の不実記載

倉庫営業者は、倉荷証券の記載が事実と異なることをもって善意の所持人に対抗することができない（604条）。これは、倉荷証券が文言証券であること、つまり、倉荷証券の債権的効力を定めたものであり、倉荷証券の流通を図る趣旨である。

倉庫営業の実際では、物品の保管中にその所有者が代わることがあり、その場合、倉荷証券は寄託物の新しい所有者に譲渡される（606条・607条）。新たに所有者になろうとする者は、取得しようとする倉荷証券の記載内容を信じて寄託物を取得したいと考えるのが一般的であることから、この者を保護する必要がある。そこで、倉荷証券を作成した倉庫営業者は、その記載内容が事実と異なっている場合であっても、これをもって善意の所持人に対して主張することができず、記載内容に従って責任を負うことになる。これに対して、倉荷証券の新しい所持人が不実記載であることを知っていた悪意の場合には、倉庫営業者はこの者に対して記載内容を主張することができる。

大量かつ多種多様な物品を保管する倉庫営業者は、それら寄託物を正確に検査することは難しく、また、荷造りの性質から点検できない場合もある。そこ

で，倉荷証券に不知約款または内容不知約款などの免責約款を挿入し，寄託物について検査することが適切でないものについては，正確な検査をすることなくその種類・品質および数量を記載しても，倉庫営業者は責任を負わないとしている。ただし，最高裁の判例によると，倉庫営業者が，不知約款を援用して当該証券の所持人に対する証券上の責任を免れるのは，倉荷証券に表示された荷造りの方法，寄託物の種類からみて，その内容を検査することが容易でなく，または，荷造りを解いて内容を検査することによりその品質または価格に影響を及ぼすことが，一般取引の通念に照らして，明らかな場合に限るとされている（最判昭和44・4・15民集23巻4号755頁〔百選106〕）。

3 倉荷証券発行の効果

（1）寄託物に関する処分

倉荷証券が作成されたときは，寄託物に関する処分は，倉荷証券によってしなければならない（605条）。これは，倉荷証券が指図証券であることを意味する。

（2）倉荷証券の譲渡・質入れ

倉荷証券は，記名式であるときであっても，その所持人は，裏書によって，譲渡し，または質権の目的とすることができる（606条本文）。寄託者が保管中の物品を第三者に売却した場合，倉荷証券が第三者に譲渡されることで当該物品の権利が移転する（607条）。また，寄託者が保管中の物品に質権を設定し，質権者から融資を受けることができる。これは，倉荷証券が法律上当然の指図証券であることを意味する。ただし，倉荷証券に裏書を禁止する旨を記載したときは，この限りでない（606条ただし書）。

（3）倉荷証券の引渡しの効力

倉荷証券により寄託物を受け取ることができる者に倉荷証券を引き渡したときは，その引渡しは，寄託物について行使する権利の取得に関しては，寄託物の引渡しと同一の効力を有する（607条）。これは，倉庫証券の物権的効力を定めたものであり，606条の規定に対応するものである。

（4）倉荷証券の再交付請求

倉荷証券の所持人は，その倉荷証券を喪失したときは，相当の担保を供して，その再交付を請求することができ，この場合，倉庫営業者は，その旨を帳簿に記載しなければならない（608条）。これは，倉荷証券を契約時に交付した場合と同じ理由による。

(5) 寄託物の点検・見本摘出に応じる義務

　寄託者または倉荷証券の所持人は，倉庫営業者の営業時間内に，いつでも，寄託物の点検もしくはその見本の提供を求め，またはその保存に必要な処分をすることができる（609条）。これは，寄託者を保護する趣旨である。

　倉庫営業の実際では，寄託者または倉荷証券の所持人において，倉庫営業者が寄託物を適切に保管しているか否かを確認するためにその点検が必要になる場合があること，寄託者が寄託物を第三者に譲渡するにあたり，その見本を必要とする場合があることなどから，寄託者または倉荷証券の所持人に609条の権利を認めている。その結果，倉庫営業者は，寄託者または倉荷証券の所持人からなされる請求に応じる義務を負う。この場合，606条の趣旨を考えれば，倉庫営業者は，寄託者または倉荷証券の所持人が点検または見本の摘出を行うことを許容するだけでなく，積極的に協力すべき義務も負うと解される。

(6) 倉庫業者の責任

　倉庫営業者は，寄託物の保管に関し注意を怠らなかったことを証明しなければ，その滅失または損傷につき損害賠償の責任を免れることができない（610条）。倉庫営業者にはその使用人または履行補助者などが含まれると解される。

　610条は，倉庫営業者の寄託物保管責任を定めたものであり，倉庫業者の無過失についての立証責任が倉庫営業者にあることを明らかにし，運送人の責任の場合と同様に，民法の債務不履行による損害賠償責任に関する一般原則と異ならないと解される。その結果，運送人の場合のような特則（580条・581条）はないので，賠償額などの損害賠償の範囲については，特約がない限り，民法の一般原則によって処理される。

　しかし，610条の規定は任意規定であり，約款等で倉庫営業者の責任を軽減したり，免除することもできる。約款では，一般的に，損害が倉庫営業者またはその使用人等の故意または重過失により生じたことを寄託者側が証明しない限り，倉庫営業者は損害賠償の責任を負わない旨を定めることが多い。

　この場合，倉庫営業者に対して損害賠償を請求できる者は寄託者または倉荷証券の所持人であるが，請求する者が寄託物の所有者であることは要しない。したがって，寄託者の所有物でない寄託物が滅失または毀損した場合，寄託物の所有者が直接の相手方である寄託者に損害賠償を請求することが考えられ，寄託者が寄託物の損害を賠償すると，寄託者には損害賠償額に相当する損害が生ずるので，寄託者が倉庫営業者へ損害賠償を請求することになる。この場合，

寄託者は寄託物の所有者に損害賠償をする前に，倉庫営業者に対して損害賠償を請求することができる（最判昭和42・11・17判時509号63頁〔百選105〕）。

（7）保管料等の支払時期等

倉庫営業者は，無償で寄託の引受けをした場合を除き，相当な報酬として保管料および立替金その他受寄物に関する費用（保管料等）の支払を請求することができる（512条）。倉庫営業者は，法定または約定の保管期間が満了した後は，ただちに保管料等の支払を請求することができるが，この場合，寄託物の出庫の時以後でなければ，これを請求することができない（611条）。倉庫営業者の責任は寄託物を無事に返還するまで継続するからである。

保管料等の支払義務者について，物品を引き渡した時のその所有者に変更がない場合は，倉庫寄託契約の債務者である寄託者である。これに対して，寄託後，寄託者と寄託物引渡請求権者とが異なることとなった場合，商法上，保管料等の支払義務者が誰であるのかに関する明示の規定はなく，どちらが保管料等の支払義務を負うのかが問題になる。この場合，倉荷証券の所持人は，当該証券に記載された文言に従い保管料等の支払をする意思をもって証券を取得するのが通常であり，その取得に債務引受があると考え，特段の事情のない限り，倉荷証券の所持人が保管料等の支払義務を負うと解する見解が一般的であり，判例もこの立場にある（最判昭和32・2・19民集11巻2号295頁〔百選107〕）。

委託者の責めに帰すことができない事由によって，倉庫業者が寄託物の保管を継続することができなくなったとき，および，法定または約定の保管期間経過前に倉庫寄託契約が終了したときには，倉庫営業者は，既に履行した割合に応じて報酬を請求することができる（民665条・648条3項）。また，寄託物の一部を出庫する場合には，出庫の割合に応じた保管料等（割合保管料）を請求することができる（611条ただし書）。寄託物の一部滅失または損傷によって生じた損害の賠償および寄託者が支出した費用の償還は，寄託者が返還を受けた時から1年以内に請求しなければならず（民664条の2第1項），損害賠償の請求権については，寄託者が返還を受けた時から1年を経過するまでの間は，時効は，完成しない（民664条の2第2項）。

4　寄託物の返還

（1）返還の時期

倉庫営業者は寄託物を返還する義務を負っているが，返還の時期については，倉庫寄託契約などにおいて寄託物の保管期間の定めがあるときとその定めがな

いときとで異なる。

　寄託物の保管期間の定めがあるとき，つまり，その返還時期の定めがあるときであっても，民法の一般原則に従い，寄託者は，いつでもその返還を請求することができる（民662条1項）。倉庫営業者は，これに対して，やむを得ない事由がある場合を除き，その期限前に寄託者に寄託物の返還をすることができない（民663条2項）。したがって，倉庫営業者は，保管期間の定めがあるときは，寄託者の請求があった場合は，寄託物を返還する義務を負う。ただし，この場合，倉庫業者は，寄託者が返還時期前に返還を請求したことによって損害を受けたときは，寄託者に対し，その賠償を請求することができる（民662条2項）。

（2）寄託物の返還の制限

　当事者が寄託物の保管期間を定めなかったときは，倉庫営業者は，やむを得ない事由があるときを除き，寄託物の入庫の日から6カ月を経過した後でなければ，その返還をすることができない（612条）。寄託者の保護を図る趣旨である。というのは，寄託者が商人である場合，ある程度の期間保管してもらうことを期待したはずであり，非商人である場合であっても，倉庫営業者から寄託物をいつでも返還されてしまうとすると，倉庫業者の倉庫に寄託することの意義を失いかねないからである。倉庫業者と寄託者との間で，これとは異なる内容の特約を定めることはできる。

（3）倉荷証券が作成された場合における寄託物の返還請求

　倉荷証券が作成されたときは，倉荷証券と引換えでなければ，寄託者は寄託物の返還を請求することができない（613条）。この場合，倉庫業者は寄託者に対して寄託物の返還に応じる義務はない。これは，倉荷証券が受戻証券であることを意味する。この規定は強行規定ではないから，仮渡しまたは空渡し（倉荷証券と引換えなしに寄託物を渡すこと）や保証渡し（倉荷証券と引換えではないが，連帯保証人となる金融機関の保証状を差し入れることで寄託物を引き渡すこと）などの慣行に従った引渡しも可能である。

　寄託物の返還は，その保管場所である倉庫でしなければならないが，倉庫営業者が正当な事由によって寄託物を保管する場所を変更したときは，その現在の場所で返還をすることができる（民664条）。

（4）倉荷証券を質入れした場合における寄託物の一部の返還請求

　倉荷証券を質権の目的とした場合において，質権者の承諾があるときは，寄託者は，当該質権の被担保債権の弁済期前であっても，寄託物の一部の返還を

請求することができる（614条前段）。この場合において、倉庫営業者は、返還した寄託物の種類、品質および数量を倉荷証券に記載し、かつ、その旨を帳簿に記載しなければならない（614後段）。

5 寄託物の供託および競売等

倉庫営業者の債権については特別の留置権は認められていないが、倉庫営業者には、民法（民295条）および商法（521条）による留置権ならびに動産保存の先取特権（民320条）がある。

倉庫営業者は、保管期間が終了した場合には、受寄物を引き渡す権利があるので、寄託者または倉荷証券の所持人が寄託物の受領を拒み、またはこれを受領することができない場合には、商人間の売買における売主により目的物の供託および競売を定める524条1項および2項の規定を準用する（615条）。

6 倉庫営業者の責任の消滅

寄託物の損傷または一部滅失についての倉庫営業者の責任は、寄託者または倉荷証券の所持人が異議をとどめないで寄託物を受け取り、かつ、保管料等を支払ったときは、消滅する（616条1項本文）。ただし、寄託物にただちに発見することができない損傷または一部滅失があった場合において、寄託者または倉荷証券の所持人が引渡しの日から2週間以内に倉庫営業者に対してその旨の通知を発したときは、この限りでない（616条1項ただし書）。616条1項の規定は、倉庫営業者が寄託物の損傷または一部滅失につき悪意であった場合には、適用しない（616条2項）。この場合、倉庫営業者を保護する必要はないからである。

7 倉庫営業者の責任に係る債権の消滅時効

倉庫営業者の責任に係る債権について、運送人の場合と同様の消滅事由が定められている。すなわち、寄託物の滅失または損傷についての倉庫営業者の責任に係る債権は、寄託物の出庫の日から1年間行使しないときは、時効によって消滅する（617条1項）。1年間の期間は、寄託物の全部滅失の場合においては、倉庫営業者が倉荷証券の所持人（倉荷証券を作成していないとき、または倉荷証券の所持人が知れないときは、寄託者）に対してその旨の通知を発した日から起算する（617条2項）。617条1項に定める消滅時効は、商取引を迅速に処理するという観点において、倉庫営業者の利益を考慮したものであることから、この者が寄託物の滅失または損傷について知っていた場合には、この者を保護する必要はなく、この規定は適用されないと解される。

ただし、617条1項および2項の規定は、倉庫営業者が寄託物の滅失または

損傷につき悪意であった場合には，適用しない（617条3項）。「悪意」とは，倉庫営業者，その使用人または履行補助者が寄託物に故意に損害を与えたり，故意に損害を隠蔽した場合をいうと解される。というのは，617条は，大量の寄託物を取り扱う倉庫営業の性質に基づく証拠保全の困難の救済を図り，倉庫営業者の責任関係を速やかに解決し，倉庫営業を保護することを目的にすることから，「悪意」を制限的に解して，この目的を図ることが重要であるからである（宮崎地裁延岡支判昭和50・3・11判時782号89頁）。

事項索引

あ行

一方的商行為 ……………………………… 36
裏書 …………………………………………… 112
運送 …………………………………………… 163
運送取扱営業 ……………………………… 183
運送人 ………………………………………… 163
営業 ……………………………………………… 21
営業禁止義務 ………………………………… 86
営業所 ………………………………………… 24
営業譲渡 ………………………………………… 63
営業的商行為 ………………………………… 30
営業能力 ………………………………………… 23
営利性 …………………………………………… 3
送り状 ………………………………………… 165

か行

外観主義 ………………………………………… 3
会計帳簿 ………………………………………… 76
海上運送 ……………………………………… 164
介入権 ………………………………… 160, 188
隔地者間における申込み ………………… 108
割賦販売 ……………………………………… 131
割賦販売法 …………………………………… 130
過量契約 ……………………………………… 126
企業会計規制 ………………………………… 75
擬制商人 ……………………………………… 17
寄託 …………………………………………… 192
基本的商行為 ………………………………… 26
客観的意義の営業 …………………………… 22
客観的解釈の原則 …………………………… 13
競業禁止義務 …………………………… 66, 86
競業の禁止 …………………………………… 96
行政的規制 …………………………………… 12
供託義務 ……………………………………… 122
業務提供誘引販売取引 …………………… 129
銀行取引 ………………………………………… 32
禁反言の原則（エストッペル〔estoppel〕）…… 4
クーリング・オフ ………………………… 133

倉荷証券 ……………………………………… 201
形式的意義の商法 ……………………………… 2
形式的審査主義 ……………………………… 41
結約書 ………………………………………… 150
原価主義 ……………………………………… 79
検査義務 ……………………………………… 120
権利外観法理 …………………………………… 4
高価品 …………………………… 170, 185, 196
航空運送 ……………………………………… 164
交互計算 ……………………………………… 135
公示催告 ……………………………………… 113
公示主義 ………………………………………… 3
抗弁の制限 …………………………… 112, 115
小商人 ………………………………………… 18
固定資産 ……………………………………… 80
固有の商人 …………………………………… 16

さ行

作成者不利の原則 …………………………… 13
指図証券 ……………………………………… 111
指値 …………………………………………… 158
事業 ……………………………………………… 21
事業譲渡 ………………………………… 63, 73
実質的意義の商法 ……………………………… 2
支配人 ………………………………………… 83
司法的規制 …………………………………… 13
主観的意義の営業 …………………………… 21
場屋営業 ……………………………………… 193
商慣習 …………………………………………… 9
商業使用人 …………………………………… 82
商業帳簿 ……………………………………… 74
商業登記 ……………………………………… 38
消極的公示力 ………………………………… 43
商号 …………………………………………… 49
商行為の委任 ………………………………… 103
商行為の代理 ………………………………… 102
商号権 ………………………………………… 52
商号選定自由の原則 ………………………… 51
商事自治法 …………………………………… 10

商事条約	9
商事制定法	9
商事売買	117
商人間の売買	116
商人資格の取得	18
消費者契約法	124
消費者売買	124
情報の非対称性	11
信託	34
積極的公示力	44
絶対的商行為	27
折衷主義	15
善意取得	114
善良な管理者の注意義務	148, 157, 184
倉庫	198
相次運送人	172
双方的商行為	36

た行

退去妨害	125
貸借対照表	77
代理	94
代理商	93
短期出訴期間	176
断定的事実の提供	125
通信販売	128
通知義務	120
定期売買	119
定型約款	11
定型約款準備者	11
手荷物	180
電話勧誘販売	128
問屋	154
問屋営業	154
投機購買	27
投機貸借	30
投機売却	28
特定継続的役務提供	129
特定商取引法	127
匿名組合	141
取次ぎ	34, 154
取引の安全	5

な行

名板貸	58
仲立ち	33
仲立営業	147
仲立人	147
仲立人日記帳	151
荷渡指図書	202
ネガティブオプション	130
暖簾	22

は行

媒介	94, 147
売買	116
表見支配人	87
複合運送人	172
不実登記	45
附属的商行為	26, 34
不退去	125
普通取引約款	10
物品保管義務	105
不利益事実の不告知	125
平常の営業	94
包括信用購入あっせん	132
包括的代理権	85
訪問購入	129
訪問販売	127
保管義務	122
保険	33

ま行・や行

見本保管義務	149
民事仲立人	147
有価証券	111

ら行

陸上運送	163
立法的規制	12
留置権	96, 109, 161, 168, 188
流動資産	79
旅客運送	178
連鎖販売取引	128

判例索引

大審院・最高裁判所

大判明治44・5・25民録17輯336頁 …………… 154
大判大正 4・10・9 民録21輯1624頁 …………… 147
大判大正 4・12・1 民録21輯1950頁 …………… 43
大判大正 4・12・24民録21輯2182頁〔百選 2〕
　………………………………………………… 11
大判大正 5・6・7 民録22輯1145頁 …………… 30
大判大正 6・5・23民録23輯917頁〔百選
　（第 3 版）65〕………………………………… 141
大判大正 7・11・6 新聞1502号22頁 …………… 66
大判大正 9・11・15民録26輯1779頁 ………… 120
大判大正11・4・1 民集 1 巻155頁 …………… 121
大判大正13・6・13民集 3 巻280頁〔百選
　（第 3 版）15〕………………………………… 52
大判大正14・2・10民集 4 巻56頁 ……………… 19
大判大正14・11・28民集 4 巻670頁 …………… 22
大判大正15・11・15新聞2647号15頁 ………… 120
大判昭和 3・6・13新聞2864号 6 頁 ………… 194
大判昭和 4・9・28民集 8 巻769頁〔百選33〕
　…………………………………………………… 27
大判昭和 5・9・13新聞3182号14頁 ………… 169
大判昭和 6・4・2 民集10巻289頁 …………… 19
大判昭和10・5・27民集14巻949頁 …………… 96
大判昭和11・3・11民集15巻320頁〔百選80〕
　………………………………………………… 137
大判昭和12・11・26民集16巻1681頁〔百選
　（第 3 版）25〕………………………………… 193
大判昭和14・2・1 民集18巻77頁 …………… 179
大判昭和14・12・27民集18巻1681頁〔百選
　（第 3 版）43〕………………………………… 108
大判昭和15・3・12新聞4556号 7 頁〔百選
　（第 4 版）34〕………………………………… 93
大判昭和15・3・13民集19巻554頁 …………… 27
大判昭和15・7・17民集19巻1197頁 …………… 35
大判昭和16・6・14判全 8 巻22号 8 頁 ……… 122
大判昭和17・9・8 新聞4799号10頁〔百選25〕
　………………………………………………… 81
大判昭和19・2・29民集23巻90頁〔百選 1〕 … 9

最判昭和25・9・22刑集 4 巻 9 号1766頁 …… 149
最判昭和29・1・22民集 8 巻 1 号198頁 ……… 122
最判昭和29・6・22民集 8 巻 6 号1170号 …… 89
最判昭和29・10・7 民集 8 巻10号1795頁
　……………………………………… 67, 69, 71
最判昭和29・10・15民集 8 巻10号1898頁〔百選
　5〕……………………………………………… 44
最判昭和30・4・12民集 9 巻 4 号474頁 …… 185
最判昭和30・7・15民集 9 巻 9 号1069頁 …… 89
最判昭和30・9・9 民集 9 巻10号1247頁 …… 62
最判昭和30・9・29民集 9 巻10号1484頁〔百選
　（第 4 版）39〕………………………………… 34
最判昭和31・10・12民集10巻10号1260頁〔百選
　（第 3 版）67〕………………………………… 156
最判昭和32・1・31民集11巻 1 号161頁 ……… 59
最判昭和32・2・19民集11巻 2 号295頁〔百選
　107〕…………………………………………… 206
最判昭和32・3・5 民集11巻 3 号395頁 ……… 88
最判昭和32・5・30民集11巻 5 号854頁 …… 155
最判昭和32・11・22集民28号807頁 …………… 89
最判昭和33・2・21民集12巻 2 号282頁 … 59, 60
最判昭和33・5・20民集12巻 7 号1042頁 …… 89
最判昭和33・6・19民集12巻10号1575頁〔百選
　3〕……………………………………………… 20
最判昭和35・4・14民集14巻 5 号833頁〔百選
　（第 4 版）5〕……………………………… 43, 58
最判昭和35・12・2 民集14巻13号2893頁〔百選
　51〕…………………………………………… 121
最判昭和36・5・26民集15巻 5 号1440頁 …… 149
最判昭和36・9・29民集15巻 8 号2256頁〔百選
　13〕……………………………………………… 53
最判昭和36・10・13民集15巻 9 号2320頁〔百選
　23〕……………………………………………… 71
最判昭和36・11・24民集15巻10号2536頁〔百選
　34〕……………………………………………… 29
最判昭和36・12・5 民集15巻11号2652頁 … 61, 62
最判昭和37・5・1 民集16巻 5 号1031頁〔百選
　27〕……………………………………………… 88
最判昭和37・9・13民集16巻 9 号1905頁 …… 88

判例索引　*213*

最判昭和38・2・12判時325号6頁 ………… 153
最判昭和38・3・1民集17巻2号280頁〔百選20〕
　………………………………………………… 68
最判昭和38・11・5民集17巻11号1510頁〔百選
　（第3版）70〕 …………………………… 186
最判昭和39・3・10民集18巻3号458頁 …… 88
最判昭和40・3・18判タ175号115頁〔百選
　（第4版）14〕 ……………………………… 54
最判昭和40・9・22民集19巻6号1600頁〔百選
　18〕 ………………………………………… 63
最判昭和41・1・27民集20巻1号111頁〔百選19〕
　………………………………………………… 62
最判昭和42・11・17判時509号63頁〔百選105〕
　……………………………………………… 206
最判昭和42・6・6判時487号56頁 ………… 60
最判昭和42・2・9判時483号60頁 ………… 60
最判昭和43・4・24民集22巻4号1043頁 … 103
最判昭和43・6・13民集22巻6号1171頁〔百選
　16〕 …………………………………… 49, 61
最判昭和43・7・11民集22巻7号1462頁〔百選
　86〕 ………………………………………… 157
最判昭和43・12・24民集22巻13号3334頁〔百選
　11〕 ………………………………………… 42
最判昭和43・12・24民集22巻13号3349頁 … 45
最判昭和44・4・15民集23巻4号755頁〔百選
　106〕 ……………………………………… 204
最判昭和44・6・26民集23巻7号1264頁〔百選
　41〕 ………………………………………… 147
最判昭和44・8・29判時570号49頁〔百選50〕
　……………………………………………… 120
最判昭和45・4・21判時593号87頁〔百選98〕
　……………………………………………… 170
最判昭和45・10・22民集24巻11号1599頁〔百選
　83〕 ………………………………………… 152
最判昭和45・12・24民集24巻13号2187頁 … 12
最判昭和47・1・25判時662号85頁〔百選52〕
　……………………………………………… 121
最判昭和47・2・24民集26巻1号172頁 …… 20
最判昭和47・3・2民集26巻2号183頁〔百選22〕
　………………………………………………… 69
最判昭和47・6・15民集26巻5号984頁〔百選9〕
　………………………………………………… 47
最判昭和48・3・29判時705号103頁 ……… 202

最判昭和49・3・22民集28巻2号368頁〔百選7〕
　………………………………………………… 45
最判昭和49・10・15金法744号30頁〔百選
　（第3版）68〕 …………………………… 156
最判昭和50・6・27判時785号100頁〔百選35〕
　………………………………………………… 32
最判昭和50・12・26民集29巻11号1890頁 … 153
最判昭和52・12・23判時880号78頁〔百選8〕
　………………………………………………… 44
最判昭和52・12・23民集31巻7号1570頁〔百選
　（第3版）23〕 ……………………………… 62
最判昭和54・5・1判時931号112頁〔百選29〕
　………………………………………………… 88
最判昭和55・7・15判時982号144頁〔百選14〕）
　………………………………………………… 61
最判昭和55・9・11民集34巻5号717頁 …… 46
最判昭和58・1・25判時1072号144頁 …… 62
最判昭和59・3・29判時1135号125頁〔百選28〕
　………………………………………………… 91
最判昭和62・2・20民集41巻1号159頁 …… 13
最判昭和62・4・16裁時971号1頁 ………… 47
最判昭和63・1・26金法1196号26頁〔百選10〕
　………………………………………………… 47
最判昭和63・3・25判時1296号52頁〔百選
　（第3版）81〕 …………………………… 171
最判平成2・2・22集民159号169頁〔百選30〕
　………………………………………………… 90
最判平成4・2・28判時1417号64頁〔百選85〕
　……………………………………………… 156
最判平成4・10・20民集46巻7号1129頁〔百選
　53〕 ………………………………………… 122
最判平成5・3・25民集47巻4号3079頁 … 166
最判平成5・3・30民集47巻4号3384頁 … 13
最判平成7・5・30民集49巻5号1406頁 … 13
最判平成7・11・10民集49巻9号2918頁 … 13
最判平成7・11・30民集49巻9号2972頁〔百選
　17〕 ………………………………………… 59
最判平成9・3・25民集51巻3号1565頁 … 13
最判平成10・4・30集民188号385頁〔百選99〕
　……………………………………………… 177
最判平成15・2・28判時1829号151頁〔百選108〕
　……………………………………………… 197
最判平成16・2・20民集58巻2号367頁〔百選21〕

.... 69
最判平成20・2・22民集62巻2号576頁〔百選36〕
.... 35
最判平成20・6・10裁時1461号17頁 69
最判平成28・9・6判時2327号82頁 144
最判平成29・12・14判時2368号30頁 110

控訴院・高等裁判所

東京控判昭和2・5・28新聞2720号14頁 98
福岡高判昭和25・3・20下民1巻3号371頁 ... 92
東京高判昭和30・12・19下民集6巻12号2606頁
.... 92
東京高判昭和34・2・28民集15巻9号2326頁
.... 71
大阪高判昭和37・4・6下民集13巻4号653頁
.... 60
大阪高判昭和38・3・26高民集16巻2号97頁
〔百選19〕 65
広島高裁松江支判昭和39・7・29高民17巻5号
331頁 60
大阪高判昭和43・5・23判時521号55頁 31
大阪高判昭和45・4・10判時620号100頁 49
大阪高判昭和53・11・30判378号148頁 21
東京高決昭和54・2・15下民集30巻1〜4号
24頁〔百選26〕 74
東京高判昭和56・6・18下民集32巻5〜8号
419頁 68
仙台高裁秋田支判昭和59・11・21判タ550号
257頁 83
東京高判昭和60・5・30判1156号146頁 69
東京高判昭和60・8・7判S570号70頁 91
東京高判平成10・11・26判1671号144頁 71
大阪高判平成12・9・28判1746号139頁 196
東京高判平成12・12・27金判1122号27頁 71
大阪高判平成13・4・11判1753号142頁 197
東京高判平成14・5・29判1796号95頁 194
東京高判平成16・12・22金商1210号9頁 196
東京高判平成17・5・31労判896号16頁 65

地方裁判所

大阪地判昭和31・9・6下民集7巻9号2413頁
.... 54
大阪地判昭和33・3・13下民集9巻3号390頁

.... 145
東京地判昭和34・8・5下民集10巻8号1634頁
.... 68
東京地判昭和36・11・15下民集12巻11号2737頁
.... 54
大阪地判昭和37・9・14下民集13巻9号1878頁
.... 9
京都地判昭和40・12・22下民集16巻12号1802頁
.... 54
東京地判昭和42・7・12下民集18巻7＝8号
814頁 68
大阪地判昭和43・8・3判タ226号181頁 68
大阪地判昭和46・3・5判タ265号256頁 68
宮崎地裁延岡支判昭和50・3・11判時782号
89頁 209
横浜地判昭和50・5・28判タ327号313頁〔百選
（第3版）96〕 98
高知地判昭和51・4・12判時831号96頁 196
東京地判昭和52・4・22下民集28巻1〜4号
399頁 121
水戸地判昭和53・3・14判時904号96頁 68
東京地判昭和53・9・21判タ375号99頁 91
名古屋地判昭和53・11・21判タ375号112頁 ... 146
水戸地判昭和54・1・16判時930号96頁 ... 67, 68
那覇地判昭和54・2・20判時934号105頁 68
東京地判昭和54・7・19下民集30巻5〜8号
353頁 67
神戸地判昭和54・8・10判時964号116頁 68
東京地判昭和55・2・18金商607号34頁 24
東京地判昭和56・8・19判時1035号123頁 121
東京地判昭和57・3・29判時1054号12頁 35
大阪地判昭和57・12・20判時1080号144頁 ... 202
大阪地判昭和58・11・15労民35巻6号669頁
.... 193
名古屋地判昭和59・6・29判タ531号176頁 ... 193
東京地判昭和60・11・26金商756号25頁 68
横浜地裁川崎支判昭和63・4・28判時1301号144
頁 54
東京地判平成元・1・30判時1329号181頁 195
東京地判平成元・4・20判時1337号129頁 170
東京地判平成2・6・14判時1378号85頁 193
東京地判平成3・3・22判時1402号113頁 121
東京地判平成3・11・26判時1420号92頁 162

| 判例索引 | 215 |

東京地判平成 4 ・12・17判時1469号149頁 …… 89
東京地判平成 5 ・ 1 ・27判時1470号151頁 …… 82
福岡地判平成 6 ・ 3 ・ 8 判時1513号165頁 …… 92
大阪地判平成 6 ・ 3 ・31判時1517号109頁 …… 69
東京地判平成 6 ・ 6 ・30金法1410号78頁 …… 91
横浜地判平成 7 ・ 3 ・31金商975号37頁 …… 64
東京地判平成 7 ・ 4 ・28判時1559号135頁 …… 60
東京地判平成 8 ・ 9 ・27判時1601号149頁
　………………………………………… 167, 195
東京地判平成 9 ・ 7 ・30判時1638号150頁 …… 71
東京地判平成 9 ・12・ 1 判タ1008号239頁
　………………………………………… 35, 36
東京地判平成10・ 1 ・21・1998WLJPCA01216001
　……………………………………………… 54
東京地判平成10・10・30判時1690号153頁〔百選31〕
　……………………………………………… 98
大阪地判平成11・ 3 ・19判時1688号169頁 …… 36
東京地判平成13・ 5 ・25金法1635号48頁 …… 71

［著者紹介］

岡田　豊基（おかだ　とよき）

1977年　大阪市立大学法学部卒業
1984年　神戸大学大学院法学研究科博士後期課程単位取得退学
　　　　鹿児島大学法文学部助教授
1987年　神戸学院大学法学部助教授
1993年　神戸学院大学法学部教授
博士（法学）

〔主要著書・主要論文〕
『現代企業法入門〔第4版〕』（中央経済社・2006年・共著）
『請求権代位の法理―保険代位論序説―』（日本評論社・2007年）
『レクチャー新保険法』（法律文化社・2011年・共著）
『現代保険法〔第2版〕』（中央経済社・2017年）

現代商法総則・商行為法

2018年11月10日　第1版第1刷発行

著　者　岡　田　豊　基
発行者　山　本　　　継
発行所　㈱中央経済社
発売元　㈱中央経済グループ
　　　　パブリッシング

〒101-0051　東京都千代田区神田神保町1-31-2
　　　　電話　03(3293)3371(編集代表)
　　　　　　　03(3293)3381(営業代表)
　　　　https://www.chuokeizai.co.jp/
　　　　印刷／㈱堀内印刷所
　　　　製本／㈲井上製本所

©2018　Printed in Japan

＊頁の「欠落」や「順序違い」などがありましたらお取り替えいたしますので発売元までご送付ください。（送料小社負担）
ISBN978-4-502-28651-3　C3032

JCOPY〈出版者著作権管理機構委託出版物〉本書を無断で複写複製（コピー）することは，著作権法上の例外を除き，禁じられています。本書をコピーされる場合は事前に出版者著作権管理機構（JCOPY）の許諾を受けてください。
JCOPY〈http://www.jcopy.or.jp　eメール：info@jcopy.or.jp　電話：03-3513-6969〉